目　录

第一章 总论

要论及翻译教育学,需从教育学谈起。那什么是教育学呢?

教育学是一门研究人类的教育活动及其规律的社会科学。它广泛存在于人类生活中,通过对教育现象、教育问题的研究来揭示教育的一般规律。教育学所对应英文是"pedagogy"。从起源上看,英语国家的"pedagogy"、法语国家的"pedagogy"和德语国家的"pedagogik"(教育学)均源于希腊的"pedagogue"(教仆)一词,意为照看、管理和教育儿童的方法。19世纪末,英语国家的人们先后用"education"和"pedagogy"。"教育学"在我国是一个译名,大约在20世纪初从日文转译过来的。(https://baike.baidu.com/item/%E6%95%99%E8%82%B2%E5%AD%A6/784408[2021-07-17])

世界上最早论述教育问题的专著是产生于公元前403年-公元前221年间的我国的《学记》。我国古代的思想家孔子、孟子、荀子、墨子、朱熹等和古希腊的柏拉图、亚里士多德及古罗马的昆体良等,他们在长期教育实践中所积累、总结的经验,为教育理论的产生奠定了基础。随着社会和教育实践的发展,教育经验、教育思想和教育理论日益丰富。英国学者培根在《论科学的价值和发展》(1623)一文中,首次把"教育学"作为一门独立的科学提出。但一般认为,17世纪捷克教育家扬·阿姆斯·夸美纽斯(J. A. Comenius,1592—1670)所著《大教学论》(Great Didactic of Comenius)(1632)是教育学产生的标志。而最早以"教育学"命名的专著则是19世纪初德国教育家约翰·菲力特力赫·赫尔巴特的著作《普通教育学》(1806)(转引自 http://www. doc88. com/p - 7866467992737. html)。由此可见,作为教育科学体系中一门独立的学科,教育学是在总结人类教育实践经验中逐步形成、并经过长期积累而发展起来的。

第一节　翻译教育学的性质与任务

翻译教育学是翻译学和教育学相互渗透的结果。中文"翻译"一词最早见于《隋书·经籍志》,当时是特指东汉以来佛教经典的汉译活动。随着历史的发展,中外文化交流日益频繁,"翻译"早已不限于梵文佛典的汉译,它不仅成为中国文化在吸收外来文化或与外来文化进行交流时不同的语言文化沟通的重要途径,同时也是世界各国在进行文化交流时的重要工具。英文"translate"(翻译)一词,自身来源于拉丁文"trans"(穿过)和"latus"(即 fero, ferre, fuli 的过去分词,运送),意思是把"一个东西从一个地方运送到另一个地方",暗示一个人可以将某个东西从一种语言带到另一种语言。虽然翻译实践负载着数千年的历史,但其发展成为一个独立的学科,却是 20 世纪后半叶的事。它首先来自美国学者奈达(Nida)的著作《走向翻译学》(*Toward a Science of Translating*),随后,德国萨尔州大学的威尔斯(Wolfram Wilss)、海德堡的柯勒(Koller)与莱比锡学派(the Leipzig School)的凯德(Kade)、纽贝特(Neubert)等学者共同发明了"a Science of Translating"德文对应词"Übersetzungswissenschaft"。与此同时,在其他语种里也开始得以构建的对应词——英文的"Translatology"、法文的"translatologie"、西班牙文的"traductologia"等。简单地说,翻译学就是研究有关翻译现象,揭示翻译客观规律的科学。

既然教育学的定义是"一门研究人类的教育活动及其规律的社会科学。它通过对教育现象、教育问题的研究来揭示教育的一般规律"。那么,翻译教育学可定义为:一门研究人类的翻译教育活动及其规律的社会科学,是研究翻译教育现象、翻译教育问题来揭示翻译教育的一般规律的科学。具体地说,翻译教育学不仅研究翻译教学的理论基础,还要研究翻译教学的原则、途径、方法和技巧,以及翻译教学中的程序、步骤和实际操作。因此,翻译教育学就必然涉及哲学、语言学、心理学、教育学、社会学、生态学、经济学等不同的学科。

从翻译教育学的定义可推出,翻译教育学的研究对象应包括以下内容。

翻译教育的观点、原则、方法、方式和手段;

课内外教学工作的组织和安排;

翻译教育的目的、任务、内容;

翻译教学法的演变;

国家的翻译政策；

学生的学习心理；

教师的主导作用；

学生的主动学习等。

其实,可将翻译教育学的内容分为相互联系并能彼此派生的如下三个层次。

第一层次,途径:设想、观点、翻译本质和学习理论；

第二层次,教学程序:教学时间、方法、技术、手段；

第三层次,设计:目的、大纲、师生、教材的作用。

这三个层次的相互关联可解析如下。

翻译教育观点是指进行翻译教学的哲学见解,也可称为翻译教育思想,包括根据教育哲学、语言哲学、心理学等相关理论而产生的翻译教学理论,以及如何进行翻译教育的战略。它是教育原理、学习理论、翻译本质和社会需要互相结合的最佳途径的相关设想,即常说的翻译教学法,也就是教学途径(approach)。这些教学法或教学途径集中而概括地体现了翻译教学的观点和原则。

从一定的途径出发,把教学目的、教学内容、教学形式、教学方法、教学手段有机地结合起来,使之相互制约,从而成为某一学程翻译教育目的的立体系统,即翻译教学法体系(system)。体系是翻译教学的具体框架,在翻译教学中有时被称为 methodology。

教学方法(method)描述实践问题,即在解决某一具体翻译问题时师生的活动规范。而途径(approach)则指达到教学目的途径、观点或理论。同一具体教学方法,可应用于不同的教学法体系,且可发展乃至创造。但教学方法在应用中必须适应教学思想的要求,即必须有相应的理论依据。

　　一种教学方法可能包含固定或不固定的几种教学方式(mode)。教学方式是教育活动的基本单位,用以解决教育活动中的具体教学任务。一般将两种以上教学方式搭配使用,凡能形成固定搭配者,构成教学方法。一种方式可包含多种变体,其中因使用者个人习惯、特点而形成的变体,统称技术或技巧(technique),也就是充分结合师、生、环境、内容等情况所采取的方法。

　　教师在组织教育活动中,其运用方法和手段所表现出来的个人风格和特点,可称为教学艺术(art)。这一艺术能发挥教师个人素质的优势,有助于教学活动进行得更和谐、更有效。

　　翻译教学还会涉及教学手段,即媒体(media),它是有助于教师更为有效地达到教育目的的工具,如教科书、辅助教材、电教设备等。

第二节　翻译教育学的相关学科

　　翻译教育学是一门边缘性学科,它具体体现在跨学科的特点上,它是翻译教育学最鲜明的特点之一。翻译教育不仅要以相关学科,诸如哲学、语言学、心理学、社会学等理论为基础,还要携手语言学史、心理学史、哲学史和翻译教育史的纵向研究成果,并吸收与国外相关学科比较研究的成果。翻译教育学的边缘性更体现在翻译科学与教育科学的合理结合上。它既要反映翻译教育自身的新面貌,也要体现教育科学的新成果,是综合地、整体地研究教育科学与外语教育的结合点。翻译教育有自己的理论、规律和方法体系,其体系的出发点就集中体现在教育科学与翻译教育的融合点上。但这种吸收和结合不是简单的 1+1＝2,而是融合,是融会贯通后的脱颖而出。正如翻译学与地理学的相结合,从而产生翻译地理学一样。

关于翻译教育学涉及哪些相关学科,学者们有不同的认识,比如有语言学、教育学、心理学、逻辑学、社会学、交际学、信息论等。在此,特选同翻译教育学的哲学、语言学、教育学、心理学、翻译技术加以探讨。

一、哲学

哲学是关于世界观、方法论的学问。马克思主义中的哲学,即辩证唯物主义和历史唯物主义,它是人们认识世界、改造世界的思想武器,是观察认识事物的望远镜和显微镜。它对于翻译研究的健康发展具有重要的指导意义和作用。

翻译,从最广义的角度来说,是一种哲学活动。物理学家爱因斯坦和浪漫诗人诺瓦利斯给哲学所下的定义是:哲学是全部科学之母;哲学活动的本质,原就是精神还乡,凡是怀着乡愁的冲动,到处寻找精神家园的活动,皆可称之为哲学。在某种意义上说,科学、艺术创造活动都可以看成一种哲学活动。翻译,尤其是文学翻译,是一种创造活动,因而也可以看作是一种哲学活动。和其他文学创作活动一样,翻译是对真、善、美的追求。哲学活动渗透于整个翻译的过程。首先,哲学为翻译提供了理论基础。言为心之声,为意之形……意属形而上,言属形而下,前者为一,后者为多。翻译的哲学基础,即在于"人同此心,心同此理"。其次,在翻译的整个过程中,译者要时刻留心辩证地处理种种矛盾对立的关系,如主观因素和客观因素,内容和形式,能指和所指,句子意义和话语意义,直译和意译,语义翻译和交际翻译,归化和异化,等值和再创造,形似和神似,可译性和可译性的限度,忠于原作和读者的反应,思维的普遍规律和思维的具体模式,最大限度(理想限度)的绘制和最小限度(实际限度)的等值等,避免"过"和"不及"。译者的任务就是促使矛盾的对立面朝着统一,朝着译文最理想的效果"运动和变化"。(柯文礼,1999)

　　由于翻译与哲学有着密不可分的联系,有人提出"翻译哲学"(translation-philosophy,简称 trans-philosophy)这一概念,认为翻译哲学应是分析哲学的范畴,它是翻译的过程(步骤)、技巧(技术)、方法、方式(模式)、环节(层次)、原理(原则)、价值、本质、心理、道德等一系列问题的所谓一般性的总的看法。说明白一点,就是:关于翻译和翻译理论的精深分析及其总的一般的看法。这表明,翻译哲学有两个层次的研究对象,一是翻译,二是翻译理论。前者是翻译哲学的直接对象,形成对翻译的直观的实证的哲学认识(分析),后者是翻译哲学的间接对象,形成对翻译的总体的理论性的哲学认识(分析)。我们也不完全排除对翻译及其理论形成一些总的一般的看法即翻译观,我们只是说总体的、一般的翻译观或者系统化和理论化的翻译观不仅仅是翻译哲学所要得出的结果。而其他的东西(对翻译和翻译理论精深的分析)也是翻译哲学所结出的"果实",而且,我们认为结出这样的"果实"更为重要,更为必要,是翻译哲学的首要任务。另外,翻译哲学不应是对其研究对象呆板的静态描述,而更应是对其研究对象的动态分析。对于直接对象(翻译)而言更应是动态分析,对于间接对象(翻译理论),或许静态描述(分析)的成分要多。当然,翻译哲学的主体手段是静态描述与动态分析的结合。

翻译哲学的基本问题是译者思维与文本(包括言语)之间的关系问题,说到底也就是思维与外物(语言文字、言语、符号等外在之物,并不要求是物质性的,只要求相对于某一个体思维之外的)、主观与客观的关系问题。其中的关系必然是在主观世界(译者世界、读者世界)和客观世界(原文世界和译文世界)之间的,译者世界、读者世界、原文世界、译文世界构成一个四维性关系世界或关系网络,弄清这些关系,分析出脉络与头绪,找出一个通道与联结点(或联结线或联系面或联结体)正是翻译的根本任务。

翻译哲学的根本任务就是找出或确立译者思维与文本、译者与原文之间的关系。

由此,我们可看出他们的主张:①翻译哲学是哲学的一个分支学科,需要研究翻译的意义(价值)、真理、必然性、可能性、社会性、文化性等一般性质;需要形成关于翻译的一般理论,这些理论具有哲学的意义与功能,有助于哲学问题的解决。②翻译哲学就是关于翻译、翻译理论的精深分析及其总和的一般的看法。翻译哲学的研究对象包括翻译和翻译理论。翻译哲学的基本问题是译者思维与文本之间的关系问题。翻译哲学的根本任务是确立译者思维与文本、译者与原文之间的关系。理论探讨各方法论和认识论,具有深刻的方法功能,要研究翻译的实际运用过程,对翻译在言语活动和语言实践的作用与性质作实际的尽可能详尽的分析(精深的分析就是哲学)。弄清翻译的意义(价值)和正确的使用方法,保证用正确的语言去实现翻译,以避免由于误用语言而造成翻译失败及其由此而造成的种种无休止的争论。③翻译哲学不仅仅针对不同语言间的翻译活动,而且针对同一语言的不同时代或地域而不得不进行的翻译工作。(刘邦凡,1999)

二、语言学

在翻译研究所涉及的众多方面,语言学和翻译的联系是最密切的。翻译中最基本的任务是语言之间的转换,正是语言学所研究的主要内容。万德维格(W. Vandeweghe)教授在一次采访中提出:"语言学,尤其是当代语言学,跟翻译研究有很多共同点。例如,两者都是逐渐走向了跨学科的研究,其视角都是从词法、句法扩大到文本分析、会话分析,从语言到语篇、语境、语用。语言学和翻译研究的另一共同点是,两者都乐于接受可能出现的新技术,并用于建立大型语料库来研究假设的问题。"(转引自赵践,2011)

语言学是探究人类语言发展的一门学科,涉及句法和词语等语言描述和语言发展史。翻译是在准确、通顺的基础上才把一种语言信息转换成另一种语言信息,把一种相对陌生的表达方式转换成相对熟悉的表达方式。其内容涉及语言、文字、图形和符号,其实质是实现语际转换,是在两种不同语言间的对比中进行的。掌握好语言学知识,了解不同语言间的共性和规律,将有助于翻译教学与实践。学习语言学可以提高译者语言对比和语言分析能力。(郝运丰,2014)

语言学是研究语言的一门科学,而翻译又是在语言之间进行的一项跨文化的交际活动,因此,翻译必然会受到语言学的影响,结构主义语言学将翻译带入了科学的境地,使翻译摆脱了手工业的状态,开始了科学的旅程;而语用学注重语境及文化,为翻译打开了更广阔的大门。总之,语言学各学科的发展必然会牵动翻译学科的发展,推动翻译学科的发展。翻译教育者也应该更多地关注语言学的发展。

语言学有不少分支,这里仅以认知语言学为例加以探讨。认知语言学的意义理论及其语义分析的基本框架给翻译教学提供了新的启示。首先,基于认知语言学的意义建构理论,应提出一种不同于传统模式的翻译教学认知建构模式,一方面注重学习主体对翻译外部环境的认识,另一方面注重引导学生在多样化的文本认知语境下利用多样化的认知手段和资源重新建构意义。其次,基于语言系统与认知系统关系的新认识,在翻译教学中应重视概念系统的教学,使学生依托互通概念基础,以第一语言的概念系统为基础,对两种语言概念系统的差异有主体认知,从关注语言形式转向关注概念的文化负荷,尤其是关注词汇/语块的特有概念属性和文化特有概念属性。最后,视觉化或意象化作为帮助翻译学习者摆脱语言形式束缚、进行创造性翻译的一种有效方法,对其可以利用认知语言学的语义分析范畴进行更精确的定义和描写,且这些范畴可以作为启发性的手段或指导思路用于系统化地组织视觉化翻译技巧教学。(谭业升,2012)

三、教育学

教育学的一般原理、方法,自可适用于翻译教育学。首先,将翻译教学大纲的内容按照其内部逻辑顺序进行分组归类,按顺序排列或划分阶段,主要以教育学为根据。其次,编制大纲、课本时,可将翻译的语言内容进行不同的分类,如把不同生活场景分为家庭、学校等。这种分类并无逻辑上或语言理论上的优劣论据,主要是根据教育学原理。再次,教材应适应学生的需要、学习能力和学习方法,这是教育学原则。最后,任课教师根据自己的素养、特长以及对学生的了解,可选择课堂教学方法。这些主要是用教育学和心理学的标准来衡量是否合适,如根据学生年龄、智力、成熟程度、动机、教材对学生的适合性等为标准。因此,必须重视翻译教育学的教育学基础。

除此之外,现代教育学总的发展特点越来越符合辩证法的基本精神,符合系统论的主要要求,这使得人们越来越趋向于用对立和系统平衡的方法来处理教育、教学问题。这一切为翻译教育的理论和实践提供了依据,其具体表现为以下9个方面。

1.学生是教学的中心,教师的主导作用与学生的主体作用相结合。

2. 班级统一授课与因材施教、复式教学相结合。

3. 教授知识与培养能力相结合。

4. 量力性教学与高难度教学相结合。

5. 全面发展与个性发展相结合。

6. 传统教学手段与现代化教学手段相结合。

7. 时间概念与效率概念相结合。

8. 不同学习方法与超级学习方法相结合,充分开发大脑潜力。

9. 教学手语教育手段相结合,寓教于育。

（舒白梅,2005:5）

翻译教师还应了解国内外各种翻译教学方法,以便扩展自己的教学思路。

四、心理学

译者的心理活动在翻译过程中起着非常重要的作用,有必要研究译者在翻译实践中心理活动对译者的影响。"心理学研究心理规律。翻译过程中译者受多种心理机制的作用译者的心理状态对转换行为产生的直接影响,特别是主客体的双向运动——'物''我'化一的心理操作过程。翻译学要接纳心理学的思维方式、需要、态度、性格等个性心理范畴以此来审视翻译过程,阐释翻译规律,发掘译者的风格特点。"(方梦之,1997:9)

从心理学角度研究翻译及翻译教育,不仅要研究语言与思维的关系、译者的双语思维的转化过程,还要研究译者的跨语言、跨文化心理;研究译者在翻译过程中心理因素对翻译的影响,包括情感、共鸣、直觉、想象、联想以及灵感等等。同时也要研究翻译过程中的文化心理因素对译者的影响;也要探索译者的翻译动机,因为翻译动机决定了译者的翻译题材的选择。而翻译动机又是建立在译者的个人能力、专业修养、社会责任感以及个人兴趣等之上的。因此,翻译心理学也就自然要研究个人能力、专业修养、社会责任感、个人兴趣等因素。

研究译者翻译过程中各阶段的心理活动,即在原文解构过程中,译者是怎样获取原文中的信息? 或原文信息在译者大脑中产生怎样的心理图式? 大脑中的心理图式又是怎样与目的语文化发生冲突、磨合? 原文所产生的心理图式是怎样激发出译者的想象? 在重构阶段,译者以何种翻译标准来指导翻译实践和衡量译文的好坏? 翻译心理学也要研究特殊目的与特殊的翻译(编译、改译如影视、戏剧等的翻译)的关系。还要分析翻译作品中出现的种种问题(如误译、乱译)和诸多现象(如"归化""异化"和"译者的风格")。比如就"误译"而言,无论是语言学派还是文学翻译学派都不容许的,因为它违背了翻译的"忠实"标准。

从理论上讲,"忠实"是翻译者最起码的、必须遵守的标准和义务。因此,文艺学翻译派和语言学翻译派的理论主张是完全正确的。但问题的关键在于,又有哪一个翻译家敢绝对地说,他的译文(主要是长篇译文)绝对没有误译,是绝对忠实的呢? 那么,是什么因素导致了误译、不忠实? 翻译心理学就是从心理学的角度分析翻译中诸如此类的问题。(颜林海、孙恺祥,2001)

五、翻译技术

21 世纪科学技术突飞猛进,日新月异。现代科技发展有以下趋势:①科技知识成指数增长;②科技转化为生产力的过程所需时间越来越短;③科技高度分化,又高度融合;④科技知识更新的周期越来越短;⑤广泛采用计算机;⑥新的科技成果在生产上得到日益广泛的应用;⑦科学社会化、社会科学化的程度在提高;⑧新兴的知识和技术密集型的产业迅速发展,比例增大;⑨自然科学和社会科学的汇流;⑩人们的社会意识正在发生变革,科技意识正在逐步普及。这既给翻译带来了巨大的挑战,同时又给翻译带来了巨大的机遇。科技的快速发展一方面给翻译提出了更高的要求,另一方面,它也促进了翻译内容、方法和手段的更新。

现在,翻译已经不是只使用纸和笔的工作了,今天的翻译要在电子媒体上使用电子手段做实在的工作。随着科技的不断进步,翻译的"生产工具"也发生着日新月异的变化。现在的翻译除了要具有翻译的基本语言和知识功底外,还要多练一功,即熟练应用一些新的翻译工具,才能更好地适应新形势的发展,更好地为跨文化、跨语言的交流活动服务。这些工具对于保证翻译质量和提高生产率起着举足轻重的作用,它们包括文字处理工具、术语管理工具、桌面印刷工具、文档传递工具、网站开发工具、机器翻译工具、电脑辅助翻译工具等。

文字处理工具很多。翻译行业通用的文字处理工具是Microsoft Word(微软文档),但这并不排除必要的时候使用其他合适的软件,如针对翻译特殊行业需要而开发的"全球写家多语种文字处理工具"(Global Writer Multilingual Word Processor)。所谓桌面印刷(Desktop Publishing 或者叫 DTP),就是使用电脑和软件处理文本和图片,制作出可以用打印机或印刷设备输出的文档。此类工具常见的有微软 Publisher 和 Adobe PageMake Plus 等。现代的翻译工作讲求时效,翻译的材料和翻译的结果都需要适时迅速传递,不允许有半点儿迟延,这就要求翻译机构或译员配备相应的文档传递工具。这些工具包括特定交换格式制作、网络传输等,如跨平台 PDF 文件制作工具 Adobe Acrobat 和文件远程传输 FTP(File Transfer Protocol)。术语管理工具并不只是电子词典,它是用户自己可以创建、修改和更新并且在需要的时候可以很方便地调用的电脑词库。术语管理是保证翻译,特别是科技翻译质量的关键之一。术语管理工具(如 Trans Lexis 和塔多思 Multi Term)方便术语的归类、定义、查询和调用,有的独立使用,有的和机器翻译或机器辅助翻译系统一起捆绑使用。由于网络营销日益重要,翻译行业发展到今天不得不涉足网络开发和管理工具领域,如 Frongt Page。所谓机器翻译工具,是指使用电脑进行大规模的翻译作业。对于专业翻译来说,机器翻译对于大型电子表格和数据库等的翻译具有一定的意义,机器翻译工具与翻译记忆技术的同时使用可以大大提高翻译的劳动生产率。但由于技术上的限制,机器翻译系统只支持两种语言间的翻译,最多只能进行两种语言间的双向翻译。常见的免费翻译软件有 Google 在线翻译、火云译客、ICAT 辅助翻译工具、爱词霸、百度词典、有道翻译等;常见的翻译软件有

SDI Trados、Possolo、Transmate、Logoport、Tcloud、Wordfast、Memoq 等;常见的语料库有中国特色话语对外翻译标准化术语库、联合国多语言术语库(UNTERM)、术语在线(Term Online)、在线多语言互译平台(Linguee)、翻译记忆库检索交换平台(Tmxmal)等。电脑辅助翻译工具(Computer–Aided Translation 或 Computer–Assisted Translation,缩写为 CAT)是储存翻译好的材料,遇到重复的语句时向译员提供建议的程序,因此它可以说是翻译记忆技术的应用,其中最著名的产品包括塔多思翻译平台(Trados Translators Workbench)、思拓 Transit CAT 系统等。(褚东伟,2003:142–157)

其实,科学技术的进步对翻译的影响是多方面的,除了翻译的工具和手段,还有翻译的内容。如科技的发展丰富了翻译的内容,当今翻译已经不仅是指把一种语言和文化转换成另一种语言文化的活动,而且还指把翻译当作一种商品或服务而提供的活动(商业翻译就是把翻译当作一种经营活动而进行的翻译)。这一切都是 21 世纪翻译教育必须要涉及的。

第三节　翻译教育学的相关因素

现代翻译教学的研究解释了翻译教学的复杂性,即它是一个包括很多变项的复杂过程,教学方法只是其中的一个变项。翻译教育具体包含哪些因素? 不同学者对此有不同的建议。刘亚芬、张岳州(2006)认为,翻译教育学应包含以下 7 类:翻译教育理念论、翻译教育模式论、翻译教育教学论、翻译教育课程论、翻译教育教材论、翻译教育师资论和翻译教育体制论。笔者认为,翻译教育的相关因素应包括翻译(外语)教育政策、翻译(外语)教育的培养目标、学习者、教师、教学大纲、教材、教育技术和评估。

一、翻译(外语)教育政策

翻译(外语)在社会中的地位和作用应满足国家的长远和短期需要,制定翻译(外语)教育的具体政策要视国家的经济和教育方面的可能性。翻译(外语)在普通教育和高等教育中所占的比例和比重;从哪个年级起开设? 总共需要多少学时? 开设哪些语种? 我国工程技术人员出国进修对外语有何要求等。

在此特别谈谈语种问题。据说,全世界的语言有六千余种,那我们究竟应该学习哪些语言呢? 或者是从国家安全角度考虑,又有哪些语言具有特别价值? 这些都是外语语种规划的基本问题。从历史上看,我国的外语语种数量总体呈现出上升趋势。以我国的外语教育为例,清朝时期教授 5 种语言,20 世纪三四十年代 7 种,60 年代 36 种,80 年代 34 种,2009 年 54 种,截至 2018 年 9 月已达到 76 种。目前已"基本实现已建交'一带一路'沿线国家至少一种官方语言全覆盖"。(http://www. moe. gov. cn/jyb_xxgk/xxgk_jyta/jyta_jiao-caiju/201901/t20190122_367804. html) 虽然近年来我国开设的语种数量增速较快,但与一些西方国家相比,还有不少差距。例如美国,教授的语种多达 153 个;美国国家安全局专门建立的外语资料库就覆盖了 500 多种外语(含方言)。(赵蓉晖,2010)从某种意义上讲,一个国家所能掌握的外语语种数量基本可以"代表该国获取外部信息的能力和国际战略空间的范围"。(赵蓉晖,2010)

二、翻译(外语)教育的培养目标

翻译(外语)教学是一种有目的、有计划的活动,教学目标是指通过有计划的教师教的过程与学生学的活动所要实现的教学成果,它是促进有效课堂教学的关键。其实,确定培养目标是为了加强人才培养的计划性,克服由于盲目性而造成的人力和物力浪费。因此,培养目标应以国家培养人才的规划为依据,从近期需要和长远计划两方面来制定普通教学的外语科、高等教育的公共外语科和外语(翻译)专业的培养目标,确定一般目标和特定目标以及决定各外语专业的培养目标等问题。

三、学习者

根据培养目标而挑选什么样的学习对象?学习者在学习动机、学识水平、学习能力、年龄、性别、学习方法等方面存在什么差异?这些都会对教学效果产生影响。

四、教师

同学习者一样,教师方面也有许多足以影响翻译(外语)教学效果的差异,如教学态度、语言水平、学识造诣、教学经验、教学法的专门训练、教学的适应性、年龄和性别等。

五、教学大纲

教学大纲又称(学科课程标准),是翻译(外语)课程计划中以纲要的形式编写的、有关翻译(外语)教学内容的指导性文件,其中包括教学目的、教学要求、教学内容以及讲授和实习、作业的时数分配等。如是训练接受能力,还是训练运用能力? 是以语言对比为体系的大纲,还是采用以意念、功能为体系的大纲?

六、教材

教材又称课本,它是依据课程标准编制的、系统反映学科内容的教学用书。教材是课程标准的具体化,教材的编辑要妥善处理思想性与科学性、观点与材料、理论与实际、知识和技能的广度与深度、基础知识与当代科学新成就的关系。因此,需认真研究教材本身的编撰原则问题,如材料的选排、练习的设计、图文的关系等。要强调的是,教材与教学方法必须统一。

七、教育技术

教育技术是指在教育中应用现代科学技术,是通过创造、使用、管理适当的技术性的过程和资源,以促进学习和提高绩效的研究与符合伦理道德的实践。随着现代科学技术的发展,幻灯、投影、电影、录音、录像、广播、电视等现代技术被广泛应用于教育,扩大了教育、教学活动范围,提高了效率与质量。这里要解决的问题是应采用什么教育技术来配合教学方法与教材?

八、评估

评估,即评价估量,是对教学效果的评价。应采用什么手段和方法来评估学习者的成绩?

以上八种因素互相联系,互相制约,互相影响。可以说,翻译教学的成败是诸因素共同作用的结果,且诸因素都会在学习者身上起作用,产生影响。

除以上因素外,诸如经济、政治、人文环境等也会对教学产生影响,因此教师只有因势利导,才能完成教书育人的重任。

第二章　翻译教学理论

　　翻译教学理论是翻译教育学的一个重要分支。它既是一门理论科学，也是一门应用科学；它既要研究翻译教学的现象、问题，揭示教学的一般规律，也要研究利用和遵循规律解决翻译教学实际问题的方法策略和技术。它既是描述性的理论，也是一种处方性和规范性的理论。教学理论来源于教学实践而又指导教学实践，与教学实践成辩证关系。

第一节　语言观、翻译观与翻译教学

　　既然世界存在许多不同的语言，那么人们的交流自然也就会涉及语言间的交流问题。翻译是两种语言之间的转换，必然涉及语言间的比较或对比，这已是业界的共识。语言观就是对语言认识的升华，是指对语言本质所持的看法，是解释语言是什么这个基本问题的。从中外语言对比研究和翻译研究的实践来看，语言对比研究所形成的语言观与翻译教学都有着天然的密切关系。翻译教学的目的是"了解翻译职业的理念与规则,掌握双语转换能力与技巧";其教学重点是"双语转换能力与技巧,解决翻译问题的能力";其培养目标是"职业译员译者、双语工作者"。(穆雷,2008)翻译教学必须对此有足够的重视。

在翻译教学中应吸收近年语言学各个学科(语义学、语用学、社会符号学等)的研究成果,加强对翻译基础理论的描述性介绍,增加教学活动中英汉对比的比重,促进学生的技能意识和译语意识,从而提高翻译教学质量。(魏令查,2001)

在教授翻译时,可根据不同的文体特色来确定其翻译策略和技巧。如在英语文学作品中,主要是通过语言艺术来表达作者内心情感,同时这也是作品的主体思想及灵魂。有效地研究英语文学作品能够提高对于英语文化的深入了解,利于全面提高英语翻译水平。(康琦,2021)

翻译观是对翻译的认识和升华,是在翻译实践中所产生理念的归纳总结。它来源于翻译实践,反过来又指导翻译实践和翻译教学的。下面仅举几例。

帕尔默的文化语言学理论的适用范围非常广,尤其是我们在进行汉译英的翻译工作的时候。众所周知,语言是植根于文化之中的。跟语言学习相比,文化更难以让人把握。以"画蛇添足"举例,如果我们直译,就会把它翻译为"to add a foot when we draw a snake"。或许英语读者能理解它的表面含义,却理解不了它的深层意思 —— 多此一举,有害无益。因此,在翻译这个成语时,我们可以采用"lily"这个意象,把它翻译为"to gild the lily"。这样,英语读者就能理解百合本身已五彩缤纷,无须再多加金饰了。通过这种方式,两种文化不仅能在字面上进行沟通,也能达到深层意义上的交流。

帕尔默文化语言学中的意象图式理论对翻译活动有指导意义。语言在让我们的祖先建立更复杂的认知模型的同时,更驱动他们不断改进这些认知模型从而能与邻国人民顺畅地沟通交流。译者的使命或许就是找到更多对等的意象和图式,并且把它们运用到翻译实践中。

(黎劲飞,2017)

多模态话语分析理论(multimodal discourse analysis)非常适合解释电影字幕及其翻译。多模态话语就是指"运用听觉、视觉、触觉等多种感觉,通过语言、图像、声音、动作等多种手段和符号资源进行交际的现象"。(张德禄,2009)而电影通过画面、场景、人物的表情、动作、对话、旁白、背景音乐等形式呈现给观众故事,是一种典型的多模态话语(其中包含了语言、视觉、听觉等模态),而字幕作为呈现电影故事的辅助形式,也是多模态话语的一部分。因此,翻译电影字幕时,译者不能仅关注字幕文字,更要关注与之相关的非语言模态的信息,这样,翻译的字幕才会跟电影画面、场景等相匹配,观众才能通过字幕更容易理解电影内容。

(刘明玉,2021)

翻译生态学紧紧围绕翻译生态这一主题,把翻译作

为一个生态系统来描写。它从翻译与其生态环境之关系
入手,以翻译系统为主线,以生态体系为横断面,建立起
其纵横交织的整体结构和框架,科学、客观地阐释了翻译
生态学的内涵以及翻译存在的生态环境、生态结构和生
态功能,全面、升入地揭示出翻译生态的基本原理,阐述
了翻译生态的演进、翻译行为生态及其评估标准,并提出
实现翻译可持续发展应遵循的原则。翻译生态学以翻译
学和生态学作为理论基础,在自然科学和社会科学之间
架起一座桥梁,创造出一个新的空间,为翻译理论和教学
研究开辟了新的视野。

(许建忠,2009)

　　翻译地理学是翻译学和地理学交叉研究的跨学科成
果,就是将翻译学与地理学的研究成果引入相关研究,将
翻译及其地理因素相联系,并以其相互关系及其机理为
研究对象进行探索,力求打破传统的"决定论"研究模式,
从系统论角度审视翻译、研究翻译,不但对翻译中的种种
现象进行地理剖析和阐释,而且探索翻译对自然地理和
人文地理的重建。它不但从理论上揭示翻译地理互动的
客观规律,而且注意密切结合我国的翻译历史空间实际,
立足于阐明地理空间因素影响下的翻译实践和翻译在构
建地理环境中的种种问题。翻译地理学核心观点是地球
是人类的家,人类赖以生存的自然地理实况和人文地理
种种现象,恰恰就是译学和地理互动研究之源。作为一
门新型的交叉边缘学科,它探索翻译与地理互动关系的

交叉学科:一方面,翻译地理学把翻译置于自然地理与人文地理环境中,就其人类生活、生理特点、语言差异、人文多元、心理环境因素等诸多方面的翻译研究;另一方面,它也探讨翻译对人类生存环境的构建影响。

(许建忠,2010)

翻译安全学关注翻译安全生产与保障这一话题,紧紧围绕翻译安全这一主体,从翻译与安全之关系入手,以翻译系统为主线,以安全体系为横断面,建立起纵横交织的整体结构和框架,科学、客观地阐释翻译安全学的内涵及意义,总结翻译安全发展史,探索翻译得以生存的国内外安全环境,搜寻翻译生产过程的安全因素,归纳翻译生产的安全规则,探求翻译安全保障等,并提出实现翻译安全学研究的可持续发展应遵循的路径。具体地说,翻译安全学,就是将翻译及其安全因素相联系,并以其相互关系及其机理为研究对象进行探索,从安全论视角审视翻译、研究翻译,对翻译中的种种现象进行剖析。它不但从理论上解释翻译产生、生存、发展的客观规律,而且注意密切联系我国翻译的实际情况,立足于阐明翻译生产实践中的种种问题:一方面以空间语言文化安全译介和安全生产模式为研究方式,立足于翻译所处的民族文化土壤,确保翻译安全生产和消费,关注中国文化走向世界的议题,提升国家翻译安全战略,为国家稳步发展保驾护航;另一方面实现翻译这一跨语言文化交流活动成为国家民族间增信释疑、凝心聚力的桥梁纽带的目标,共建人类文化交流命运共同体,促进世界和平与发展。(许建忠,2021)这一论题对翻译理论与实践,尤其是翻译教学将产生积极和现实意义。

第二节　翻译专业培养方案

培养方案就是该专业培养的总体设计,一般都是具有良好人文、科学素质和社会责任感,教学基础扎实,具有自我学习能力、创新精神和创新能力的一流人才。具体包含以下几个方面:得到基础研究和应用研究的训练,具有扎实的基础理论知识和实践技能,动手能力强、综合素质好;掌握科学的思维方法,具备较强的获取知识能力,具有探索精神、创新能力并具备优秀的科学品质。不同层次(本科、硕士、博士)的翻译培养方案也因内涵的不同显示出其明显的层次性。这里仅举北京外国语大学的本科翻译专业的培养方案为例。硕博层次的培养方案请参考附录Ⅰ、Ⅱ、Ⅲ、Ⅳ。

北京外国语大学本科翻译专业培养方案

英语学院成立于 2001 年,其前身为成立于 1944 年的英语系。英语学院下设英语系和翻译系,并设有十一个研究中心:英美文学研究中心、语言学研究中心、翻译研究中心、翻译硕士 MTI 中心、美国研究中心、英国研究中心、澳大利亚研究中心、加拿大研究中心、爱尔兰研究中心、华裔美国文学研究中心和跨文化研究中心。英语学院已形成国内独具特色的全英文环境的人文与社会科学跨学科教学与研究平台。

英语学院师资力量雄厚，拥有博士生导师 14 名，教授 26 名，副教授 36 名。教学层次齐全，包括本科、硕士、博士，同时拥有博士后流动站。全院共拥有在校本科生 768 人，硕士和博士研究生近 600 人。

英语学院以"知周中外，道济天下"为院训，以"人文教育、跨学科课程设置、融合式英语教学、跨文化能力培养和实践能力培养"为办学理念，致力于建设国内一流、国际知名的英语语言文学和翻译专业，为全球化背景下的中国培养国际型、通识型优秀人才。

英语学院重视对外合作和交流，与英、美、澳、加、新等国的许多重点大学和学术机构建立了长期良好的合作交流关系。

翻译专业

BA in Translation and Interpreting

一、培养目标

本专业面向国家战略要求与社会发展急需的高端口、笔译领域，培养具有扎实的英文和中文语言功底、深厚的双语文学与文化修养、熟练的双语转换能力、宽广的人文 社科知识和出色的学习、思辨、创造、合作与领导能力的国际型、通识型优秀人才。毕业生在外交、外事、国际文化交流、国际传播、英语教育、国际经贸等领域具有竞争优势和可持续发展的潜力；也可以顺利进入翻译专业乃至相关人文社科领域进一步深造。

二、培养要求

本专业学生主要学习专业翻译人才所需要的基本功,包括英语听说读写、中文创作与表达、英语国家国情、中国文化修养、各种专题笔译及口译技巧,同时掌握一定的科研方法,具有从事翻译实践、研究、教学、管理工作的业务水平,具有较好的心理身体素质和较强工作、交际能力。毕业生应具有以下几方面的知识和能力。

1. 了解我国有关的方针、政策、法规;

2. 掌握相关的人文社科尤其是政治、经济、文教、科技、法律、金融商贸等主要领域的基础知识;

3. 熟悉英语国家与中国的历史文化和文学传统;

4. 具备比较准确的中、英文理解以及流畅的中、英文表达与沟通能力;

5. 熟练的英汉双语转换能力并拥有一定的口、笔译实战经验;

6. 了解行业规范与标准,具备职业翻译工作者应有的从业潜力、心理素质和职业道德素养;

7. 具有基本调研能力;

8. 具备第二外国语言基本知识;

9. 掌握文献检索、资料查询的基本方法,具有初步的实际工作和科学研究能力。

本专业毕业生可在各大部委、各级政府或企事业单位的翻译或外事部门、中国驻外机构、对外或涉外出版社、传媒单位的海外部、涉外企业以及跨国公司从事口笔译或更广义的与语言文字、文化交流相关的设计、策划、咨询等工作,也可以通过进一步的深造成为提供口笔译服务的自由职业者。

三、学科与学制

(一)主干学科:所属一级学科:外国语言文学所属二级学科:翻译学

(二)授予学位:文学学士学位

(三)学制:四年(修业年限三至六年)

(四)学校实行主、辅修制,翻译专业学生可在修业年限内,在主修本专业的同时,辅修另一专业或攻读双学位。

四、总学分和总学时

总学分为 162 学分,其中课外实践教学环节为 10 学分,课内总学时为 2664。

五、课程设置及其开设比例

(一)公共课:50 学分

公共必修课 36 学分;全校通选课 14 学分

(二)专业课:115 学分

外语技能课:10 门,39 学分

专业基础课:19 门,52 学分

专业选修课:(至少)8 门,24 学分

其中各类课程占总学时的比例为:必修课占 74%(其中公共必修课占 27%;专业必修课占 47%);选修课占 26%(其中全校通选课占 9%;专业选修课占 16%)。

六、实践性教学安排及要求

(一)军事训练:2 学分

(二)社会实践与调查:2 学分

(三)专业及毕业实习:2 学分

（四）出国留学:可兑换专业及毕业实习学分

（五）毕业论文(选题为翻译方向):4学分

七、课程设置改革思路与具体变化

（一）旨在提升母语修养的中文课由常规授课改为独立阅读,但仍为必修。原因有二:其一是母语修养的问题不是靠修课能够提升的;其二是外聘师资不稳定且难于管理（即难以实现预定的教学目标）。独立阅读部分的学分要求学生独立完成指定书目的阅读并提交读书报告,"读"的输入与"写"的输出将为之后的翻译能力培养奠定基础。

（二）调整专业必选修比例,在不改变"口笔译并行、汉译英为主"的总体培养目标的前提下减少专业必修课,给学生更多自我选择的发展空间。改为选修课的课程包括"文件翻译""政论文献英译""英汉视译""汉英视译"。

（三）专业必修课中加重了通识基础的分量,取消"跨文化交际",增加"文学概论""语言学导论"。原因在于上一版培养方案执行的过程中发现学生翻译时的主要问题还是在于知识结构方面的欠缺。

（四）调整了"笔译基础"的开课时间,从二下提早到二上。原因是考虑到"笔译基础"的开设将促进学生的英语学习,使得学生更有问题意识、目标更清楚;同时,"笔译基础"先于"口译基础"开设,也向学生传递一个信息,即笔译是口译的基础,以纠正学生重口译轻笔译的心态。

（五）取消了对毕业生"翻译作品"的要求。原因是通过教学实践发现本科生尚不具备独立完成翻译作品的能力,上一版的要求有些过于乐观了。

八、教学计划的安排

表 2-1　翻译专业课程设置及学时学分分配计划表(1)

课程类别			课程编号	课程名称	学分	学时	各学期周学时分配							
							一	二	三	四	五	六	七	八
公共课	公共必修课	思想政治理论课		思想道德修养与法律基础	4	72	2	2						
				近现代史纲要	2	36		2						
				马克思主义基本原理概论	4	72			2	2				
				毛泽东思想和中国特色社会主义理论体系概论	4	72					2	2		
				形势与政策	2	36	?							
			合　　计		16	288	2	4	2	2	2	2		
公共课	公共必修课	其他公共必修课		大学生心理健康	1	18	2							
				大学生职业生涯规划	1	18	2							
				计算机应用基础(上)	3	54	3							
				计算机应用基础(下)	3	54			3					
				基础体育	2	72	2	2						
				专项体育	2	72			4					
				公共外语(第二外语)	8	144			4	4				
			合　　计		20	432	7	5	6~8	6~8	4~6	4~6		

课程类别	课程编号	课程名称	学分	学时	各学期周学时分配							
					一	二	三	四	五	六	七	八
		公共必修课总计	36	720								
公共课	全校通选课 分六个模块	A. 中国文化			选课原则: 学生不得选修与自己本专业相近的课程,如选修本院系开设的选修课,将不计入通选课程学分。 学生必须修满 14 个通选课学分,每个模块至少要选修 2 学分。翻译专业学生第七门选修课必须从中国文化、社会科学、哲学和方法论、数学和自然科学四个模块中选修。 英语学院一年级学生每学期的通选课选修限制在每人一门,其余年级学生每学期的通选课选修限制在每人不超过两门。							
		B. 外国文化										
		C. 社会科学										
		D. 哲学和方法论										
		E. 数学和自然科学										
		F. 语言技能(中文写作与第三外语技能)										
	全校通选课总计		14	252								
公共课总合计			50	972								

表 2-2 翻译专业课程设置及学时学分分配计划表（2）

课程类别			课程编号	课程名称	学分	学时	各学期周学时分配							
							一	二	三	四	五	六	七	八
专业课	专业必修课	外语技能课	10101101	英语交际口语	3	54	3							
			10101103	英语演讲	3	54		3						
			10101201	英语辩论	3	36			2					
			10101104	英语分析性阅读（1）	6	108	6			"英语分析性阅读"（2）和（3）为必修课；选修起点可以是"英语分析性阅读"（1）或者（2）				
			10101105	英语分析性阅读（2）	6	108	6							
			10101106	英语分析性阅读（3）	6	108			6					
			10101107	英语叙事文写作	3	36	2							
			10101108	英语说明文写作	3	36		2						
			10101202	英语议论文写作	3	36			2					
			10101203	英语学术论文写作	3	36				2				
		外语技能课合计			39	612	11	11	10	2	0	0	0	0

课程类别			课程编号	课程名称	学分	学时	各学期周学时分配							
							一	二	三	四	五	六	七	八
专业课	专业必修课	专业基础课	50101210	文学概论	3	36			2					
			50101230	语言学导论	3	36				2				
			50101350	西方思想经典导读	3	36					2			
			50102201	笔译基础	3	36			2					
			50102301	英语文学作品汉译	3	36				2				
			50102302	国粹文化英译	3	36					2			
			50102303	中文文学作品英译	3	36						2		
			50102304	西方哲社著作汉译	3	36							2	
			50102305	国学经典英译	3	36							2	
			50102202	口译基础	2	36			2					
			50102306	英汉交替口译入门	2	36				2				
			50102307	英汉交替口译实务	2	36					2			
			50102308	汉英交替口译入门	2	36				2				
			50102309	汉英交替口译实务	2	36					2			
			50102451	文化与翻译	3	36				2				

续表

课程类别		课程编号	课程名称	学分	学时	各学期周学时分配							
						一	二	三	四	五	六	七	八
专业课	专业必修课	专业语言基础课	50102452	中外翻译史	3	36					2			
			50102453	翻译：理论与思考	3	36							2	
			50102454	英汉语言对比与翻译	3	36								2
			50102101	独立中文阅读	3		*[1]	*	*	*				
		专业基础课合计			52	648				4	8			
	专业必修课总计				91	1260	11	11	14	10				
	专业选修课	外语技能课	50101501	英语语音	1	36	2					外语技能课程选修原则为学生自愿与教师建议相结合		
			50101502	英语听力(1)	1	36	2							
			50101503	英语听力(2)	1	36		2						
			50101504	英语议会制辩论	3	36				2				
			50101505	英语分析性阅读(4)	4	72			4					
		英语文学	50101510	现代成长小说选读	3	36	2							
			50101511	维多利亚时期小说	3	36		2						
			50101512	《圣经》的文学阐释	3	36			2					
			50101514	西方戏剧	3	36				2				

课程类别			课程编号	课程名称	学分	学时	各学期周学时分配							
							一	二	三	四	五	六	七	八
专业课	专业选修课	英语文学	50101710	英国文学：19—20世纪	3	36								
			50101712	美国文学	3	36								
			50101713	莎士比亚戏剧：从文本到表演	3	36								
			50101714	短篇小说与西方文化	3	36								
			50101715	英语散文精粹	3	36								
			50101716	英语诗歌赏析	3	36								
			50101717	华裔美国文学	3	36								
			50101718	加拿大文学与文化	3	36								
			50101719	女性主义文学	3	36								
			50101720	城市与文学	3	36								
		英语语言学	50101530	英语语法：知识与技能	3	36	2							
			50101531	英语词汇学概论	3	36		2						
			50101532	语言与意义	3	36			2					
			50101533	英语史	3	36				2				
			50101730	语言与社会	3	36								
			50101731	理解语言习得	3	36								
			50101732	文体学	3	36								
			50101733	话语分析	3	36								

续表

课程类别			课程编号	课程名称	学分	学时	各学期周学时分配							
							一	二	三	四	五	六	七	八
专业课	专业选修课	社会与文化研究	50101550	美国社会与文化	3	36	2							
			50101551	英国社会与文化	3	36		2						
			50101552	新闻阅读与媒介素养	3	36	2							
			50101553	媒体创意与思维陷阱	3	36			2					
			50101554	社会学与现代社会	3	36				2				
			50101555	西方人文经典阅读	3	36				2				
			50101750	性别与社会	3	36								
			50101751	社会问题研究	3	36								
			50101752	英语电影分析	3	36								
			50101753	美国史重点问题研究	3	36								
			50101754	战后美国史	3	36								
			50101755	英国历史	3	36								
			50101756	澳大利亚社会与文化	3	36								
			50101757	量化研究方法	3	36								
			50101758	中国思想经典导读	3	36								

课程类别			课程编号	课程名称	学分	学时	各学期周学时分配							
							一	二	三	四	五	六	七	八
专业课	专业选修课	国际政治与经济	50101570	经济学概论	3	36			2					
			50101571	国际关系导论	3	36				2				
			50101572	比较政治学	3	36				2				
			50101770	美国政府与政治	3	36								
			50101771	美国战后外交史	3	36								
			50101772	中美关系史	3	36								
			50101773	欧洲一体化	3	36								
			50101774	国际组织与全球治理	3	36								
			50101775	国际政治经济学	3	36								
			50101776	美国经济纵览	3	36								
			50101777	中国与世界经济	3	36								
专业课	专业选修课	翻译理论与实践	50102720	文件翻译（英汉）	3	36								
			50102721	时政文献翻译（汉英）	3	36								
			50102722	综合模拟口译	2	36								
			50102723	汉英视译	2	36								
			50102724	英汉视译	2	36								

续表

课程类别		课程编号	课程名称	学分	学时	各学期周学时分配							
						一	二	三	四	五	六	七	八
专业课	专业选修课	翻译理论与实践	50102750	口译评析：理论与实践	2	18								
			50102726	经典译文赏析	2	36								
			50102727	商务经贸翻译	3	36								
			50102728	法律翻译	3	36								
			50102729	应用文翻译	3	36								
		跨文化交际与传播	50101590	中西文化对比	3	36	2							
			50101591	跨文化交际	3	36		2						
			50101790	传播学概论	3	36								
			50101791	跨文化媒体社会学	3	36								
			50101792	跨文化传播	3	36								
			50101793	中国对外传播	3	36								
			50101794	国家形象与跨文化传播	3	36								
			50101795	媒体话语分析	3	36								
			40103404	中国当代媒体研究（中文）	3	36								
	专业选修课合计				24	432								
	专业课总合计				115	1692								

[1] 星号表示该学期执行并分配一个学分。指定书单，每学期选读 10 本，并以中文撰写 1 万字的读书报告，下一学期开学两周内提交。

（https://seis.bfsu.edu.cn/info/1076/1488.htm）[2021-07-20]

该翻译专业课程设置分为公共课和专业课两大类。公共课又分为公共必修课和全校通选课;专业课又分为专业必修课和专业选修课。其中专业必修课再细分为外语技能课和专业基础课,专业选修课再细分为外语技能、英语文学、英语语言学、社会与文化研究、国际政治与经济、翻译理论与实践、跨文化交际与传播等几个部分。就课程设置来讲,该大纲比较圆满,体现了专业和素养的相结合。这都是培养合格译员应具备的条件。

为了读者全面了解翻译学科的总体培养方案情况,我们特将北京外国语大学翻译学硕士培养方案、翻译硕士专业学位(MTI 笔译)培养方案、翻译学博士研究生培养方案和 MTI (笔译)博士研究生培养方案附录于书后,供读者参考。

第三节　翻译教学大纲

教学大纲(syllabus 或 curriculum)指学校每门学科的教学纲要。其中包括教学目的、教学要求、教学内容以及讲授和实习、实验、作业的时数分配等。根据教学计划,以纲要形式规定一门课程教学内容的文件。包括这门课程的教学目的、任务、教学内容的范围、深度和结构、教学进度以及教学法上的基本要求等。有的教学大纲还包括参考书目、教学仪器、直观教具等方面的提示。列入教学大纲的教材的广度和深度,一般应是学生必须达到的最低标准。教学大纲是编写教科书和教师进行教学的主要依据,也是检查和评定学生学业成绩和衡量教师教学质量的重要标准。教学大纲是以系统和连贯的形式,按章节、课题和条目叙述该学科的主要内容的教学指导文件。它根据教学计划,规定每个学生必须掌握的理论知识、实际技能和基本技能,也规定了教学进度和教学方法的基本要求。总之,翻译教学大纲是对翻译课程的内容和教学顺序的描述,是指导翻译教学和教材编写的依据,是实现翻译教育目的的方案,也是帮助学习者以最经济的办法达到目的的手段。下面特收录课程教学大纲编写与使用要求。

课程教学大纲编写与使用要求

为完善学科科课程体系的建设,规范教学大纲的编写格式和内容,强化各课程之间的有机联系。为此特制定本文件,就编写教学大纲的总体要求,内容及格式的要求,以及编写经费和教学大纲的使用等作出一些规定,供专业教研室在编写教学大纲时参照执行。

一、教学大纲编写的总体要求

教学大纲是以系统和连贯的形式,按章节或条目叙述该课程的主要教学内容的指导性文件。它应根据教学计划规定每个学生在学习该课程时必须掌握的理论知识和应用技能,也给出有关教学进度和教学方法的基本要求。

课程建设应以教学大纲的编写为重点,突出教学大纲在教学过程中的核心地位,因此教学大纲的编写应力争达到以下要求。

1. 应有明确的教学目的。教学大纲首先要明确本课程在整个课程体系中的地位和作用,规定本课程的基本教学目标,对学生学习本课程之后,应该掌握的知识与技能,以及对与课程乃至整个计算机学科有关的思维方法的领会应有明确的规定。

2. 教学内容的选择应具备系统性和前沿性。教学大纲是叙述课程主要教学内容的指导性文件。在教学内容选择方面,应根据本课程在整个课程的地位,确定教学内容选择的一些基本原则,使得在这些原则的指导下,课程的教学内容既能成为一个有机的整体,又具有一定的开放性,让教师在教学时能就本课程的前沿性内容以及教师自己所擅长的内容进一步发挥和补充。

3. 教学内容的叙述应该详略得当。教学大纲是有关教学内容的指导性文件,不能过细以致不能突出重点并限制教师的发挥,但也不能太粗以致缺乏有效的指导性。在教学内容的叙述方面至少要有两级条目,并应就每个条目应覆盖的知识点作适当的说明,必要时还应为某些条目指出其中的难点和重点。

4. 应该兼顾相关课程,使得所有课程的教学大纲构成有机的整体。编写某门课程的教学大纲时,应该充分关注相关课程,特别是该课程的先修课程和后继课程的教学内容,明确该课程与相关课程之间的关系,列出该课程所需先修课程的重要知识点,以及该课程的哪些知识点将在后继课程中使用或进一步深化。

5. 应该使教学大纲的编写既成为以往教学经验的总结,又成为进一步提高教学质量的新的台阶。教学大纲应充分采纳教学经验丰富的教师对于有关教学方法以及教学过程中应注意事项等方面的意见,在归纳与思考的基础上形成集体智慧,使好的教学经验能够得以传承。

总之,应以教学大纲的编写为契机,加强对相关课程的教学研究,争取能够撰写一些相关的教学论文。教学大纲不仅应该作为教师教学的指导性文件,而且也应该成为教学素材的收集,以及相关教学资源的建设的纲领性文件。

二、编写内容方面的具体要求

根据有关教学大纲编写的总体要求,我们将教学大纲的内容分为 4 个部分,7 大要点。

1. 基本信息部分:以表格的形式给出该课程的基本信息。

2. 教学指导部分:就该课程的教学目的、教学内容的选择原则、教学要求与教学指导、先修课程与后续课程等进行阐述,使教学大纲在教学方面能真正地起到指导作用。

3. 教学内容部分:根据教学内容的选择原则,以二级或三级条目的形式列出本课程的主要教学内容及学时分配,列出各条目应覆盖的知识点,必要时说明其中的重点和难点。

4. 参考附录部分:给出该课程的推荐参考教材(包括配套的习题、实验教材),以及其他主要参考书籍,必要时还可附录与本课程有关,或与该教学大纲编写有关的资料或文献目录。在对教学大纲进行修订时,简要说明此次修订的原因和主要内容。

(一)基本信息的编写

基本信息部分以表格(边框是虚框)的形式给出该课程的基本信息,包括以下几方面。

1. 课程名称。

2. 课程类别:"公共课""基础课""专业课"和"拓展课"。注意,"公共课""基础课"和"专业课"为必修课范畴,"拓展课"为选修课范畴。

3. 授课对象:"高职学生""中职学生"。

4. 总学时:每学期按 18 周计算。

5. 适用专业:若可用于多个专业,可同时列出,例如"XXXXXX/XXXXXX"。对于一些基础课程来说,不同专业可使用相同的教学大纲,但对于一些专业特色课程,应根据各专业的特色尽量编写不同的教学大纲。

6. 开课学期:给出该课程预定的开课学期,用于体现该课程是低年级基础课程,还是高年级课程。

7. 编写人员、审核人员和编写日期:本教学大纲初次编写的人员和日期。对教学大纲作重大修改时,应重新写明编写人员、审核人员和编写日期。

(二)教学目的的编写

教学大纲应该明确列出课程的教学目的,并对比进行阐述。教学目的同时也就是学生学习该课程的目标。通常,学生学习目标可分为知识性目标、技能性目标和情感性目标三个方面。

1. 知识性目标

是指学生在学习本课程之后应该获得的知识。知识性目标可分为以下三个层次。

了解水平:学生能够对课程的一些知识点进行回忆和再认;能够识别和辨认相关的事实或证据;能列出某一概念的例

子等。

理解水平:学生能够把握各知识点之间的逻辑联系;能够对所学的知识点进行解释、区分和扩展;能自己给出某一概念的例子,并陈述相关概念的定理等。

迁移应用水平:学生能够将学到的概念、原理和方法应用到新的问题情景,能建立不同情景之间的合理联系等;能运算概念及相关定理解决一些综合型问题等。

2. 技能性目标

是指学生在学习本课程之后应该获得的技能,例如实验性课程的实验操作技能、设计性课程的设计技能等。技能性目标可分为三个层次。

模仿水平:学生能在原型示范或他人指导下完成实验操作或设计工作。

独立运用水平:能在评价和鉴别已有原型的基础上,独立地进行调整和改进,形成自己的实验技能和设计技能。

熟练运用水平:能够根据需要评价、选择合适的实验工具或设计方法,并熟练地进行实验或设计。

3. 情感性目标

是指学生在学习本课程之后对课程内容及方法的经历、认同、欣赏和领悟,如是否能感受到一些课程内容的美,能否领会课程中所给出的一些方法的妙等,从而提升学生学习兴趣,加强自主学习,不仅掌握课程的具体知识,而且领会与课程内容有关,乃至与整个学科相关的思维方法。

总之,教学大纲中是的教学目的部分应该在分析授课对象特点的基础上,就学生学习的知识性目标、技能性目标和情感性目标三个方面,用清晰的语言概括课程的主要内容,并分别说明学生对于这些课程内容所应达到的目标层次。

注:由于实验性课程的特殊性,我们将针对实验性课程的特点另列编写实验大纲的具体要求。

(三)教学内容选择原则的编写

教学大纲是叙述课程教学内容的指导性文件,根据教学目的和授课对象的特点选择合适的教学内容是教学大纲编写工作的重点。因此在选择教学内容之前,有必要确定该课程教学内容的选择原则,对这门课程应该教学生什么内容这个问题做原则性的描述。

简单地说,选择教学内容的基本原则是教学内容的系统性和前沿性。系统性是指课程的教学内容要成为能达到预期教学目的的完整体系。前沿性则是指课程的教学内容要能够反映相应学科的最新发展。但针对具体课程,则还需确定更为具体的教学内容选择原则,为此我们应该做到以下几点。

1. 明确教学目的及授课对象的特点,不同专业、不同层次的学生应选择不同的教学内容。

2. 分析和研究教育部制定的本科教学规范中对本课程(或相近课程)所应覆盖的知识单元和知识点的规定。

3. 尽量收集国内外各大学同类课程的教学大纲,进行分析比较。

4. 尽量收集国内外同类教材,进行分析比较。

在此基础上,通过思考如下问题确定教学内容的选择原则。

1. 根据该课程的教学目的、授课对象以及适用专业,该课程应该选用什么教材？为什么选用该教材？

2. 对于选用的教材,哪些内容应该是重点讲授的,哪些内容是可选内容？为什么？

3. 根据选用的教材,还需要补充讲授哪些内容？为什么？

4. 与本课程相关的课程有哪些？如何处理与相关课程的教学内容之间的关系？

5. 如果本课程有相应的实验课程,如何处理与实验课程中规定的实验之间的关系？

6. 在教学内容选择方面,跟相关院校的同类课程相比,应该突出怎样的特色？为什么？

总之,确定教学内容选择原则就是在确保课程教学内容的系统性和前沿性的基础上,进一步确定选择课程教材(包括其配套书籍)及参考资料的依据,并对该教材及参考资料的内容在教学时的取舍作原则性描述,并争取与相关院校同类课程相比有自己的一些特色。

教学大纲的教学内容选择原则,是教师自己对课程教学内容选择观点的阐述,有助于同一或相近课程的任课教师统一思想,也有助于教师在教学过程中进一步选择更合适的教材,或者教师自己在教学大纲的指导下编写更为合适的教材。

(四)教学要求与教学指导的编写

教学大纲的教学基本要求是在确定教学目的和教学内容的基础上,对任课教师在教学过程中如何更好地完成教学任务的要求与提示,且就如何教好这门课程这个问题进行阐述。可通过思考以下问题来编写教学大纲中的教学基本要求。

1. 任课教师应如何从总体上把握课程教学内容的重点与

难点？

2.除课程内容外,任课教师还应掌握哪些方面的相关知识？

3.任课教师可从哪些方面入手以提高学生学习的积极性和主动性？例如,哪些课程内容可采用讨论(即让学生充分参与讨论)的教学方式,哪些课程内容可采用讲座的教学方式等。

4.根据以往的教学经验,任课教师在教学过程中应特别注意哪些事项？

5.任课教师应如何合理运用多媒体教学技术？

6.任课教师是否应该使用双语教学？如何合理地运用双语教学手段？

7.如何合理地布置作业、安排习题课及实验课？

8.如何合理地考核学生的学习效果？

9.如何在教学过程中体现教师自己的教学特色？

总之,教学基本要求应该对任课教师如何把握和理解教学内容、怎样合理地运用教学方法和教学手段、如何体现自己的教学特色给出一些指导性意见,并对在教学过程中认可教师应该注意的一些重要事项加以说明。

教学大纲中的教学基本要求是对任课教师如何更好地完成教学任务的要求与提示,是教师以往教学经验的总结,对传承好的教学经验、逐步提高教师教学质量应起到十分积极的作用,从而使教学大纲对任课教师真正地起到指导的作用。

(五)先修课程与后继课程的编写

课程教学大纲应该明确该课程在整个课程体系中的作用

和地位,在教学大纲中明确该课程的先修课程与后续课程是体现这一点的重要方式,也是使专业的所有课程构成完整课程体系的重要保证。

教育部制定的计算机学科的本科教学规范给出了计算机学科的课程体系,我系各专业可参考该课程体系,并针对各专业的特点确定每门课程的先修课程和后续课程。

编写教学大纲时,应在确定教学目的和教学内容选择原则,乃至给出较为详细的教学内容安排的基础上,确定该课程的先修课程和后续课程,并对这些课程的教学内容要有初步的了解。

对于该课程的每门先修课程,应列出本课程的学习需要先修课程中的哪些重要的知识点。对于该课程的每门后续课程,应列出本课程的哪些重要知识点会在该后继课程中使用或进一步深化。

(六)教学内容与学时分配的编写

教学内容与学时分配是教学大纲中的主体内容。在编写这一部分时,应根据确定的教学内容选择原则和以往的教学经验,合理地布局教学内容及分配学时。

1.教学内容的布局应该体现整个课程教学内容的系统性和前沿性。系统性应使得任课教师在完成相应的教学内容之后能够达到相应的教学目的,前沿性应使得任课教师可以根据自身的优势,以及自己对相应学科内容发展的认识和理解加以发挥,以体现教师自己的教学特色。

2.应该根据以往的教学经验认真、合理地分配教学内容中各条目的学时数,使得任课教师能够在分配的学时内基本完成相应的教学任务,并有一定的机动时间。

3. 教学内容的布局和学时分配还应该保障教学过程的连续性,不能让相同或相近的知识点或知识单元被分割开来。

在编写教学大纲时,对教学内容的叙述应该详略得当。教学大纲是有关教学内容的指导性文件,不能过细以致不能突出重点并限制教师的发挥,但也不能太粗以致缺乏有效的指导性。具体来说应注意以下几点。

1. 教学内容的叙述方面至少要有两级条目,相当于常见教材的章与节。

2. 最底层条目必须有适当的说明,包括说明该条目应覆盖的基本知识点,如有可能,也应列出一些可选知识点。

3. 必要时应为某些条目指出其中的难点和重点,如有可能,可进一步针对该难点或重点指出任课教师在教学中可能需要注意的事项。

4. 需要时应在某些适当层次的条目下给出有关习题布置的建议,包括习题布置量、习题应覆盖的基本知识点等。

5. 如该课程有相应的实验课程,应在适当层次的条目下给出如何与实验课程相配合的建议,包括学习该条目的内容之后可进行的实验及其基本内容等。

6. 在文字描述方面分为三个层次:掌握、熟悉和了解。

掌握:本门课程必须掌握的最基本知识点和基本操作技术,列为考核必须通过的重点内容。

熟悉:专业中比较重要的技术和知识点,学生需要知道但不一定要完全掌握的内容。

了解:本门专业课中拓展的知识点和技能技术,老师在教学中提高学生兴趣的知识面。

总之,教学内容的叙述应该详略得当,不能过细以致不能突出重点并限制教师的发挥,但也不能太粗以致缺乏有效的指导性。在教学内容的叙述方面至少要有两级条目,并应就每个条目应覆盖的基本知识点和可选知识点作适当的说明,必要时还应为某些条目指出其中的难点和重点,以及在适当层次的条目下给出作业布置建议和与实验环节相关的建议。

(七)参考附录部分的编写

教学大纲的参考附录部分包括以下4部分。

1.推荐教材与参考书:列出本课程的推荐教材,可能还包括该教材的配套习题解答等书籍,以及本课程的其他相关参考书籍,这些都可供学生自己选择使用。推荐教材和参考书籍应该以正规出版物引用参考文献的格式列出。对于推荐使用的教材,使用"推荐教材"的字样标出。

2.参考文献:列出在编写教学大纲时参考的一些资料,如其他大学同类课程的教学大纲等,也包括一些教材等,内容可能与"推荐教材与参考书"有些重复,但"推荐教材与参考书"部分主要供学生和教师在教学时选择参考资料使用,而这一部分则主要供教师在编写教学大纲以及进行教学研究时参考。这一部分也应该以正规出版物引用参考文献的格式列出。

3.补充说明:给出编写本教学大纲的一些补充说明,如没有可不列出这一部分。

4.修订说明:当本教学大纲进行一些小的修订工作时,用于说明修订的原因和修订的主要内容。在对教学大纲作重大修改而进行重新编写时可不列出这一部分。

　　教师在编写教学大纲时,应列出本课程的推荐教材与参考书,以及编写本教学大纲时的参考文献,对于"补充说明"和"修订说明"则在需要时编写。

　　三、编写格式方面的具体要求

　　为了便于管理,以及今后的汇集出版,教学大纲应采用统一的编写体例,包括字体、版式。具体格式参见附录中的教学大纲样例。教师可通过修改该样例中相应的内容而完成各课程的教学大纲的编写工作。

　　四、编写过程和评审

　　各课程的教学大纲编写原则上由相应教研室负责人负责组织编写,由该课程小组负责人执笔,且组内成员参与讨论与编写。同一课程的不同专业原则上应该编写不同的教学大纲。目前尚未成立课程小组的课程教学大纲的编写工作原则上安排在下一阶段,其编写过程和经费另作规定。

　　课程教学大纲初稿编写完毕之后,应该在课程小组内推举具有较高职称或教学经验丰富的教师负责审核并提出修改意见,然后在与组内成员讨论的基础上形成可提交的版本。

　　系部将组织具有较高职称或教学经验丰富的教师对各课程小组提交的教学大纲根据上述编写要求进行审核,如有大的修改,返回给相应的课程小组再做修改。系一级的审核将根据各课程小组提交的情况分阶段进行,每次选择相互关系比较密切的5到10门课程进行审核,并进一步挖掘各课程之间的联系,充实到各课程教学大纲,完善各专业的课程体系。

五、教学大纲的使用

为了使编写的教学大纲真正起到教学指导和管理作用，系里将建设各门课程的主页，向全系学生和教师公开系一级审核通过的课程教学大纲。

某课程的教学大纲一旦审核通过并公开之后，任课教师应该根据教学大纲进行教学活动。任课教师的课程教学内容应该至少覆盖教学大纲在"教学内容和学时分配"部分所列出基本知识点的 80%。如果学生和教师(包括各级教学督导员)反映任课教师没有达到这一基本要求，即在学生和教师反映时，根据教学进程，任课教师的课程教学内容没有达到应该覆盖的基本知识点的 80%，系里将根据以下程序进行处理。

首先，通过对学生抽样调查的方式，根据教学大纲，确认任课教师的教学内容所覆盖的基本知识点。

其次，召开教研室会议，听取任课教师以及相关教师的陈述。

最后，由教研室会议对该任课教师的行为是否作为教学事故进行认定。

为避免上述情况的发生，课程建设小组应该通过相互听课以及各种教学交流活动加强对任课教师教学工作的督导，任课教师也应该通过电子邮件、课后交流以及问卷调查等各种形式加强与学生的交流与沟通。

为实现教学大纲中所提出的教学目的，保证教学质量，在教学过程中，任课教师，特别是第一至三学期的所有任课教师，以及第四、第五学期的必修课和专业限定选修课程的任课教师还应该完成以下工作。

1. 应平均至少两周布置一次作业,也即全学期至少布置九次作业。

2. 应在第八至第十二周范围内安排一次期中检查,检查形式可以是考试、抽查和听课。

3. 应通过自己的课程教学,使得至少 50% 的学生掌握教学大纲中至少 80% 的基本知识点。

4. 系里将通过教师听课、学生座谈和问卷调查的方式检查并督促任课教师完成上述工作。

六、教学大纲的修订与重编

课程教学大纲在教学过程中可根据需要进行修订,但这种修订原则上应该安排在某一学期或学年的教学任务完毕之后,由课程小组成员提出并经课程小组组长同意后进行。教学大纲的修订应该在教学大纲的最后列明修订的原因和修订的主要内容,前一份教学大纲也应作为历史记录予以保存。

课程小组成员可因为如下原因提出对课程教学大纲的修订。

1. 有比教学大纲中所推荐教材更合适的教材出版时,修订教学大纲的推荐教材。

2. 通过任课教师的教学实践,发现教学大纲的学时安排不尽合理时,修改教学大纲的学时安排。

3. 根据任课教师自身特点的变化,修改教学大纲中的部分所列可选知识点。

4. 根据学科发展,需要修改教学大纲中不超过 30% 的基本知识点。

5. 根据任课教师的教学经验,完善教学大纲中教学要求与教学指导部分。

6. 相关课程发生小的变化,需要完善教学大纲中先修课程与后继课程部分的编写。

7. 需要对教学大纲进行一些小的修改的其他情况。

如发生以下情况,经课程小组全体人员同意后应组织人员重新编写该课程的教学大纲。

1. 根据学生特点的变化,或者专业教学计划的改变,需要更改教学大纲的教学目的时。

2. 根据学科发展,课程教学内容发生重大变化,需要修改教学大纲中超过 30% 的基本知识点。

(http://blog.sina.com.cn/s/blog_e5314d410102wi89.html)

下面就是一学校的研究生课程教学大纲模板。

上海外国语大学 XXXX 专业硕士/博士研究生
《XXXX》课程教学大纲

【课程中文名称】(应参考国际国内通用名称)

【课程英文名称】(应参考国际国内通用名称)

【学时学分】

【适用对象】

【开课学期】

【先修课程】

【授课教师】(原则上要求有 2 人,主讲和副讲)

一、课程简介(200~300 字)

【宋体,小四号,1.5 倍行间距,下同】

二、课程目标【黑体,小 4 号,1.5 倍行距,下同】

本课程的课程目标包括素养、知识和能力三个方面。

三、授课方式

四、课程内容(章节内容、学时分配等)

五、课程要求

本课程要求包括考核方式、考核标准两个方面。

六、授课教材和课程资源

(1)授课教材

(2)参考文献

本部分包括基础文献和扩展文献两个部分。基础文献是必读部分,扩展文献供学有余力的学生进一步提高使用。

1. 基础文献

2. 扩展文献

(3) 学术期刊

(4) 数据库

(5) 学术网站

(6) MOOC 资源

编制人：

学科点负责人：

编制时间：

（http://graduate. shisu. edu. cn/8883/list. htm）〔2021 - 07-20〕

当然，硕博课程大纲显然要比本科大纲复杂，教学目的、手段、效果等要求也要高一些。一般的教学大纲包括课程描述、先修课程、课程目标、教学基本要求、教学方法和教学手段建议、教材、课程大纲正文、作业布置与要求、本课程对学生自学的要求、教学课时分配表等。各校在制定大纲时，又都有各自的具体特点，但基本内容相同。笔者在此特选取上海外国语大学唐一辰老师的《翻译概论》（本科）课程教学大纲，供读者学习参考。

《翻译概论》课程教学大纲

【课程英文名称】Introduction to Translation

【课程代码】2. 102. 0002

【课程类型】专业核心课程

【适用专业】英语语言文学专业

【开课学期】第 4 学期

【先修课程】无

【总学时数】38

【总学分数】2

【教研室】翻译教研室

【执笔人】唐一辰

【审核人】孙珊珊

【编写(修订)日期】:2020 年 12 月

一、课程教学目标

本课程旨在引导学生系统、全面地认识翻译、理解翻译。通过翻译实践、常见翻译问题的讨论以及主要翻译理论的介绍,培养学生鉴赏译文和客观评论翻译现象的能力。教学内容包括翻译的本质、翻译步骤、翻译标准、语言差异、语言与文化、翻译的目的、翻译的创造性、风格翻译等主题。通过本课程的学习,学生可以树立合理的翻译观,了解主要翻译理论,提高翻译能力,并培养理性思考和学术研究能力。

二、先修课的要求

具备基本的英汉汉英翻译基础。

三、教学环节、内容及学时分配

(一)总论

学时:2

主要内容:何为翻译,译者何为,中西翻译史概览

教学要求:了解翻译的本质、难点;熟悉著名译者;了解历

史上的中西翻译实践情况;了解翻译理论的发展历史

重点、难点:著名译者的生平、译著及理论思想;翻译理论发展过程中的重要转折

其他教学环节:课堂专题讨论、课后习题

（二）主题一

学时:4

主要内容:翻译过程

教学要求:熟悉翻译的基本步骤及各阶段的重点

重点、难点:理解原文;表达;审校

其他教学环节:课堂专题讨论、课后习题

（三）主题二

学时:2

主要内容:翻译标准

教学要求:了解不同译者的翻译观念;思考翻译标准与翻译方法的关系;了解翻译批评的标准

重点、难点:译者翻译观、翻译批评的标准、常见翻译方法

其他教学环节:课堂专题讨论、课后练习

（四）主题三

学时:6

主要内容:汉英差异

教学要求:了解中西思维模式下的语言差异;掌握汉英语言的特点

重点、难点:形合与意合;动与静;主动与被动

其他教学环节:课堂专题讨论、课后练习

（五）主题四

学时：6

主要内容：语言与文化

教学要求：了解语言与文化的关联；了解文化对翻译的作用；熟悉异化与归化策略

重点、难点：萨丕尔沃夫假设；汉英文化差异；多元系统论；特定表达的文化内涵及翻译；异化和归化

其他教学环节：课堂专题讨论、课后练习

（六）主题五

学时：2

主要内容：翻译目的

教学要求：了解译者目的对译文的影响；了解译文的功能；熟悉目的论

重点、难点：功能对等；目的论；非文学文本的翻译

其他教学环节：课堂专题讨论、课后练习

（七）主题六

学时：4

主要内容：翻译的创造性

教学要求：了解文学的艺术性；了解翻译与创作的异同；思考译者的地位；思考可译与不可译问题

重点、难点：文学性；创造性叛逆；译者主体性

其他教学环节：课堂专题讨论、课后练习

（八）主题七

学时：6

主要内容：风格的翻译

教学要求:熟悉语言风格;了解文学风格的翻译;了解不同文体的特点

重点、难点:辞格翻译;话语风格翻译;文体翻译

其他教学环节:课堂专题讨论、课后练习

(九)主题八

学时:2

主要内容:翻译技术

教学要求:了解人工智能翻译特点;熟悉常用翻译软件及语料库

重点、难点:翻译软件及语料库的使用

其他教学环节:课堂专题讨论、课后练习

四、教学策略与方法建议

本课程以教师讲授、小组讨论为主要授课形式,教师提供相关主题的内容资料,引导学生针对特定翻译问题进行思考、展开讨论。此外,教师在课程后安排相关翻译实践及翻译批评的练习,使学生运用所学,进一步提高实践能力,培养问题意识。

五、教材与学习资源

本课程选用教材:

《翻译概论》,许钧,外语教学与研究出版社,2009。

其他教学参考资料:

1. Schulte, Biguenet,Theories of Translation, 1992.

2. Schulte, Biguenet,The Craft of Translation, 1989.

3.《实用翻译教程:英汉互译》,冯庆华,上海外语教育出版社,2010。

4.《翻译概论》,姜倩,何刚强,上海外语教育出版社,2016。

六、考核方式

本课程考核内容包括翻译基本理论知识、实践知识以及汉英互译能力,平时(50%)和期末(50%)。平时成绩依据学生的课堂出勤(20%)、课堂陈述(30%)以及课后作业(50%);期末考试采用笔试(闭卷)。

(http://www.ses.shisu.edu.cn/_t8/1c/64/c277a138340/page.htm)[2021-07-20]

有的学校课程大纲的编写规范要求除注明先修课程外还需注明后续课程、思政类德育内容融入讲授计划,以及本课程各教学环节评价结果对课程目标的支撑度等。如天津理工大学的《科技翻译理论与实践》课程教学大纲(见附录Ⅴ)。

第四节　国外翻译教学大纲的发展及其启示

翻译人才培养对翻译专业和学科发展具有重要影响。史兴松、牛一琳(2020)采用内容分析法,以国外41所和国内46所院校网站中的翻译硕士人才培养内容为研究对象,对目前国内外翻译硕士人才培养模式进行对比分析。研究发现如下情况。

1.在培养类别方面,国外院校除口译和笔译外还开设了口笔译一体化专业;在培养目标方面,国外院校表述得更为具体,更强调培养职业素质、国际视野与合作精神,目标职业方向也更多样化。

2. 在课程结构方面,国内外院校的侧重点各不相同。就相关知识与能力课程而言,国内院校更多提及语言文化和政治理论课程,多立足于中国情境对优秀传统文化予以关注,国外院校提供更多法商科技和时政社科课程,对培养学生的国际视野和跨文化沟通能力更加重视;就翻译知识与能力课程而言,国外院校的技术类课程种类丰富多样,在视听翻译和术语类课程的开设上与国内差异最大,且国外较多开设职业素养课程,覆盖面更为广泛。

3. 在培养方式方面,研讨式/工作坊均为国内外院校的主要教学方式,国外院校对模拟式、虚拟课堂等实践类教学方式使用更多,提供的实习实践场所品类多样;而我国在导师指导方式上体现出创新性。

4. 在学位论文方面,国内院校更强调研究的实践性和应用性。

鉴于此,他们提出以下翻译人才培养方面的建议。

1. 国内 MTI 人才培养需在顶层设计中细化培养类别和目标,拓宽职业方向,切实促进多样化及个性化培养。

2. 课程设置应服务于培养目标,内容上要紧跟市场和时代需求,在坚持具有中国特色课程的基础上放眼世界,强化沟通类课程的开设,以提升学生的国际视野和跨文化沟通能力。同时,要重视翻译技术和职业素质教育,增加翻译技能、职业素养课程的门类和覆盖面。

3.作为应用型专业,翻译专硕人才培养要重视采用实践类教学方式,并加强与高规格实习实践基地的合作,帮助学生增强翻译实践操作能力。总之,翻译硕士专业应置身于时代背景,积极发展专业化实践应用能力教育,并以市场为导向,实现从翻译专业到语言服务业的转变,为国家对外传播和文化交流提供人才支持与服务。

第五节　翻译教学的原则

教学原则对教学规律的反映不同于教学原理。这种反映不是对教学客观规律的直接反映,这种反映取决于人们对教学客观规律主观认识的深刻程度,从而对教学原则的研究表现出了一种"众说纷纭"的现象:①在同样的教学规律面前,提出了不同的教学原则;②由于对同一客观的教学规律认识不同,因而提出的教学原则也不相同;③教学原则与教学规律彼此之间不一定是单一的联系。

教学原则是根据教育教学目的、反映教学规律而制定的指导教学工作的基本要求。它既指教师的教,也指学生的学,应贯彻于教学过程的各个方面和始终。它反映了人们对教学活动本质性特点和内在规律性的认识,是指导教学工作有效进行的指导性原理和行为准则。教学原则在教学活动中的正确和灵活运用,对提高教学质量和教学效率发挥着一种重要的保障性作用。

教学原则对教学活动的顺利有效进行有着指导性和调节

性的意义。作为教学活动的准则,它必然能够对教学活动的各个方面起着指导和调控的作用,能够为教师提供积极有效地开展教学活动的依据。教学原则在一定程度上决定了教学内容、教学方法与手段、教学组织形式的选择。教学原则确定之后,对教学活动中的内容、方法、手段、形式的选择,都有着积极而重要的作用。教学论原则决定教学方法。选择教学方法和论证其效果有赖于作为这些方法基础的教学论原则。教学论原则体系,就是对学习和掌握教材的基本途径的总的说明。科学的教学原则可以有效地提高教学效率。科学的教学原则在人们的教学实践活动中灵活有效的运用,对教学活动的顺利有效地开展,对提高教学活动的质量和效率都会有着积极的作用。

总体来说,教学的原则体系是针对师生系统地传授和学习书本知识的教学模式,翻译教学亦是如此。

在翻译教学的漫长历史中,理论和实践者一直在找寻一种理想的教学方法,但每一种教学方法都有其局限性。其实,任何一种教学方法,都必须根据教学对象、培养目标、教学阶段、教材、课型等的不同而灵活掌握运用。但是灵活运用仍应符合翻译教学的客观规律。经过国内外学者的长期理论探索和教学实践,达成了一些符合翻译教学客观规律的共识,他们是各种方法都必须遵循的基本原则:以教师为主导,以学生为主体。

教学是师生的双边活动,翻译教学目标要靠师生的共同努力才能达到。教师是翻译教学过程的组织者和领导者,表现了其本质特性——主导性。但教师在翻译教学过程中的主导作用,如果脱离了学生学习的能动性就无法实现翻译教学目标。学生是学习活动的当然主体,谁也不能替代学生自己的能动学习,翻译教学中学生能动性会直接影响翻译教学效果和质量。因此,翻译教学过程中必须遵循以教师为主导,以学生为主体的原则。以学生为主体,就是确认学生在翻译教学过程中是学习的主体、认识的主体、发展的主体;也就是把翻译学习的主动权交给学生,让学生在教师的指导下自己学习操练,自求理解,从根本上改变翻译教学中单纯由教师灌输知识,越俎代庖的教法。

以教师为主导,就是在确认学生的主体地位的同时,规定教师在翻译教学过程中的作用和活动方式主要是"导"。导,指引导、指导,辅导和因势利导,也就是根据学生的认识规律、思维流程、学习心理,正确地引导学生由已知达到未知的彼岸。

合作教学的核心是个性民主化,个性的核心是自我意识。自我意识主要是自我教育、自我评价、自我协调、自我管理等几个方面。合作活动本身就是对每个学生的一种激励,可以激发学生自我确认,自我完善和互相竞争的动机。合作教学可以使学生形成与别人合作共事的心理享受能力,形成虚心听取别人意见和合理思考各种问题的习惯,发展社会化的智力。培养自我意识还要注重培养成功心理,要满足不同层次学生的成功心理,帮助并激励学生成功,树立自尊心和自信心。

"以教师为主导,以学生为主体"的指导思想,辩证地揭示了教师和学生在教学这个系统中各自的特殊地位,有利于提高教与学两方面的积极性。

第六节 选择翻译教学方法的依据

中外翻译教学的历史上出现过把不少的教学方法,但没有一种方法是适合所有环境和所有教师、学生的。翻译教学发展已经进入"后方法时代",要求翻译教师不拘泥于某一种固定的教学方法,更多的是多种教学法的综合应用,从教学理论和教学实践两个维度提供动态平衡的指导意见,形成能动发展的教学观。那么如何去认识和选择适合教师自己及翻译教学环境的教学方法呢?

刘俊(2002)提出了一种新的理论框架来定义语言教学法。这个框架不仅能使教师从新的途径来思考教学,而且为研究者和教师提供了更多合作的机会进行课堂研究。他提出的理论框架包括:历史范畴、建构范畴、发展范畴、情景范畴和反思范畴五个范畴模式。由于语言与翻译关系密切,笔者对此稍做调整,以适应翻译教学法选择的需要。下面表格就是各个范畴应考虑的问题。

表 2-3　教学理论范畴应考虑的问题

范畴	主要考虑的问题
历史范畴	该教学法的起源是什么？它是如何发展起来的？ 指导该教学法的翻译学习理论是什么？ 你的教学目标是什么？如何实施教学法以实现该目标？ 语言、文化和交际在该教学法中的地位如何？ 关于该教学法度有哪些研究？
建构范畴	教师和学生各自的地位如何？ 关于这种方法的教、学过程有什么基本特点？ 课堂内相互作用的本质是什么，如师生之间的相互作用？ 需要什么样的教材来达到既定目标？
发展范畴	应该强调翻译的哪些方面(词、句、篇等)？ 在课堂上应该强调的翻译基本技能有哪些？ 如何根据相关教学法进行学习评价？ 该教学法会对学生的感情方面有什么影响，如动机、态度，是否造成紧张情绪？他们是否愿意接受挑战？
情景范畴	你所处怎样的教学环境，是口译，还是笔译？是文学翻译还是非文学翻译？ 在文化和翻译环境中，该方法是否具有可行性？ 一周的教学时间是多少？ 如何看待学生母语的作用？ 在教学环境中如何看待目的语的文化背景？ 在实施该教学法时是否考虑了学习者的性格特征、学习方法和方式？
反思范畴	为什么要选择这种教学法？ 你对该教学法的熟练程度如何？ 你以前接触过这种教学法吗？ 在使用该教学法之前，你认为自己需要培训吗？ 你对自己作为一名翻译教师的能力有客观的评估吗？ 实施这种教学法能让你最大限度地发挥潜能吗？

第三章　翻译学习理论

学习理论(learning theories)简称"学习论",是说明人和动物学习的性质、过程和影响学习因素的各种学说。心理学家从不同的观点,采用不同的方法,根据不同的实验资料,提出了许多学习的理论。

第一节　翻译学习理论介绍

一般分为两大理论体系:刺激-反应(S-R)理论和认知理论。刺激-反应理论又称联想主义(或行为主义),是继承英国联想心理学派的一种理论体系,哲学上受洛克的经验论的影响。这派理论一般把学习看作刺激与反应之间联结的建立或习惯的形成,认为学习是自发的"尝试与错误"(简称试误)的过程。具体地说,可分为以下五种学习理论:行为主义学习理论、认知主义学习理论、建构主义学习理论、人本主义学习理论和二语习得理论。

一、行为主义学习理论(联想学习理论)

行为主义学习理论(behavioral learning theory)认为,一切学习都是通过条件作用,以在刺激 S 和反应 R 之间建立直接联结的过程。"强化"在刺激-反应联结的建立中起着重要作用,在刺激-反应联结之中,个体学到的是习惯,而习惯是反复练习与强化的结果。习惯一旦形成,只要原来的或类似的刺激情境出现,习得的习惯反应就会自动出现。其代表人物有桑代克(学习的联结说)、巴甫洛夫(学习的刺激-反应学说)和斯金纳(操作性条件反射说)等。

桑代克(Edward Thorndike,1874—1949)认为所谓的学习就是通过不断地尝试形成刺激-反应联结,从而不断减少错误的过程。他把自己的观点称为"试误说"。桑代克根据自己的实验研究得出了三条主要的学习定律。①准备律。在进入某种学习活动之前,如果学习者做好了与相应的学习活动相关的预备性反应(包括生理和心理的),学习者就能比较自如地掌握学习的内容。②练习律。对于学习者已形成的某种联结,在实践中正确地重复这种反应会有效地增强这种联结。因而就教师而言,重视练习中的重复是很有必要的。另外,桑代克也非常重视练习中的反馈,他认为简单机械的重复不会造成学习的进步,告诉学习者练习正确或错误的信息有利于学习者在学习中不断纠正自己的学习内容。③效果律。学习者在学习过程中所得到的各种正或负的反馈意见会加强或减弱学习者在头脑中已经形成的某种联结。效果律是最重要的学习定律。桑代克认为学习者学习某种知识以后,即在一定的结果和反应之间建立了联结,如果学习者遇到一种使他心情愉悦的刺激或事件,那么这种联结会增强,反之会减弱。他指出,教师尽量使学生获得感到满意的学习结果显得尤为重要。

俄国著名的生理学家巴甫洛夫(Ivan Pavlov, 1870—1932)提出了广为人知的条件反射。这主要表现在两个方面。①保持与消退。巴甫洛夫发现,在动物建立条件反射后继续让铃声与无条件刺激(食物)同时呈现,狗的条件反射行为(唾液分泌)会持续地保持下去。但当多次伴随条件刺激物(铃声)的出现而没有相应的食物时,则狗的唾液分泌量会随着实验次数的增加而自行减少,这便是反应的消退。教学中,有时教师的及时表扬会促进学生暂时形成某一良好的行为,但如果过了一些时候,当学生在日常生活中表现出良好的行为习惯而没有再得到教师的表扬,这一行为很有可能会随着时间的推移而逐渐消退。②分化与泛化。在一定的条件反射形成之后,有机体对与条件反射物相类似的其他刺激也作出一定的反应的现象叫作泛化。比如,刚开始学翻译时不能很好地区分同义词和近义词的具体意义。而分化则是有机体对条件刺激物的反应进一步精确化,那就是对目标刺激物加强保持,而对非条件刺激物进行消退。比如在翻译教学中,教师帮助学生辨别词、句、篇翻译地到位和不到位时的具体感觉,从而使译文流畅、有力。

继桑代克之后,美国又一位著名的行为主义心理学家斯金纳(Burrhus Frederic Skinner, 1904—1990)用白鼠作为实验对象,进一步发展了桑代克的刺激-反应学说,提出了著名的操作条件反射。斯金纳通过实验观察发现不同的强化方式会引发白鼠不同的行为反应,其中连续强化引发白鼠按动操纵杆的行为最易形成,但这种强化形成的行为反应也容易消退。而间隔强化比连续强化具有更持久的反应率和更低的消退率。斯金纳在对动物研究的基础上,把有关成果推广运用到人类的学习活动中,主张在操作性条件反射和积极强化原理的基础上设计程序化教学,"把教材内容细分成很多的小单元,并按照这些单元的逻辑关系顺序排列起来,构成由易到难的许多层次或小步子,让学生循序渐进,依次进行学习"。在教学过程中,教师要积极应对学生作出的每一个反应,并对学生作出的正确反应予以正确的强化。斯金纳按照强化实施以后学习者的行为反应,将强化分为正强化和负强化两种方式。正强化是指学习者受到强化刺激以后,加大了某种学习行为发生的概率。如由于教师表扬学生做出的正确行为,从而使学生能在以后经常保持这种行为。负强化是指教师对学习者消除某种讨厌刺激以后,学习者的某种正确行为发生的概率增加。如教师取消全程监控的方式以后,良好的学习习惯能够保持。

强化教学理论催生出了程序化教学技术,这种技术通过引导学习者完成一系列的教学活动,以获得希望的技能。与早期的学习研究不同,斯金纳的研究对教学设计有直接的促进作用。

4. 社会学习理论(social learning theory)

美国心理学家阿尔伯特·班杜拉(Albert Bandura,

1925—）是新行为主义的主要代表人物之一,社会学习理论的创始人。班杜拉在反思行为主义所强调的刺激-反应的简单学习模式的基础上,接受了认知学习理论的有关成果,提出学习理论必须要研究学习者头脑中发生的反应过程的观点,形成了综合行为主义和认知心理学有关理论的认知-行为主义的模式,提出了"人在社会中学习"的基本观点。班杜拉的社会学习理论包含观察学习,自我效能,行为适应与治疗等内容。他把观察学习过程分为注意、保持、动作复现、动机四个阶段,简单地说就是观察学习时必须先注意榜样的行为,然后将其记在脑子里,经过练习,最后在适当的动机出现时再一次表现出来。因为人是生活在一定的社会条件下,所以他主张在自然的社会情境中来研究人的行为。按照班杜拉的理解,对于有机体行为的强化方式有三种:一是直接强化,即对学习者作出的行为反应当场予以正或负的刺激;二是替代强化,指学习者通过观察其他人实施这种行为后所得到的结果来决定自己的行为指向;三是自我强化,指儿童根据社会对他所传递的行为判断标准,结合个人的理解对自己的行为表现进行正或负的强化。自我强化参照的是自己的期望和目标。

　　行为主义学习理论不能解释在学习者内部,学习是如何发生的。他们的研究主要是基于外显的、可以观察到的行为。结果,他们只能解释相对简单的学习活动。因此,在高级的翻译教学设计活动中,行为主义的作用有限。例如,行为主义学习理论很难解释学习者是如何处理信息的,了解学习者内部信息处理过程对于特定的教学设计任务是至关重要的,如培养学生解决问题能力的教学设计。

行为主义学习理论对翻译教学的影响表现在以下几个方面:①行为主义学习理论重视学习环境、外部因素对于学习过程中的影响。行为主义研究者注重实验的研究方法,将理论结合实际,展现了良好的科学探究精神,为学习理论日后的发展奠定了扎实的基础,同时也为其他学科的丰富发展提供了帮助。对于教育技术这个新领域的工作者来说是值得学习和借鉴的。②行为主义学习理论强调反射刺激。最早源于斯金纳的程序教学法,在行为主义学习理论中,认为学习是学习者接收外部刺激后内化的结果,强调不断刺激强化以习得并巩固知识。斯金纳的程序教学遵循小步子积极反应、及时反馈、低错误率和自定步调等原则。③行为主义学习理论注重强化,如翻译教学。首先,翻译学习环境在行为主义中占据着首要的地位。教师和学生都要积极寻找典范性的准确的翻译素材,这一途径尤其适合于学习者的口笔译训练。其次,模仿应该被看作翻译学习的基础和重要阶段,这不仅仅是因为语言具有约定俗成的社会属性,更是翻译学习者将天生的语言潜能转化成习惯性现实交际的中介。再次,行为主义也关注内在动机在翻译学习中的作用。倘若只是机械性地模仿与重复训练,任何人都不可能学好翻译。

二、认知主义学习理论

认知主义学习理论认为,学习不是在外部环境的支配下被动地形成刺激-反应(S-R)联结,而在于内部认知的变化,学习是一个比 S-R 联结要复杂得多的过程。他们注重解释学习行为的中间过程,即目的、意义等,认为这些过程才是控制学习的可变因素。该学习理论包括克勒的顿悟说、托尔曼的认知-目的论、皮亚杰的认知结构理论、布鲁纳的认知发现说、奥苏伯尔的认知同化论、加涅的学习条件论及海德和韦纳的归因理论。

学习的认知理论起源于德国格式塔心理学派的完形理论。格式塔心理学的创始人是德国心理学家魏特墨(M. Wertheimer,1880—1943)、科夫卡(K. Koffka,1886—1941)和克勒(W. Khler,1887—1967)。克勒历时七年,以黑猩猩为对象进行的 18 个实验,依据其结果,撰写了《猩猩的智慧》一文,他发挥了格式塔理论,提出了顿悟说。主要观点:第一,学习是组织、构造一种完形,而不是刺激与反应的简单联结。第二,学习是顿悟,而不是通过尝试错误来实现的。顿悟说重视的是刺激和反应之间的组织作用,认为这种组织表现为知觉经验中旧的组织结构(格式塔)的豁然改组或新结构的顿悟。

2.托尔曼的认知-目的论(cognitive teleology)。托尔曼(E. C. Tolman,1886—1959)对 S-R 联结说的解释不满,他认为学习的结果不是 S 与 R 的直接联结,主张把 S-R 公式改为S-O-R 公式。在后一公式中,O 代表有机体的内部变化。托尔曼的学习理论有两大特点:第一,一切学习都是有目的的活动。第二,为达到学习目的,必须对学习条件进行认知。托尔曼用"符号"来代表有机体对环境的认知,认为学习者在达到目的的过程中,学习的是能达到目的的符号及其符号所代表的意义,是形成一定的"认知地图",这才是学习的实质。托尔曼的学习目的和学习认知概念,直接来自格式塔学派的完形说,吸取了完形派思想中某些积极成果,认为行为表现为整体的行为,这种有目的的整体性的行为是学习认知的结果。托尔曼把试误论与目的认知论相结合,认为在刺激和反应之间有目的与认知等中介变量,不但研究行为的外部表现,还要探讨内部大脑活动。关于学习出现的原因,托尔曼认为外在的强化并不是学习产生的必要因素,不强化也会出现学习。

3. 皮亚杰的认知结构理论(lognitive structure theory)。认知结构理论的代表人物是瑞士心理学家 J. 皮亚杰(P. Piaget,1896—1980)、美国的心理学家 J. S. 布鲁纳(J. S. Bruner,1915—2016)。他们认为认知结构,就是学习者头脑里的知识结构,它是学习者全部观念或某一知识领域内观念的内容和组织。他们认为,学习使新材料或新经验和旧的材料或经验结为一体,这样形成一个内部的知识结构,即认知结构。皮亚杰指出,这个结构是以图式、同化、顺应和平衡的形式表现出来的。布鲁纳认为,学习不在于被动地形成反应,而在于主动地形成认知结构。学习由一系列过程组成,要重视研究学生的学习行为,教学应注意学习各门学科的基本结构。他们重视教材的知识结构。这个学派还系统地阐述了认知结构及其与课堂教学的关系。近些年来的教学实践和实验研究表明:采用一定手段有意控制学习者的认知结构,提高认知结构的可利用性、稳定性、清晰性和可辨别程度等,对于有效地学习和解决问题是有作用的。

4. 布鲁纳的认知发现说(cognitive discovering theory)。布鲁纳的认知学习理论受完形说、托尔曼的思想和皮亚杰发生认识论思想的影响,认为学习是一个认知过程,是学习者主动地形成认知结构的过程。而布鲁纳的认知学习理论与完形说及托尔曼的理论又是有区别的。其中最大的区别在于完形说及托尔曼的学习理论是建立在对动物学习进行研究的基础上的,所谈的认知是知觉水平上的认知,而布鲁纳的认知学习理论是建立在对人类学习进行研究的基础上的,所谈认知是抽象思维水平上的认知。其基本观点主要表现在三个方面:①学习是主动地形成认知结构的过程;②强调对学科的基本结构的学习;③通过主动发现形成认知结构。布鲁纳认为发现学习的作用有以下几点:①提高智慧的潜力;②使外来动因变成内在动机;③学会发现;④有助于对所学材料保持记忆。所以,认知发现说是值得特别重视的一种学习理论。认知发现说强调学习的主动性,强调已有认知结构、学习内容的结构、学生独立思考等的重要作用。这些对培育现代化人才是有积极意义的。

5.奥苏伯尔的认知同化论(cognitive-assimilation theory)。奥苏伯尔(D. P. Ausubel,1918—2008)与布鲁纳一样,同属认知结构论者,认为"学习是认知结构的重组",他着重研究了课堂教学的规律。奥苏伯尔既重视原有认知结构(知识经验系统)的作用,又强调关心学习材料本身的内在逻辑关系,认为学习变化的实质在于新旧知识在学习者头脑中的相互作用,那些新的有内在逻辑关系的学习材料与学生原有的认知结构发生关系,进行同化和改组,在学习头脑中产生新的意义。奥苏伯尔的认知同化论的主要观点:第一,有意义学习的过程是新的意义被同化的过程。奥苏伯尔的学习理论将认知方面的学习分为机械的学习与有意义的学习两大类。机械学习的实质是形成文字符号的表面联系,学生不理解文字符号的实质,其心理过程是联想。有意义学习的实质是个体获得有逻辑意义的文字符号的意义,是以符号为代表的新观念与学生认知结构中原有的观念建立实质性的而非人为的联系。第二,同化可以通过接受学习的方式进行。接受学习是指学习的主要内容基本上是以定论的形式被学生接受的。

6. 加涅的学习条件论(learning condition theory)。加涅(R. M. Gagne,1916—2002)认为学习是一种将外部输入的信息转换为记忆结构和以人类作业为形式的输出过程,要经历接受神经冲动、选择性知觉、语义性编码、检查、反应组织、作业等阶段,反馈及强化贯穿于整个学习过程。学习受外部和内部两大类条件所制约。外部条件主要是输入刺激的结构与形式,内部条件是主体以前习得的知识技能、动机和学习能力等。加涅认为,教育是学习的一种外部条件,其成功与否在于是否有效地适合和利用内部条件。

加涅的信息加工学习论(information processing theory)。加涅被公认为是将行为主义学习论与认知主义学习论相结合的代表。加涅认为,学习是学习者神经系统中发生的各种过程的复合。学习不是刺激反应间的一种简单联结,因为刺激是由人的中枢神经系统以一些完全不同的方式来加工的,了解学习也就在于指出这些不同的加工过程是如何起作用的。在加涅的信息加工学习论中,学习的发生同样可以表现为刺激与反应,刺激是作用于学习者感官的事件,而反应则是由感觉输入及其后继的各种转换而引发的行动,反应可以通过操作水平变化的方式加以描述。但刺激与反应之间,存在着"学习者""记忆"等学习的基本要素。学习者是一个活生生的人,他们拥有感官,通过感官接受刺激;他们拥有大脑,通过大脑以各种复杂的方式转换来自感官的信息;他们有肌肉,通过肌肉动作显示已学到的内容。学习者不断接受各种刺激,被组织进各种不同形式的神经活动中,其中有些被贮存在记忆中,在做出各种反应时,这些记忆中的内容也可以直接转换成外显的行动。

7. 海德和韦纳的归因理论(attribution theory)。归因理论是探讨人们行为的原因与分析因果关系的各种理论和方法的总称。它试图根据不同的归因过程及其作用,阐明归因的各种原理。最早对归因进行研究的是美国心理学家 F. 海德(F. Heider,1896—1988),他认为人类有两类需要,即对周围世界的进行理解和控制的需要,认为通过分析可得知人们行动的原因,并可预言人们如何行动。这就是人们进行行动归因的内在原因。归因可以分成内归因和外归因、稳定性归因和非稳定性归因。内归因是行为者内在的原因,如人格、情绪、意志等;外归因是产生行为的环境因素,如工作设施、任务难度、机遇等。研究表明,人们总是做比较有倾向性的内归因或外归因。对自己的成绩常作内归因,他人的成绩出于嫉妒,可能作外归因。稳定归因是导致行为的相对不变因素,如内在的能力、气质,外在的工作难度等;非稳定归因是相对易变的因素,如内在的情绪、外在的机遇等。

认知派学习理论为教学论提供了理论依据,丰富了教育心理学的内容,为推动教育心理学的发展立下了汗马功劳。认知派学习理论的主要贡献:①重视人在学习活动中的主体价值,充分肯定了学习者的自觉能动性。②强调认知、意义理解、独立思考等意识活动在学习中的重要地位和作用。③重视了人在学习活动中的准备状态。即一个人学习的效果,不仅取决于外部刺激和个体的主观努力,还取决于一个人已有的知识水平、认知结构、非认知因素。准备是任何有意义学习赖以产生的前提。④重视强化的功能。认知学习理论由于把人的学习看成是一种积极主动的过程,因而很重视内在的动机与学习活动本身带来的内在强化的作用。⑤主张人的学习创造性。布鲁纳提倡的发现学习论就强调学生学习的灵活性、主动性和发现性。它要求学生自己观察、探索和实验,发扬创造精神,独立思考,改组材料,自己发现知识、掌握原理原则,提倡一种探究性的学习方法。它强调通过发现学习来使学生开发智慧潜力,调节和强化学习动机,牢固掌握知识并形成创新的本领。

认知学习理论的不足之处,是没有揭示学习过程的心理结构。笔者认为学习心理是由学习过程中的心理结构,即智力因素与非智力因素两大部分组成的。智力因素是学习过程的心理基础,对学习起直接作用;非智力因素是学习过程的心理条件,对学习起间接作用。只有使智力因素与非智力因素紧密结合,才能使学习达到预期的目的。而认知学习理论对非智力因素的研究是不够重视的。

现代认知学习理论认为,学生的学习过程就是学生运用原有的认知结构同化新知识的过程。良好的认知结构在学习中具有重要的作用,是学习的核心。已经形成的良好的认知结构是后继学习的核心条件,形成良好的认知结构是学习的核心任务。翻译认知结构从内容上讲就是指学生头脑中已有的关于翻译知识经验;从组织特点上讲,是指关于翻译知识的经验程度的层次性。具体地说,翻译认知结构指学习者对翻译理论的理解和感知,对源语和目的语词汇、语法的知识和对双方文化的知识以及前期翻译实践中积累的经验。翻译认知结构既是翻译知识贮存的形式,又具有通过加工同化新知识、处理新课题的功能。翻译教学的成败在于是否合理利用学生的已有认知结构,把新知识纳入旧的认知结构从而丰富和加强已有的翻译理论和实践经验或者变化和调整原来的认知结构,从而建立新的翻译认知结构。围绕在翻译教学中合理利用原有认知结构和有效建构新的翻译认知结构的教学目的,翻译教学可采取以下步骤:①编制诊断性的测验,了解学生原有的翻译认知结构;②运用比较法合理建构翻译认知结构;③提倡复译有效改善翻译认知结构。以上步骤构成了建立在认知心理学基础上的翻译教学模式。这种模式充分利用了翻译认知结构在翻译学习中的重要作用,通过编制诊断性的测验,运用比较法和提倡复译三个具体实施步骤分别达到了解学生原有的翻译认知结构,合理建构翻译认知结构和有效改善翻译认知结构的教学目的。总之,已经形成的良好的翻译认知结构是后面翻译学习和实践的核心条件,形成良好的翻译认知结构是翻译学习的核心任务。依据认知结构理论,翻译教学过程中必须以学生为中心,学生是教学活动的积极参与者和知识的积极建构者,而教师仅是学生建构知识结构的忠实支持者、积极帮助者和引导者。因此,在翻译教学中,应努力创设有关学习情境,设计多类型、多层次的学生活动,通

过学生的交流、合作和讨论,不断完善翻译知识结构和能力结构,提高学生的翻译能力。(向荣,2006)

三、建构主义学习理论

建构主义学习理论(constructivism learning theory)关注怎样用原有的认知结构建构新知识,强调学习的主动性、社会性和情感性。主要观点:①强调学习以学生为中心。现代建构主义认为教师不应是知识的传授者,而是学习活动的组织者、引导者。学生不是知识的被动接受者,而是意义建构的主动建构者。在学习过程中要充分发挥学生的主动性、创造性,利用各种机会在不同情境下应用自己的知识。②强调"情境"对意义建构的重要作用。现代建构主义认为,知识源于客观实际,不能脱离活动情境而抽象存在。知识存在于具体的情境性可感知的活动之中。学习应与情境化的社会实践活动结合起来,知识只有通过实际应用才能被真正理解。③强调"合作学习(协作学习)"对意义建构关键作用。现代建构主义认为,学习者与周围环境的交互作用,对于理解学习内容起着关键性作用。学生在教师的组织引导下一起讨论和交流,共同批判地考察各种理论、观点、信仰和假设,进行协商和辩论,学习者群体的思维与智慧就可以被整个群体所共享,共同完成所学知识的意义建构。④强调对学习环境的设计。建构主义认为,学习环境是学习者能够在其中进行自由探索和自主学习的场所。在此环境中学生可以利用各种工具和信息资源(如文字材料、书籍、音像资料、多媒体课件等)来达到自己的学习目标。在这一过程中。学生不仅能得到教师的帮助,而且学生之间也可以相互协作。

　　建构主义学习理论对翻译学习者的启示:①翻译模拟练习,尤其是口译模拟练习,是实现"情境"对意义建构的极好的教学模式。因为翻译模拟练习来源于现实又超越现实,把客观实际问题抽象为翻译模型,经过求解得到数学形式的解答,经过一次转化又回到现实的问题,给出现实问题的分析、预测等结果,因此,翻译模拟练习在学生认知过程中起到了返璞归真的效果。②充分利用 CAI(Computer Assisted Instruction)计算机辅助教学手段为学生创造自主学习环境。③突出学科特点,编写通用翻译教材和提升联系的真实性。④充分展示合作学习的有效性。

　　下面就以建构主义学习理论背景下的合作学习为例,看其在翻译教学中的应用。

　　合作学习作为一种新颖的教学改革思想,在 20 世纪 70 年代兴起于美国,最早由明尼苏达大学"合作学习中心"的约翰逊兄弟倡导。合作学习是指在教学上运用小组,使学生共同参与教学活动从而有效地促进其学习,共包含五个基本要素。它们是小组自加工、个人责任、积极互赖、社交技能以及面对面的促进性互动。(周玉霞, 2001)合作学习理论的基本内涵包括:形成和改变学习者的学习态度,增进其合作学习技能;创立紧密结合与整合学习为一体的学习方式;发展批评性思维、推理和解决问题的能力。合作学习理论遵循了学生的认知规律,以改革教学内部的人际关系为突破口,着力调动学生主动参与学习过程的积极性。在合作学习中,由于学习任务由大家共同分担,问题变得容易解决。它能激励学生发挥出自己的最高水平,促进学生在学习上互相帮助、共同提高,增加同学间的感情交流,进而提高整体教学质量。(张法科,2004)

合作学习在翻译教学中的优势体现:①将个人的竞争转化为小组的竞争,在强调竞争意识培养的同时也增强了学生的合作能力;②有助于发挥学生的团队精神与互助精神,实现有差异的学生的同时发展,弥补了教师教学在某方面的不足;③增加了大量听说的机会,营造出宽松与活跃的课堂气氛,使学生在真实的交际语境中交流合作;④在教学中树立了不求人人成功,但求人人进步的理念,达到了优势互补,共同进步的效果。(彭雁萍,2011)

合作学习在教学中强调学生个体之间的相互支持和配合,实现的是互动式、协作式的学习,为层次不同的学生提供了参与学习的机会,促进了师生之间、生生之间的交流和沟通,并培养了学生的自主学习能力和团队合作精神。翻译教学中的合作学习应包括以下步骤:①教师精讲,为合作学习做好准备;②学生参与,分组工作;③小组讨论,选出最佳答案;④小组报告,汇报讨论结果;⑤分析评价,检验成果。

合作学习在翻译教学中可以通过以下几种方式进行:①课前的合作学习(pre-cooperation),即课前预习准备;②课内的合作学习(classroom cooperation),包括陈述报告(presentation)、小组讨论(group discussion)、小组练习(group exercise)、小组评价(group comment)和讲评总结(summary);③课后的合作学习(post-cooperation),包括理论学习、佳作欣赏、小组辩论和竞赛活动。

教学实践证明,学生是教学活动的主体,合作学习理论指导下的英语专业翻译教学模式可以改变传统以教师为中心的课堂教学模式,这种教学理念在现代英语课堂教学中越来越受欢迎。合作学习就是在实践中不断发现问题、解决问题和追求完善的过程,这正是进行翻译的过程。因此,在翻译课上运用合作学习,通过小组活动,使学生在轻松愉快的气氛中共同学习、进步与提高,它不仅锻炼了学生的翻译能力,培养了学生的团结合作精神与逻辑思维能力,还提高了翻译教学的质量。(彭雁萍,2011)

在口译课堂开展小组合作学习既能帮助学生高效率地进行口译前的资料准备又能营造真实的课堂口译实践气氛,锻炼学生的口译专业技能、心理素质和社会交往等方面的能力。教师要在进行分组、确立学习目标和分配学习任务以及课堂监督和评估等方面注意遵守一定的操作规则;学生也应遵守既团结协作又体现个人价值的规则。只有这样才能确保合作学习在口译课堂行之有效的开展。(龙艳、陈惠,2005)

四、人本主义学习理论

人本主义学习理论是建立在人本主义心理学的基础之上的。该学派的主要代表人物是马斯洛(A. H. Maslow,1908—1970)和罗杰斯(C. R. Rogers,1902—1987)。它从全人教育的视角阐释了学习者整个人的成长历程,以发展人性;注重启发学习者的经验和创造潜能,引导其结合认知和经验,肯定自我,进而自我实现。人本主义学习理论重点研究如何为学习者创造一个良好的环境,让其从自己的角度感知世界,发展出对世界的理解,达到自我实现的最高境界。在他们看来,要理解人的行为,必须理解他所知觉的世界,即必须从行为者的角度来看待事物。要改变一个人的行为,首先必须改变其信念和知觉。人本主义者特别关注学习者的个人知觉、情感、信念和意图,认为它们是导致人与人的差异的"内部行为",因此他们强调要以学生为中心来构建学习情景。因此,教师在教学过程中尤其要重视学生的情感体验,设身处地从学生的角度去理解学习的过程和学习的内容,帮助学生了解学习的意义,建立学习内容与学习者个人之间的联系,指导学生在一定的范围内自行选择学习的材料,激发学生从自我的倾向性中产生学习倾向,培养学生自发、自觉的学习习惯,实现真正意义上的有意义学习。在这一思想指导下,罗杰斯在20世纪60年代将他的"患者中心"(client-centered)的治疗方法应用到教育领域,提出了"自由学习"和"学生中心"(student-centered)的学习与教学观。在这样一种心理气氛下进行的学习,是以学生为中心的,教师只是学习的促进者、协作者或者说伙伴、朋友,学生才是学习的关键,学习的过程就是学习的目的之所在。

罗杰斯等人本主义心理学家从他们的自然人性论、自我实现论及其"患者中心"出发,在教育实际中倡导以学习者经验为中心的"有意义的自由学习",对传统的教育理论造成了冲击,推动了教育改革运动的发展。这种冲击和促进主要表现在:突出情感在教学活动中的地位和作用,形成了一种以知情协调活动为主线、以情感作为教学活动的基本动力的新的教学模式;以学习者的"自我"完善为核心,强调人际关系在教学过程中的重要性,认为课程内容、教学方法、教学手段等都维系于课堂人际关系的形成和发展;把教学活动的重心从教师引向学习者,把学习者的思想、情感、体验和行为看作是教学的主体,从而促进了个别化教学运动的发展。不过,罗杰斯对教师作用的否定,似乎有一点言过其实。

五、二语习得理论

20 世纪 60 年代开始,有人研究人们获得语言能力的机制,尤其是获得外语能力的机制,综合了语言学、神经语言学、语言教育学、社会学等多种学科,慢慢发展出一门新的学科,叫"二语习得"(Second Language Acquisition,简称 SLA)。几十年来,第二语言的多侧面、多方法的研究格局导致了该领域中的理论层出不穷。其中有普遍语法论、监控理论和环境论。笔者在此项主要谈谈监控理论。在 20 世纪末影响最大的二语习得理论当数克拉申(Stephen D. Krashen)的监控理论(monitor theory)。他把监控论归结为五项基本假说,即语言习得与学习假说、自然顺序假说、监控假说、语言输入假说和情感过滤假说。克氏认为第二语言习得涉及习得过程和学得过程两个不同的过程。所谓"习得"是指学习者通过与外界的交际实践,无意识地吸收到该种语言,并在无意识的情况下,流利、正确地使用该语言。而"学得"是指有意识地研究且以理智的方式来理解某种语言(一般指母语之外的第二语言)的过程。克拉申的监控假说认为,通过"习得"而掌握某种语言的人,能够轻松流利地使用该语言进行交流;而通过"学得"而掌握某种语言的人,只能运用该语言的规则进行语言的本监控。通过一种语言的学习,我们发现,"习得"方式比"学得"方式显得更为重要。自然顺序假说认为第二语言的规则是按照可以预示的顺序习得的,某些规则的掌握往往要先于另一些规则,这种顺序具有普遍性,与课堂教学顺序无关。"输入假说"是"监察理论"的核心内容。克氏认为,学习者是通过对语言输入的理解而逐步习得第二语言的,其必备条件是"可理解的语言输入"(comprehensible input)。只有当学习者接触到的语言输入是"可理解的",才能对第二语言习得产生积极作用。"情感过滤假说"试图解释为什么学习者的学习速度不同,最终达到的语言水平不同。学习者所接触的可理解输入的量以及他们的情感因素对语言习得同样产生重要影响。情感最终影响语言习得的效果。

克拉申提出可理解性输入假说等二语习得理论,是现代语言习得理论中论述比较全面、影响深远的语言习得理论,为二语学习提供了重要的理论指导,并对二语习得理论指导下的翻译教学方法的改革有所启迪。根据二语习得理论的习得与学习假说(The Acquisition/Learning Hypothesis)、自然顺序假说(The Natural Order Hypothesis)、监控器假说(The Monitor Hypothesis)、可理解性输入假说(The Input Hypothesis)和情感过滤假说(The Affective Filter Hypothesis),翻译教学应以学习者为中心,充分利用网络平台增加学习者的可理解输入,增强师生间的教学互动,降低学习者情感过滤程度。在二语习得理论指导下,充分利用网络平台,可弥补传统大学英语翻译课堂在教学内容及课时等方面存在的不足,促进大学生个性化学习,激发大学生对翻译学习的积极性和兴趣,从而增强大学生的英汉互译技能。总之,严格遵循语言学习与习得规律,充分利用网络多媒体等现代教育技术和手段,以学习者为中心,结合他们学习翻译的实际,充分考虑各种情感因素,为学习者提供科学、可理解性语言输入,努力创设适合学习者语言习得与学习的条件和环境,使学习者能够自主而有效地学习翻译理论、掌握翻译技巧,从而提高翻译能力。二语习得理论为网络环境下如何改进翻译教学方法、提高翻译教学质量指明了前进的方向。(孙雁,2018)

二语习得理论更注重在习得方法区分、监察管理、学习顺序调节与考虑学习者输入需要和情感状态的基础上促进二语学习者应用有效的学习方法获得英语翻译能力。翻译教学不仅要有一定的趣味性,而且还要提高母语与英语之间的关联度,着力消除翻译教学的枯燥乏味。在二语习得理论的关照下还要考虑学生的英语学习秩序,注重根据学生的英语语法水平进行针对性的翻译材料供给,要求符合学生的知识输入量,达到合理调动学生的翻译状态,更好满足学生的翻译学习需求,实现理想翻译教学活动的目标,从而提高学生的翻译综合能力。(李炳军,2018)

二语习得理论对翻译教学原则的启示是合理确定教学内容、有效把握学生情感和提高翻译监控能力。

使用二语习得策略进行翻译教学可实现输入与输出的统一和量变与质变的统一。输入与输出的统一是指:

提高翻译教学有效性,应当培养学生的输入与输出统一的意识,注重在翻译课堂上构建英语习得环境,调动学生自主习得的积极性,合理发挥教师对学生的指导作用。教师应当尊重学生翻译时的主体地位,能够给学生提供充裕的自主实践机会。教师应当根据学生自然习得时获得的翻译能力对学生进行引导,注重实施翻译技巧与学生英语水平的有效衔接,做到重视语言形式教学,同时发挥语言的实际交际功能,将语言形式教学与学生交际能力培养统一,真正给学生提供良好的输入与输出相一致的教学氛围,从而满足学生的英语学习成长需要。在情感层面的影响下,还要促进学生有效排除汉语对英语翻译的影响,着力引导学生在英语语法范畴下进行英汉语言差异的对照体会。(李炳军,2018)

而量变与质变的统一是指:

为提高翻译教学的质量,还要遵循量变与质变统一的策略,教师应当在提高学生听、说、读、写能力的基础上提高学生的英语文本翻译水平。首先,能够围绕特定的主题进行语言输入,在设定翻译材料的基础上形成良好的语言教学情境,着力围绕着一篇学生感兴趣的文本作为翻译教学的范本。其次,在教学中多次突出某个重点语言现象或者重点词汇,在反思刺激学生的基础上开发学生的翻译思维,着力引导学生掌握翻译的基本技巧。再次,在翻译教学时还要提高学生的交际能力,并且提供

相关主题性的语言材料,达到促进学生扎实进行练习的
目标。最后,教师还应当进一步避免句式与语法差异对
学习者翻译造成的影响,教师应当注重促进学生理解英
语固定句式的价值,在大量的句式训练中,培养学生的英
语翻译语感,引导学生掌握英语与汉语翻译的差别。(李
炳军,2018)

　　翻译能力普遍被认为由语言能力、语篇能力、题材能力、
文化能力和转换能力五个要素构成。其中前四个都是现代二
语习得理论中强调的"交际语言能力"不可或缺的能力因
子。翻译能力的提高首先是学习者"跨文化交际语言能力"
的提高,"二语习得能力"是"翻译能力"的基础。要想提高翻
译能力绝非一日之功,需要不断地提高词汇、语法能力,培养
语感,同时也要重视双语文化修养和学习策略的改进。总之,
二语习得能力和翻译能力密切相关,应该在翻译教学实践中
得以体现。(孔燕平,2008)

第二节　学习风格与翻译教学

　　学习风格(learning styles)是指人们在学习时所具有的或
偏爱的方式,换句话说,就是学习者在研究和完成其学习任务
时,所表现出来的具有个人特色的方式。学习风格是由生理
因素、心理因素和社会因素三大因素构成。
　　国内外学者对学习风格下的定义各种各样,但在国内,比

较公认的是谭顶良先生对学习风格所下的定义。即学习风格是学习者持续一贯的带有个性特征的学习方式,是学习策略和学习倾向的总和。学习策略是指学习者为完成学习任务或实现学习目标而采取的一系列步骤,其中某一特定步骤成为学习方法。学习倾向是每一个体在学习过程中会表现出的不同偏好,包括学习情绪、态度、动机、坚持性以及对学习环境、学习内容等方面的偏爱。有些学习策略和学习倾向可随学习环境、学习内容的变化而变化,而有些则表现出持续一贯性。那些持续一贯地表现出来的学习策略和学习倾向,就构成了学习者通常所采用的学习方式,即学习风格。(https://baike.so.com/doc/6219892-6433182.html,[2021-07-23])

学习风格有如下特点:①独特性。学习风格是在学习者个体神经组织结构及其机能基础上,受特定的家庭、教育和社会文化的影响,通过个体自身长期的学习活动而形成,具有鲜明的个性特征。②稳定性。学习风格是个体在长期的学习过程中逐渐形成的,一经形成,即具有持久稳定性,很少随学习内容、学习环境的变化而变化。但是学习风格的稳定性并不表明它是不可以改变的,它仍然具有可塑性。③兼有活动和个性两种功能。人的个性,诸如能力、气质和性格等对学习的影响和作用往往是间接的,而学习风格是学习者惯常使用的、有所偏爱的学习策略和学习方式,它直接参与学习过程,一方面使学习过程得以顺利进行,另一方面使学习过程和学习结果免受个性的影响。

一、学习风格的分类

学术界有关"学习风格"的分类多种多样。在这里我们选用最被广泛接受的两种理论。首先是 VARK 模型分类。

新西兰教育学家弗莱明(Neil Fleming)将学习风格分为四类：视觉型(V－visual)、听觉型(A－auditory)、读写型(R－read & write)、动觉型(K－kinesthetic)。(https：//www. sohu. com/a/217376003_665077)需要指出的是绝大多数学习者都不可能只属于一种学习风格，更多的人是几种学习风格的杂糅。当学习者在某项学习风格上有明显优势时，便可以被认为此类型的学习者。

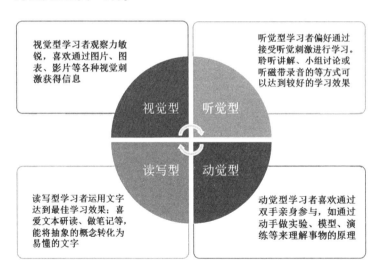

图 3-1　学习风格的分类

学习风格就像每个人的性格一样。正如没有某种性格绝对优越于另一种一样,也没有绝对占优势的学习风格。我们需要努力的是发挥自己的学习风格优势,以求事半功倍的学习效果。向不同类型的学习者,弗莱明针对日常学习提出了一系列学习建议。

视觉型学习者:在学习中广泛使用图画、图表(饼图,线图和流程图等);将需要记忆的关键文字转化为符号进行记忆;运用"颜色记忆法",将不同类型的信息标记为不同颜色。

听觉型学习者:录下你的学习小结,播放给自己听;把学到的知识说出来,和人讨论或者给他人讲解都是不错的方法;将需要记忆的信息大声朗读出来。

读写型学习者:记笔记,再记笔记;将理论或者观点用自己的话组织,以求得到更深层的理解;将图表转化为文字陈述来理解。

动觉型学习者:用现实生活的例子,应用和个案研究来理解抽象的概念;动手重复做实验或者项目会让你有新的所得。

其次是所罗门的学习风格分类:

虽然教育者早就注意到学生在学习风格(或可称认知风格)方面有很大差异,但苦于没有很好的测试方法。所罗门(Barbara A. Soloman)从信息加工、感知、输入、理解四个方面将学习风格分为四个组对八种维度。(https://www.douban.com/online/11026255/discussion/44265374/[2021-07-15])

1. 知识的加工:活跃型与沉思型。

活跃型学习者倾向于通过积极地做一些事——讨论或应用或解释给别人听来掌握信息。沉思型学习者更喜欢首先安静地思考问题。

"来,我们试试看,看会怎样",这是活跃型学习者的口头禅。而"我们先好好想想吧",是沉思型学习者的通常反应。活跃型学习者比倾向于独立工作的沉思型学习者更喜欢集体工作。每个人都是有时候是活跃型,有时候是沉思型的,只是有时候某种倾向的程度不同,可能很强烈或一般,抑或很轻微。

总体来说,活跃型学习者,也称主动型学习者,较偏好多人一起合作的团队学习。而沉思型学习者或称反思性学习者喜欢独自一人完成工作,较偏好单独去思考学习的内容。

2. 知识的感知:感悟型与直觉型。

感悟型学习者喜欢学习事实,而直觉型学习者倾向于发现某种可能性和事物间的关系。感悟型的不喜欢复杂情况和突发情况,而直觉型的喜欢革新不喜欢重复。感悟型的比直觉型的更痛恨测试一些在课堂里没有明确讲解过的内容。感悟型的对细节很有耐心,很擅长记忆事实和做一些现成的工作。直觉型的更擅长于掌握新概念,比感悟型的更能理解抽象的数学公式。感悟型的比直觉型的更实际和仔细,而直觉型的又比感悟型的工作效率更高,更具有创新性。感悟型的不喜欢与现实生活没有明显联系的课程;直觉型的不喜欢那些包括许多需要记忆和进行常规计算的课程。

每个人都是有时是感悟型的,有时是直觉型的,只是有时候其中某一种的倾向程度不同。要成为一个有效的学习者和问题解决者,你要学会适应两种方式。如果你过于强调直觉作用,你会错过一些重要细节或是在计算和现成工作中犯粗心的毛病。如果你过于强调感悟作用,你会过于依赖记忆和熟悉的方法,而不能充分地集中思考理解和创新。

总体来说,感悟型学习者(又称感官型学习者)无法接受所学内容和真实世界是没有关联性的,较偏好学习具体的事实。而直觉型学习者偏好发觉事物间的关联或可能性,喜欢以快速而创新的方法完成工作,不喜欢重复而规律的事物。

3. 知识的输入:视觉型与言语型。

视觉型学习者很擅长记住他们所看到的东西,如图片、图表、流程图、图像、影片和演示中的内容,言语型学习者更擅长从文字的和口头的解释中获取信息。当通过视觉和听觉同时呈现信息时,每个人都能获得更多的信息。

在大学里很少呈现视觉信息,学生都是通过听讲和阅读写在黑板上及课本里的材料来学习。不幸的是,大部分学生都是视觉型学习者,也就是说学生通过这种方式获得的信息量不如通过呈现可视材料的方法获得的信息量大。

总体来说,视觉型学习者在看到图片,图表,流程图,时间表,影片,或是实际演练时会有较佳的记忆效果。而言语型学习者比较能从文字说明或是口述讲解的方式中有较佳的学习效果。

4. 知识的理解:序列型与综合型。

序列型学习者习惯按线性步骤理解问题,每一步都合乎逻辑地紧跟前一步。综合型学习者习惯大步学习,吸收没有任何联系的随意的材料,然后突然获得它。序列型学习者倾向于按部就班地寻找答案;综合型学习者或许能更快地解决复杂问题或者一旦他们抓住了主要部分就用新奇的方式将它们组合起来,但他们却很难解释清楚自己是如何工作的。

许多人读到这段描述会错误地认为他们是综合型的,以为每一个人都有恍然大悟的经历。序列型学习者可能没有完全了解材料,但他们能以此做些事情(如做家庭作业或参加考试),因为他们掌握的东西都是逻辑相连的。另一方面,那些缺乏顺序思考能力的极端综合型学习者即便对材料有了大概的了解,可他们对一些细节还是很模糊,而序列型学习者能对主题的特殊方面知道许多,但联系到同一主题的其他方面或不同的主题时,他们就表现得很困难。

总体来说,序列型或循序型学习者倾向于从头开始按部就班地进行学习,一步一步循着逻辑前进。此外,循序型学习者也倾向于跟随逻辑性的步骤去找出答案。而综合型或总体型学习者偏好跳跃式的学习,他们通常看不出内容前后的关联性,而是采取跳跃的方式吸收知识,之后才会顿悟。

目前作为研究结论并影响教学设计的学习风格。

1. 场依存性和场独立性

场依存性是指个体依赖自己所处的周围环境的外在参照,从环境的刺激交往中去定义知识、信息。场独立性是指个体依赖自己所处的生活空间的内在参照,从自己的感知觉出发去获得知识、信息。研究表明,场依存性往往有较强的整体性、综合性,较多地采用整体性的知觉方式,其认识是以对象所处的客观场合为参照系,所以其知觉很容易受错综复杂的背景的影响,很难从包含刺激的背景中将刺激分辨出来,并表现出循规蹈矩和条理化的学习倾向,偏好常规和求同,喜欢从现有的认知方式出发去寻找解题的方法;而场独立性具有较高的分析性、系统性,善于运用分析性的知觉方式,其认识是以自己的存贮信息为参照系,能较容易地把要观察的刺激同背景区分开来,不会因背景的变化而改变,并倾向于随意、自主、求异创新,喜欢多方面寻找问题的答案,常提出与众不同的想法和见解。

场依存性的学生在学习过程中易受环境因素的影响,学习努力程度往往被教师鼓励或别的暗示所决定;他们乐意在集体环境中学习,在集体中较为顺从,能与别人和睦相处,充满情意;他们喜欢交往,似乎对人文学科和社会学科更感兴趣。相比之下,场独立性的学生在学习过程中则不受或很少受外界环境因素的影响,惯于单独学习,个人研究、独立思考,具有较强的内在学习动机;在相互交往中,他们不易被个人感情所左右,也不受群体压力的影响;他们似乎更擅长数学和自然科学方面的学习。

2. 沉思型和冲动型

沉思与冲动反映个体信息加工、形成假设和解决问题过程的速度和准确性。研究结果表明,当学生面临某一学习情境并出现许多相似答案,但其中只有一个是测验题的正确答案时,沉思型的学生运用充足的时间考虑、审视问题,权衡各种问题解决的方法,然后从中选择一个满足多种条件的最佳方案,因而只要他们作出反应,往往是正确的。冲动型的学生往往倾向于根据问题的部分信息或未对问题做透彻的分析就仓促作出决定,反应速度较快,但容易发生错误。

研究结果表明沉思型的学生往往更易自发地或在外界要求下对自己的答案及理由做出解释,而冲动型的学生则不易自发地做出解释,即使在外界要求下必须做出解释时,往往也是不周全、不合逻辑的。这是由于沉思型学生具有更为成熟的解决问题的策略,他们不急于作答,而是对问题中的各要素及其相互关系作出深入思考后才给出答案,对解题过程、环节及其依据较为清晰;而冲动型学生急于作答,对题中各要素及其相互关系把握不全、不深,他们往往以直觉式的、顿悟式的方式在脑中冒出一个答案,缺乏严密的推理和论证过程,因此难以对答案作出较为合理的解释。通过研究还发现,沉思型学生在完成需要对细节做分析的学习任务时,成绩较好;而冲动型学生在完成需要做整体性解释的任务时,成绩较好。

3. 整体策略和序列策略

研究结果表明学生在学习策略方面存在着重要差异。有些学生倾向于把问题视为一个整体,注重全面地看问题,在同一时间内,从各个角度对问题进行观察和思考,并依据对主题综合的、广泛的浏览,在大范围中寻找与其他材料的联系。在学习过程中,他们往往较多地运用理性思维,首先从现实问题出发,然后联系到抽象问题,再从抽象问题回到现实问题中去,并以此检验问题之间的异同之处。这些学生采用的学习策略就是整体性学习策略,也被称为同时加工策略。而序列性学习策略则相反,它是通过对外界信息逐一进行加工而获得意义,是按部就班地以线性方式处理信息的。这种策略也被称为继时加工策略,采用该策略的学生往往把注意力集中于小范围,擅长用逻辑严谨、紧抓要点的方法,把学习材料分成许多段落来学习。在学习过程中,他们习惯于按照题目顺序依此学习抽象性题目或现实性题目,由于通常都按顺序一步一步地前进,所以只是在学习过程快结束时,才对所学的内容形成一种比较完整的看法。

整体策略和序列策略单纯使用时都有其缺陷。如整体性学习在寻找问题之间的相互联系时,由于不能合适地运用证据而表现出盲目无序的现象;序列性学习则由于不能有效地运用类比和寻找问题间的联系而变得缺乏远见。因此不能片面地认为哪种策略更优,最佳的学习方式是根据不同性质的问题或任务,把两者有机结合起来,进行综合性学习。

二、影响学习风格的因素

心理语言学的研究表明,翻译教学是一个复杂的过程,受制于诸多因素,如教师、学生、教材、教法等。其中关键是学习者,是内因。因此,翻译教学要以学习者为中心(learner-centered)。而在学习者身上,最重要的因素是动机(motivation)、才能(aptitude)和兴趣。

1. 动机

动机是推动人从事某种活动,并朝一个方向前进的内部动力,是为实现一定目的而行动的原因。动机是个体的内在过程,行为是这种内在过程的表现。引起动机的内在条件是需要,引起动机的外在条件是诱因。学习动机是指引发与维持学生的学习行为,并使之指向一定学业目标的一种动力倾向。

根据动机产生的诱因来源不同,学习动机分为内部学习动机和外部学习动机。前者指的是个体内在需要引起的学习动机(比如小明非常喜欢翻译,不管课上还是课下都刻苦努力学习。小明是对学习翻译本身产生兴趣,所以这是一种内部动机)。后者往往由外部诱因引起,与外部奖励相联系(例如奖学金、奖品等都属于是外部奖励,往往和外部奖励相关的学习动机都属于是外部学习动机,也就是说是为了得到某种奖励而学习)。

根据学习动机内容的社会意义,学习动机分为高尚的动机和低级的动机。高尚的动机,其核心是利他主义,学生把当前的学习同国家和社会的利益联系在一起。而低级的动机,核心是利己的、自我中心的,学习的动机只来源于自己眼前的利益。

根据动机行为与目标的远近关系,学习动机可以分为近景性动机和远景性动机。近景性动机与近期目标相联系,远景性动机与长远目标相联系。

按学习动机与学习活动的关系,可以分为直接动机和间接动机。直接动机由学习活动本身直接引起,表现为对所学习的学科内容或学习活动的直接兴趣和爱好。例如:"我喜欢翻译,不仅仅是因为我热爱,还因为翻译可以提升自己的气质。"不仅对翻译产生兴趣,还追求结果。间接动机,与社会意义相联系,是社会观念、父母意愿以及教师期望在学生头脑中的反映。例如:"我努力学习是为了能为社会作出自己的贡献。"

奥苏贝尔认为,学校情境中的成就动机至少应包括三方面的内驱力,即认知内驱力、自我提高内驱力、附属内驱力。认知内驱力是指一种学生渴望了解和理解,要求掌握知识以及系统地阐述问题并解决问题的倾向。这种内驱力,一般说来,多半是从好奇的倾向中派生出来的。在有意义学习中,认知内驱力是最重要而稳定的动机。自我提高内驱力是个体要求凭自己胜任工作的才能和工作成就而赢得相应地位的愿望。自我提高内驱力与认知内驱力不一样,它并非直接指向学习任务本身。自我提高内驱力把成就看作赢得地位与自尊心的根源,它显然是一种外部的动机。附属内驱力是学生为了保持家长和教师等的赞许或认可而努力学习的一种需要。它是一种外部的动机。在儿童早期,附属内驱力最为突出。

2. 才能

"才"意指"备而未用(的知识、经验等)","能"意指"能力"。故"才能"是指一个人已经具备但未表现出来的知识、经验和体力、智力。给有才能的人提供一个舞台,他就能施展其知识、经验、体力和智力,从而得到社会和个人的双赢结果。从学习视角来看,才能使一个学习者花多少时间学到一定分量材料的能力。翻译学习才能的高低要求教师"因材施教",适应学习者存在的个人才能的差异。20世纪70年代以来,在西方兴起了一场因材施教(individualized instruction)的教育改革运动,以期使教学适应各种人的需求。因此,翻译教学必须从学习者的具体条件出发,考虑他们的培养目标、学习要求、学习才能和学习方式。既然学习者的情况存在差异,教学方法也应因人而异。

随着改革开放的不断发展和深入,我国学生学习翻译的动机越来越强。但是还是有部分学生的翻译学习动机仍然低落,原因大致如下。

（1）确实对翻译不感兴趣，或者其他学习负担太重，学生无法兼顾。

（2）对翻译学习感到特别困难，因而丧失信心。

（3）教师教授不得法，或是翻译教学条件特别差。

（4）认为翻译对自己的专业或工作没有多大关系。

（5）高考或考研比例较低，那些眼看无望升学的学生往往就放松翻译学习。

从上述原因来分析，翻译学习的动机是可以提高的，因为兴趣可以培养，条件可以改善，认识也可以提高。从教学的角度讲，教师要取得好的教学效果，就必须设法激发学生学习翻译的兴趣，强化学习动机。

3. 兴趣

爱因斯坦说过，兴趣是最好的老师。当学生对学习发生兴趣，对学习课题产生兴奋和期待的心理状态，又从学习中获得认识的满足和乐趣时，就会形成一种渴求掌握知识的内在需求和强大动力。

兴趣是人认识某种事物或从事某种活动的心理倾向，它是以认识和探索外界事物的需要为基础的，是推动人认识事物，探索真理的重要动机。兴趣包括人的爱好，但当人的兴趣不只是指向对某种对象的认知，而是指向某种活动的时候，人的兴趣便成为人的爱好了。兴趣和爱好都和人的积极情感相联系，培养良好的兴趣和爱好是推动人努力学习、积极工作的有效途径。

兴趣有直接兴趣和间接兴趣之分。直接兴趣是指对活动过程的兴趣；间接兴趣主要指对活动过程所产生的结果的兴趣。直接兴趣和间接兴趣是相互联系、相互促进的,如果没有直接兴趣,各种学习的过程就很乏味、枯燥;而没有间接兴趣的支持,也就没有目标,过程就很难持久下去,因此,只有把直接兴趣和间接兴趣有机地结合起来,才能充分发挥一个人的积极性和创造性,才能持之以恒,目标明确,取得成功。(ht-tps://baike. so. com/doc/5401187-7593564. html［2021-07-25］)

翻译教学实践中凭借直观教具可激发学生的直接兴趣,但难以长久。而帮助学生发现所学翻译与他个人的联系,了解所学翻译有利于发挥他的聪明才智和达到他的生活目标;使学生认识到他们的目标与教师一致;给学生以适合他们翻译水平的独立听说读写机会;让学生进行自我评价而发现自己的进步和不足;新奇的知识和曲折的问题等等,都有助于培养间接兴趣。这种兴趣一旦形成,则能稳定持久。因此,教学中应强化课程目标教育,帮助学生制定自己的学习目标;每节课结束前应总结要点;以鼓励为主,鼓励学生积极参加课堂活动,适当开展学习竞赛活动;讲授要有启发性,从已知到未知;练习作业适中,并积极参加各类翻译竞赛活动;使用可提高积极性的测验和测评;鼓励学生多涉猎来自源语和目的语国家的社会文化知识等。

三、学习风格与翻译教学

学习风格的研究对翻译教学具有重要意义。因此,在翻译教学中要通过观察、谈话、作业分析等多渠道、多侧面把握学习者的学习风格个及其特征,为教学方法、教学策略的选择和运用提供基本依据,以扬长避短,建构均衡匹配的教学模式,促进因材施教的教学改革。研究、尊重学习者的学习风格,并据此进行因材施教,学习者的积极性得到提高,学习方法的灵活性增强,各种学习心理技能得到较好发展,学习效果得到提高。(谭顶良,1998)

首先,教师了解学生的学习风格能够有利于帮助学生充分利用自身的优势,保证学生更加全面、合理的学习,以此来提升学生的翻译学习能力。其次,教师在了解学生学习风格之后,可以重新为学生制定合理、科学的学习方法,并结合学生的实际情况,真正做到因材施教,以此提高翻译教学效率。最后,教师能够详细地了解学生学习风格。这样能够为教师安排课时提供准备。在顾及更多学生的知识需求时,能够引导他们用正确的态度对待学习。从学生角度出发,学生能够了解自我,并关注学习的具体过程,审视自己的学习风格,在学习过程中能够向他人学习,不断改进自己的学习方法,这样有利于提高学生的翻译学习质量。它不仅能够在学习中充分地贯彻以人为本的教育理念,还能够让教师遵循因材施教的教育原则,有利于个性化教育的实施。另外,教师了解学生的学习风格促进了学习风格和教学风格的完善,使教学效果不断加强。(马驰,2018)作为施教者,在教育活动中应该形成自己的风格。教育者由于跟随不同的教育哲学流派,产生不同的教育理念,形成不同的风格,进行着个性鲜明的教育活动。作为受教育者,在学习过程中同样形成了自己的风格。简而言之,作为教育活动的主体——施教者和受教者,在教育活动

中充分展现个性,从而形成多样化的风格。(阚燕,2011)

学生的学习风格多样,其对网络自主学习的效果产生重大影响。为了适应这种多样性和相关性,学习者应当掌握适当的网络自主学习策略。①提高学习风格意识。学习风格的意识是指意识到基本知识的学习方式、意识当前的任务和形势,并意识到如何处理任务和学习风格。没有完美的单一的学习风格。完善学习风格的目的是充分利用各种学习风格的优点,以提高学习成绩。②自我诊断学习风格。通过自我诊断学习风格,学生可以清楚地认识自身,采取行动改变他们的学习方式和更好地发挥他们的学习风格的优势。③延伸和平衡学习风格。在学习者找到他们学习风格偏好以及识别其优缺点之后,学习者应该延伸和平衡他们的风格来完成具有挑战性的自主学习。④运用学习策略和技巧。他们也可以选择记忆策略、认知策略、补偿策略、元认知策略、情感策略和社会性策略六种学习策略来完善自己的学习风格,从而提高自主学习效果。⑤培养自我监控和自我评估能力。对自主学习而言,自我监控鼓励学习者更有效地学习,而自我评估可以用来促进学习者完成自己的学习目标和计划。⑥提高自我效能感。自我效能是确定目标过程中对自我的期望、感知、信心或信仰。培养现实学业成就的自我效能,应强化以下四个方面,即学业成就的信心与勤奋、解决问题的能力和自我控制能力。(余琳,2014)

采用计算风格学中较为流行的机器学习算法,即信息增益的算法和支持向量机进行研究,可有效地发现译本之间在语言形式参数上的差异,并用交叉验证法证明这些差异的规律性和稳定性。该方法的主要优势在于：它能够省时省力地对海量语言进行特征提取和语言参数区分度进行计算、能够按照区分度大小对特征进行排序、实验过程可重复、所建模型可验证，并具有很好的预测功能。研究结果与研究者对文本的主观感受和质性分析、统计分析结果吻合，具有很好的可解释性，为译本分类和译者风格对比研究提供了新思路和方法。将来研究可扩充语料库规模，对语料进行更为细致的分层标注，对译本在词汇、句法和语篇等层面的风格差异进行更为深入的研究。此种学习算法应用于翻译教学研究，必将提高学习者的学习效率。（詹菊红、蒋跃，2017）

第三节　学习迁移

学习迁移（transfer of learning）也称训练迁移，是教育心理学介绍和研究的一个重要内容，是指一种学习对另一种学习的影响，或习得的经验对完成其他活动的影响（朱文彬、赵淑文，2007）。

一、学习迁移理论概说

学习迁移理论主要有形式训练说、相同要素说、概括化说、关系理论、认知结构理论等，有学者分析认为，两种学习、经验、技能之间具有共同要素、成分是迁移的最基本前提条件，因此具有相同元素是产生迁移的最重要条件（白晋荣，

2007）。

形式训练说（formal discipline theory）的代表人物是沃尔夫（C. von Wolff，1679—1754）。形式训练说是关于迁移最早的一个学习理论。它的理论基础是官能心理学。我们人的心智是由许多不同的官能组成的，不同的官能活动相互配合就构成各种各样的心理活动。各种官能可以像训练肌肉一样通过练习增加能力。通过训练学会某种能力以后，对其他的知识就会做了，就能够发生迁移。形式训练说的观点它认为传递知识没有训练官能来的重要。知识的价值在于作为训练官能的材料。

相同要素说（identical element theory）的代表人物是桑代克（E. L. Thomdike，1874–1949）和伍德沃斯（R. S. Woodworth，1869–1962）。相同要素说又称共同要素说，认为，一种学习之所以有助于另一种学习是因为两种学习具有相同因素。若两种情境含有共同因素以及具有共同的成分，这样迁移就发生。

概括化说又称经验类化说（generalization theory）其代表人物是贾德（C. H. Judd，1873–1946）。该理论认为，只要一个人对他的经验进行了概括，就可以完成从一个情境到另一个情境的迁移。迁移之所以能够发生是因为两个情景之间有共同要素。

关系理论（transposition theory）的代表人物是克勒（W. Kohler，1887–1967）。该理论是格式塔心理学家从理解事物关系的角度对经验类化的迁移理论进行了重新解释。他经过实验证明：情景中的关系对迁移起了作用，而不是其中的相同要素;迁移产生的实质是个体对事物间的关系的理解和顿悟。

认知结构说(cognitive structure theory)的代表人物是美国教育心理学家奥苏伯尔(D. P. A usubel,1918-2008),认为任何有意义的学习都是在原有学习的基础之上进行的,有意义的学习中一定有迁移。原有认知结构的清晰性、稳定性、概括性、包容性、连贯性和可辨别性等特性都始终影响着新的学习的获得与保持。这一理论代表了从认知的观点来解释迁移的一种主流倾向。

二、学习迁移的分类

学习迁移的分类可归纳为七种。

正负迁移:这是根据迁移的性质和结果所做的分类。正迁移(positive transfer)指一种学习对另一种学习起到积极的促进作用,而负迁移(negative transfer)则指两种学习之间互相干扰、阻碍。

顺逆向迁移:根据迁移发生的方向所做的分类。顺向迁移(proactive interference)指先前的学习对后来学习的影响,如:温故知新,举一反三,前摄抑制;而逆向迁移(retroactive interference)则指后来的学习对先前学习的影响,如倒摄抑制,循序渐进。

一般具体迁移,也称非特殊迁移与特殊迁移:根据迁移的范围所做的分类。一般迁移是指一种习得的一般原理、方法、策略或态度迁移到另一种学习中去;而具体迁移则指一种学习中的具体特殊性经验直接运用到另一种学习中。

近远自迁移:自迁移是指个体所学的经验影响着相同情景中的任务操作,近迁移是指把所学的经验迁移到与原初学习情景相似的情境中,远迁移则指把所学的经验迁移到与原初学习情景极不相似的情境中,如课堂知识运用到社会实践。

水平垂直迁移:这是根据迁移发生的概括水平划分的。水平迁移指处于同一抽象和概括水平的经验之间相互影响,而垂直迁移则指先前学习内容与后续学习内容是不同水平的学习活动之间的迁移。

低通高通迁移:低通路迁移指反复练习的技能自动化地迁移,而高通路迁移则指有意识地将习得的抽象知识运用到新的情境中。

另外,还可根据迁移过程中所需要的内在心理机制不同分为同化性迁移、顺应性迁移和重组性迁移。这是根据迁移的内在心理机制划分的。同化性迁移,指直接将原有的认知经验应用到本质特征相同的一类事物中去,如举一反三,闻一知十;顺应性迁移,指将原有认知经验运用于新情境中时,需要调整原有的经验或对新经验加以概括,形成一种能包容新旧经验的更高一层的认知结构,以适应外界变化,如新的科学概念的建立过程;重组性迁移,指重新组合原有认知结构中某些构成要素或成分,调整各成分间的关系或建立新的关系,从而应用于新情境。

三、学习迁移的影响因素

迁移是指学习之间的相互影响,是一种学习对另一种学习的影响。那么,学习迁移的影响因素究竟有哪些呢?(http://www.kuailesh.com[2021-07-26])

教师的指导。新课程理念要求学生成为课堂的主人,教师则发挥其引导作用。教师在教学中要培养学生的发散思维,鼓励学生发现知识之间的内在联系,尝试用不同的方法解决问题,学会"举一反三"。这样才有利于学生进行知识迁移。

学习情境的相似。简单举个例子,有些考生喜欢在自己的学校考试,却不习惯去其他考场考试。原因是自己学习的环境比较熟悉,容易回想学过的知识。这就是学习情景对学习迁移的影响。

学习材料的性质。一般情况下先前学习同后来的学习之间所包含的共同因素越多,迁移就越易发生。例如,在学习小数加减法时,教师常常会复习一下整数的加减法,这是因为小数加减法和整数加减法之间存在着相似性。教师在讲授时将两者进行比较,使学生比较容易接受。

学习者的概括能力。学习者概括能力的强弱会影响学习的迁移程度。一般学习者概括能力强,其学习迁移能力也会比较好;反之,学习迁移能力则较差。教学时,应注重学生对知识概括能力的培养。

定势作用。影响学习迁移的另一重要因素是定势作用。它的影响如一把双刃剑,可以促进学习迁移,也可以阻碍学习迁移。

学习者具有积极的态度。学习者本身就是活生生的因素,具有主观能动性。若学习者具有积极的态度,则能形成有利于学习的心境,让学习者主动投入到学习中。反之,学习者若态度消极,则没有心情参与学习,自然学习迁移也不容易发生。

对学习材料的理解。不同的人对相同学习材料会有不同的理解。有些人只是理解了学习材料表面的知识,其内在实质并不理解。则难以进行学习迁移。反之,有些人理解透彻,不管学习材料怎么变化,都能够掌握实质,能很好地进行学习迁移。

四、学习迁移理论在教学中的应用

学习迁移是指一种学习对另一种学习的影响,即在一种情境中知识、技能、态度的获得对另一种情境中知识、技能、态度的获得的影响。在日常学习生活中,我们的学习迁移活动无处不在。那么,学习迁移到底有何作用呢?(https://www.minshiedu.com/article/Item-6419)

迁移对于提高解决问题的能力具有直接的促进作用。学习的最终目的是将知识经验应用于各种不同的实际情境中。在学校情境中,大部分的问题解决是通过迁移来实现的,迁移是学生进行问题解决的一种具体体现。要将校内所学的知识、技能用于解决校外的现实问题,这同样也依赖于迁移。

迁移是习得的经验得以概括化、系统化的有效途径,是能力与品德形成的关键环节。迁移是习得的知识、技能与行为规范向能力与品德转化的关键环节。只有通过广泛的迁移,原有的经验才得以改造,才能概括化、系统化。

迁移规律对于学习者、教育工作者以及有关的培训人员具有重要的指导作用。迁移有助于指导教学并提高效果,促进学生更加有效地学习。应用有效的迁移原则,学习者可以在有限的时间内学得更快、更好,并在适当的情境中主动、准确地应用原有经验,防止经验的惰性化。

任何一种学习都要受到学习者已有知识经验、技能、态度等的影响,只要是学习,就有迁移。迁移是学习的继续和巩固,又是提高和深化学习的条件,因此,学习与迁移的关系是不可分割的,一分为二来说的。

下面收录 Blues–L–J–J–Antonio 的博客短文"促进学习迁移的教学策略"的一部分,探索一下学习迁移理论对教材编写的启示。

"为迁移而教"是现代教育流行的颇有吸引力的口号,教师若能据此把迁移理论应用于教学实际,有力地促进学生迁移能力的提高,那么学生当下的学习将会对日后的学习工作和生活产生更为持久的积极的影响。

然而学生习得的原理或技能应用于新情境中的迁移能力不能认为是自动发生的,准确地说,迁移是通过教学实现的。那么在教学中如何创造条件,积极主动地促进学习的正向迁移呢?

(一)改革教材内容,促进迁移

根据同化理论,认知结构中是否有适当的起固定作用的观念可以利用,是决定新的学习与保持的重要因素。为了促进迁移,教材中必须有那种具有较高概括性、包容性和强有力的解释效应的基本概念和原理。布鲁纳认为,这样的概念和原理应放在教材的中心。他认为:"领会基本的原理和观念,看来是通向适当'训练迁移'的大道。"奥苏伯尔指出,学生的认知结构是从教材的知识结构转化而来的。好的教材结构可以简化知识,可以产生新知识,有利于知识的运用。这种结构必须适合学习者的能力。

各科教材都有基本概念、原理和逻辑结构,这些内容的组织形成教材体系。教材内容体系的确定,直接关系到学生学习的效率、知识的质量和认知能力的发展,因此必须兼顾科学知识本身的性质、特点、逻辑系统和学生的知识水平、智力状况及年龄特征,还要考虑教学时数以及教法上的要求,以保证教材的系统性和教学的循序渐进性。

各种各样的知识技能都包含某些一般原理和共同成分,即基础知识、基本技能。所谓基础知识是指各个学科教学内容中所体现出来的基本事实、概念和原理。基本技能是指运用所获得的基础知识去完成某种动作或智力活动的基本行为方式和能力。它们就是知识结构的"骨干",是教材的中心、教学的重点,也是学生学习的核心,比个别经验和事实更具普遍性,更有实现正迁移的可能性。但也必须配合具有典型代表性的事例,并阐明这些概念原理的使用条件,这有利于迁移的产生。

最佳的教材结构总是相对的,而不是绝对的。如何编写适合学生能力水平的最佳结构的教材呢?这需要知识领域内有造诣的专家、教材教法专家和心理学家以及教师的通力合作。有些国家已经这样编写部分学科的教材了,我们可以借鉴学习。

(二)合理编排教学内容,促进迁移

精选的教材只有通过合理的编排,才能充分发挥其迁移的效能,学习与教学才能省时省力。否则迁移效果小,甚至会阻碍迁移的产生。怎样才能合理编排教学内容呢? 从迁移的角度来看,其标准就是使教材达到结构化、一体化、网络化。

1. 结构化

结构化是指教材内容的各构成要素具有科学的、合理的逻辑联系,能体现事物的各种内在关系,如上下、并列、交叉等关系。只有结构化的教材,才能在教学中促进学生重构教材结构,进而构建合理的心理结构。

2. 一体化

一体化指教材的各构成要素能整合为具有内在联系的有机整体。只有一体化的教材,才能通过同化、顺应与重组的相互作用不断构建心理结构。为此,既要防止教材中各要素之间的相互割裂、支离破碎,又要防止相互干扰或机械重复。

3. 网络化

网络化是一体化的引申,指教材各要素之间上下左右、纵横交叉联系要沟通、要突出各种基本经验的联结点、联结线,这既有助于了解原有学习中存在的断裂带及断裂点,也有助于预测以后学习的发展带、发展点,为迁移的产生提供直接的支撑。

(三)改进教材呈现方式,促进迁移

学生将信息从一种情境向另一种情境迁移的可能性,有时会受到初次学习时信息的组织方式的影响。有经验的教师在教学中往往精心安排教学的程序,给学生提供一个条理清楚、组织良好的框架。奥苏伯尔认为,"不断分化"和"综合贯通"是人的认知组织的原则。这两条原则也适用于教材的组织和呈现。

1. 从一般到个别,渐进分化

依据学生认识事物的过程,教材的呈现或课堂教学内容的安排应符合从一般到个别、从整体到细节的顺序,即渐进分化原则。

认知心理学的观点表明,当人们在接触一个完全不熟悉的知识领域时,从已知的、较一般的整体中分化细节,要比从已知的细节中概括出整体容易一些。人们关于某一学科的知识在头脑中组成一个有层次的结构,最具有包容性的观念处于这个层次的顶点,它下面是包容范围较小和越来越分化的命题概念和具体知识。因此,根据人们认识新事物的自然顺序和头脑中的认知结构的组织顺序,教材的呈现也应遵循由整体到细节的顺序。例如,我国小学数学教材对有关三角形知识的呈现就符合不断分化的原则:先教一般三角形;在一般三角形中按角的大小分化出锐角三角形、直角三角形和钝角三角形;在锐角三角形中分化出等边三角形;在锐角三角形、直角三角形和钝角三角形中分化出等腰三角形,等等。

2. 综合贯通,促进知识的横向联系

依据知识的系统性和科学性,概念之间、原理之间、知识的前后连贯与单元纵横之间应体现出内在的关系和联系。

在呈现教材时,除了要从纵的方面遵循由一般到具体渐进分化的原则外,还要从横的方面加强概念、原理、课题乃至章节之间的联系。实际上许多教学内容是彼此依赖的,前面的知识没有学会,后面的教学就不能进行,例如,语文是其他学科的基础,数学是物理化学的基础,对这些教材内容加强横向联系既必要也可能。教师在教学中应引导学生努力探讨观念之间的联系,指出它们的异同,消除学生认识中表面的或实际存在的不一致之点。

3. 教材组织系列化,确保从已知到未知

依据学生学习的特点,教材组织应由浅入深,由易到难,从已知到未知。

实现迁移的重要条件是已有知识与新课题之间的相同点,因此教学次序要合理,尽量在回忆旧知识的基础上引出新知识,复习旧的,知道新的。新、旧知识技能的学习应当是有一定联系的。新的知识、技能应当是在过去学过的知识、技能之上学习的,过去学过的知识、技能应当为新的知识、技能学习做好铺垫。两者衔接得好,练习的时间和难度都可以减少,知识、技能的组织也非常系统。前面的学习是基础和准备,后面的学习是发展和提高。如跳山羊、跳箱、跳马可以衔接安排,原地前滚翻、跑动前滚翻、鱼跃前滚翻可衔接安排,蹲踞式跳远、挺身式跳远可以衔接安排,脚背正面、脚背外侧踢球可以衔接安排等。

知识可以分成若干单元,每个单元还可分成若干小步子,让后一步的学习建立在前一步的基础之上,前一步的学习为后一步提供固定点。组织好的程序教材本身,就可以起到"组织者"的作用。教师在制订教学计划时必须安排好教学内容的顺序,使教学内容的联结达到最佳化。最佳的序列要反映知识的逻辑结构,体现不断分化和综合贯通的原则,还要适合学生的认知功能发展水平。教师选择和合理组织教学内容有利于学生获得知识,也有利于促进概念、原理的学习迁移作用。

(四)教授学习策略,提高迁移意识性

"授人以鱼供一饭之需,授人以渔则终生受用无穷。"这句话启示我们,学习不只是要让学生掌握一门或几门学科的具体知识与技能,而且还要让学生学会如何去学习,即掌握学习方法的知识与技能。实际上学生只有掌握了良好的学习方法,才能把所学知识技能顺利地进行应用,促进更广泛、更一般的迁移,也就是说学会了如何学习就可以实现最普遍的迁移。

学习方法是一种学习经验,它可以对后继学习产生一种比较广泛的一般性迁移。学习方法包括概括的方法、思考的方法、应用原理的方法、归纳总结的方法、整理知识的方法和研究探讨的方法等。学习方法这种经验中不仅包含有关的知识,而且还包括有关的技能。因此,掌握学习方法不仅仅是知晓一些知识性的东西,还必须通过一定的练习掌握必要的心智技能,如阅读技能、观察技能、解析技能、构思技能等。

教师在教学中要重视引导学生对各种问题进行深入分析、综合、比较、抽象、概括,帮助学生认识问题之间的关系,寻找新旧知识或课题的共同特点,归纳知识经验的原理、法则、定理、规律的一般方法,培养学生分析问题和概括问题的能力,必须重视对学习方法的学习,以促进更有效的迁移。

(http://blog.sina.com.cn/s/blog_69230b2901013um1.

html〔2021-07-26〕)

第四节 学习翻译的最佳环境

学习环境,是指供学习者学习的外部条件,是一种支持学习者进行建构性学习的各种学习资源(不仅仅是信息资源)的组合。学习环境与学习场所、空间、支持、技术工具、信息资源、共同体、建构性学习、情况与条件、社会环境有着密切的关系,我们可以从以下几个方面理解。①学习环境最基本的理念是以学习者为中心;②学习环境是一种支持性的条件;③学习环境是为了促进学习者更好地开展学习活动而创设的;④学习环境是一种学习空间,包括物质空间、活动空间、心理空间;⑤学习环境和学习过程密不可分,是一种动态概念,而非静态的。它包括物质和非物质两个方面,其中既有丰富的学习资源,又有人际互动的因素;⑥学习者在学习环境中处于主动地位,由学习者自己控制学习;⑦学习环境需要各种信息资源、认知工具、教师、学生等因素的支持;⑧学习环境可以支持自主、探究、协作或问题解决等类型的学习。

学习环境包括以下四种类型(https://baike.so.com/doc/6217899-6431180.html)。

1.物理学习环境。这里的物理与硬件学习环境包含有自然因素和人为因素组成。自然因素包括网络自主学习者学习的自然环境、噪音、空气、光线等环境。这些环境影响着学习者的情绪与学习动机。人为的包括网络环境、使用计算机硬件,以及整个网络的运行状况。

2. 资源学习环境。学习资源是指那些与学习内容相关的信息,比如教材、教案、参考资料、书籍、网络资源等,这些信息资源可以以不同媒体和格式存储和呈现,包括印刷、图形图像、音频视频、软件等形式,还可以是这些形式的组合。在信息环境下,信息技术课的学习资源在存储、传递、提取、加工和呈现等方面都具有更独特的优势,这也为信息技术课的教学设计提出了新的要求,如何有效地利用这些学习资源日益成为教学设计的一个重要内容。对于课堂教学来说,完全依靠学生自己来查找学习资源是缺乏可行性的。在互联网上的信息资源浩如海洋,学生的学习时间和精力,以及学生检索信息的能力有限,且学习资源的质量也良莠不齐,这些因素都对学生的学习产生巨大的干扰。因此,资源环境还包括师资。教师应把相关的学习资源进行整理、数字化,优化整合信息资源,以增加其易用性和共享性,围绕学生需要合理组织信息资源,保证资源、信息的及时供给。并把自己设计的有针对性的学习资源放到网络上,供学生在活动过程中共享。这个网络可以是广域网,也可以是局域网。

3. 技术学习环境。技术学习环境主要有学习过程中学习者可自由选择学习理论,支持系统要有良好的界面设计,能够激发学习者学习兴趣,各功能模块有良好的导航机制,便于学习者在学习过程中能根据学习进程进行任意的学习跳跃,同时该环境可以支持学生进行小组讨论和协作学习。另外,物理系统仅提供了相应的物品环境,而运行在内部的软件与理论系统,也是支持与领导整个系统合理高效运行的重要软因素。前文提到的学习理论支持,软件系统的人性化,界面的友好程度及工具的完毕都需要较高级的技术支持。

4. 情感学习环境。情感学习环境主要由三部分组成:心理因素、人际交互和策略。学习者的学习观念、学习动机、情感、意志等心理因素对学习动机的激发,学习时间的维持和获得良好的学习效果有着直接的影响;人际交互(包括师生交互和自我交互)的顺畅也同样对学习者的自主学习起着不可小觑的作用;教学策略和学习策略直接影响着学习者的学习效果的好坏。

那最佳的翻译学习环境是什么? 就是与翻译学习息息相关的最佳物理环境、资源环境、交换环境和情感环境。下面仅就资源环境中的翻译技术教材加以探讨。

翻译教材是翻译学科建设的核心,承担传递课程理念、表达课程内容的使命(陶友兰,2012)。作为翻译教材家族的新成员,翻译技术教材是翻译技术繁荣发展的必然要求,也是翻译技术学习的重要参考工具。截至目前,国内外出版的计算机辅助翻译或翻译技术教材已达十余部。整体而言,国外教材偏重理论性,注重技术概念和原理的介绍;国内教材偏重应用性,侧重工具功能和实操的展示。与现有相关教材相比,《翻译技术教程》一书的显著特色可归纳为以下几个方面。

1. 梳理框架,建构体系。该书系统考察当前语言服务行业的翻译技术与工具应用情况,厘清基本概念,消除认识误区,探寻翻译技术本质,形成了由十个版块构成的翻译技术知识框架,内容充实,时效性强,并力图建构大数据时代的译者技术能力体系。

2. 校企融合,产学联动。该书主编兼跨翻译学界与业界,熟谙翻译技术实战,编者团队由一线语言服务企业技术专家和高校翻译技术教师组成,前者通晓翻译技术实际应用,后者深知学生的技术学习需求,产学互补,协同创新,为该书质量提供有力保障。

3. 项目驱动,问题导向。该书包含丰富的翻译项目案例,源自 SDL、Kilgray、Atril 等知名语言服务企业和语言技术研发企业,以真实案例分析为驱动,以解决翻译实践问题为导向,反映语言服务行业的最新需求,展示知名企业的技术解决方案和工作流程。

4. 突出应用,兼顾理论。该书注重翻译技术在语言服务行业中的实际应用,详细讲解多款主流软件的实操过程,兼顾相关概念、原理、标准等理论知识的传授,以理引路,以例示范,透析案例,启发深思,发展学生的技术思维,全面培养学生的技术能力。

5. 理论指导,展现自主。课程设计以 STEM 项目化学习理论为指导原则,强调学习者在运用知识、创造内容和产品的过程中实现知识的内化,注重学习者在学习中的自主性。

6. 编读交互,多元学习。在使用方法上,读者可通过多元化学习方式,加注现代化的网络教学平台,实现与编者零距离地学习和交流。

7. 创新科目,完善体系。该书是国内首部系统的翻译技术教材,填补了空白,完善了翻译课程体系,满足了新时代对翻译教育的挑战和要求。

8. 顺应市场,服务国家。随着全球化和信息化的加速,各国的经济文化发展深度融合,尤其是我国"一带一路"倡议的逐步落实,实现无障碍语言交流、获取信息资源已经成为各国各行业发展的"刚需"。面对全球巨量的语言服务需求增长,传统翻译模式已经无法满足行业的快速发展。近年来,人工智能和互联网技术推动翻译技术发生质的飞跃,神经网络翻译和语料库技术极大地提高了机器翻译的质量和人工翻译效率,这些都为语言服务行业提供了新的机遇和挑战。该书为我国乃至世界大循环翻译人才的培养注入新的活力。

第四章　翻译知识的教学

翻译是一门复杂的跨语言文化交流活动。翻译知识就是指涉及的基本常识,一般包括翻译的定义和种类、翻译过程、翻译原则和翻译策略、翻译素养等。

第一节　翻译的定义和种类

不同的学派从不同的角度给翻译下了定义:文艺学派认为翻译是作品文体风格的转换,是译者的再创作;语言学派认为是两种语言的话语转换;交际学派认为是信息的转换;社会符号学派认为是社会文化的转换。从译者的立场出发,翻译则是把原语话语变为另外一种语言话语的活动。广义的翻译定义就是:翻译是把一种语言文字的意义用另一种语言文字表达出来。简言之,即把一种语言变成另一种语言。目前,翻译界人士正筹划建立翻译学,翻译学的建立会给翻译下一个新的定义。

翻译活动的范围很广,种类很多,按其涉及的语言来分,有本民族语译为外语、外语译成本民族语两种;按其翻译对象来分,有文学翻译、专业翻译和日常翻译等。文学翻译包括小说、散文、诗歌和戏剧等文学作品的翻译;专业翻译包括科技材料、政论作品、经贸法律、新闻广告和应用文的翻译等;按其工作方式来分,有口译和笔译两种;按其处理方式来分,又有全译、摘译和编译等。目前,除了人工翻译外,又有了机器翻译。

第二节　翻译过程

我们知道,某一地方特定的人地关系会造就一个特定的生态圈,因此,当一个特定生态圈里的语言文化传播到另一个特定的生态圈里的语言文化时,就要做好其间的协调工作。从历史角度看,这种语言文化间的协调都力求获得一个"包容"及"妥协"的结果,即在源语和译语之间架起一座和睦相处的桥梁。翻译会涉及两个或多个地域,即涉及两个或多个由人地关系构成的语言文化生态环境,因此,作为跨地域和跨语言文化的中介译者,就必须在两者之间作权衡,既要使源语作者满意,又要使译语读者接受,既力求保留原作的风姿,又在使译文获得译语读者的广泛认可,使原文和译文在源语读者和译语读者中达到基本相同的效果。

翻译是一项目的性较强的活动,其生产过程极其重要。国内外学者提出各种各样的翻译过程理论,如范仲英的理解和表达,奈达(Eugene A. Nida)的分析、转换、重组等。笔者认为,翻译过程包括有目的的翻译选题准备、译中思维与转换、以及译后的修正调整等。

一、选题准备

要谈翻译生产,首先做好选题工作。只有选好题,才有翻译的后续过程。从深层次来看,翻译是一种跨文化交际的社会活动,所以它不可避免地会受到所涉及语言及所处的政治、经济、文化等环境因素的影响和制约。因此,翻译作为社会文化生活的必要组成部分,是推动社会发展和文化交融的重要力量,具有鲜明的政治性。这主要体现在语料的选择以及语种的选择上。既然翻译的目的性较强,翻译的选材必定会受到内外因的影响,即受特定的个人文化背景、社会文化背景、国家方针政策等的影响。

个人背景的影响。李道胜(2008)认为,"译者的认知结构、自然结构、社会结构制约着译者的选择;不同译者个人经历、教育程度、个人学养等方面的不同等使他潜意识中对翻译选材有一定的判断标准"。林语堂非常重视翻译作品的选择,他只翻自己钟爱的作品,这样其性情也能随译笔一起流淌出来。"林语堂英译《浮生六记》所反映出来的中国文人的性格气质和处世态度正好印合了林语堂的人生态度和性情。"(同上)中国历史上第一个提出"小说界革命"的梁启超选择翻译《佳人奇遇》,不是因为该书能直接为他的政治目的服务,也不是因为该书可以借以表达"其怀抱之政治思想",而是因为梁启超当时亡命日本,《佳人奇遇》的作者也同样是亡国遗臣,小说中有"国破家亡、穷恶万状、尽尝酸辛"的描述,在选译《佳人奇遇》一书时,他的这种真正推动力来自他个人的经历与作品所产生的共鸣。葛浩文认为,文学翻译需注重文本选择。他只选择自己喜欢的并适合自己的。当然,目的读者的兴趣也是其关注点。

社会背景的影响。翻译选题会受到社会文化大背景的影响。例如,甲午中日战争后,中国内忧外患,民族危机日趋严重。一大批接受西方教育的维新派人士在看到日本"明治维新"的成功后,也寄希望于中国通过"维新变法"来改良中国的社会经济,开辟富国自强的新中国。维新派人士非常注重对外国文献的翻译,其中著名的翻译大家当数严复。在选择作品翻译时,他们往往是从民族利益出发判断其价值,表现了强烈的译者"责任"。严复耳闻目睹西方由弱变强的事实,认识到要救中国,必须向西方学习。至今人们再读严复翻译的《原富》,其精神仍令人肃然起敬。

国家的方针政策的影响。21世纪以来,为推动中国文化"走出去",国务院新闻办公室、国家新闻出版广电总局、中宣部等先后推出了"中国图书对外推广计划"(2006)、"中国文化著作翻译出版工程"(2009)、"经典中国国际出版工程"(2009)、"中国当代作品翻译工程项目"(2013)、"丝路书香重点翻译资助项目"(2014)等多项资助工程。这些工程项目虽然侧重点各不相同,但都以翻译资助为主,为国内出版机构的"走出去"事业提供了强有力的平台保障。2010年全国哲学社会科学工作办公室设立了国家社会科学基金"中华学术外译项目",资助重点是国内哲学社会科学学术著作的外译工

作,这也为中国哲社经典著作"走出去"提供了一条学术出版的路径。(龚海燕,2017)

由此可见,要做好翻译选题,译者要么服从于自己的爱好或兴趣,要么顺应社会大背景或国家发展的需要。唯有如此,译者的才能才得以发挥,翻译作品才能得以顺利出版,翻译的安全才能得以保障,翻译才能为国家做出贡献。

二、译中思维与转换

确定选题后,就进入译中思维与转换阶段,这是保证翻译全生产的重要阶段。"翻译是用不同的语言表达同一思维内容。"(龚光明,2004)一个人或一个时代的翻译思想会影响其翻译目的,而特定的翻译目的肯定会影响翻译策略与方法的选择。在翻译转换过程中,译者应忠实于作者、忠实于读者以及译者自己。有时考虑不同读者的需要,译者可以在忠实于作者和自己的基础上,根据读者的需要可做些变通处理,以确保翻译能安全地到达其目的地。笔者认为,在翻译转换过程中应注意语言问题、文化问题、意识形态问题。

相对来说,语言问题并不是很大,只要有过硬的双语知识问题就可解决。但这里也会出现两个问题:第一个是如何处理原作里掺杂有其他语言的问题,第二个是原作里的方言处理问题。关于原作里掺杂有其他语言的问题,一般有三种解决办法:就翻译成第三种语言,保留原文加注释,或使用解释法。笔者认为,可能后两种办法比较可取。至于方言处理问题,译界有两种意见;一种认为,使用方言对译;另一种则认为,在方言翻译中,通常意义上的"对等"很难做到,可采取某种补偿做法。比如,既然方言翻译无法做到"对等",那就不妨用比较通俗的、口语化的汉语来翻译。笔者认为,方言对译,其尝试值得肯定;用比较通俗的、口语化的汉语来翻译国外作品中的方言,虽原文色彩有点丢失,但利于国内广大读者的理解;而加注法虽能表达原文方言内涵,但略显啰唆。从翻译安全抵达译语读者心田、引发读者共鸣角度看,用比较通俗、口语化的汉语来翻译国外作品中的方言比较可取。

不同地理环境造就了不同的语言和文化,因此语言和文化之间的关系密不可分。相对于语言问题,翻译中文化问题的处理则相对比较复杂。"十里乡俗不同",更何况不同民族间和国家间的风俗文化区别就更大了。虽有"入乡随俗"之说,但在"入乡随俗"之外,翻译是否还有其他探讨空间,这是我们必须关注的问题。中外文化之间的差异性主要表现在风俗文化的差异、思维方式的差异、价值观念的差异,以及非语言文化的差异。笔者认为,文化的处理应遵循以下原则,即文化共享、入乡随俗、求同存异。文化共享给予文化间的理念趋同,而后两者指的是,采取译文向读者靠拢或译文向作者靠拢的方式方法。下面先谈谈第一种"文化共享"。文化共享是指人类的语言文化虽有差异,但也有语言和思维的共性,如同人类都有吃穿住行的共同行为。这种一致性使得翻译过程变得简单。这种情况下,翻译不仅能保持原文的风格,而且译语读者理解和接受也没有丝毫问题,如把《战狼》译成"Wolf Warrior"。入乡随俗是指译者在翻译过程中力求译文向译语读者靠近。翻译是跨文化传播,如译文不被读者理解和接受,就失去了其意义。这也是在形式和内容不可兼得的情况下,传达原作实质内容的做法。如把"萝卜青菜,各有所爱。"译成:"Some like apples and some like onions.""在影片翻译的过程中,为了让电影更好地适应本土市场,必要时可以将影片名根据电影内容改头换面,不但可以形不同,还可以神不似。"(蔡进、夏宏钟,2008)如将《满城尽带黄金甲》译成"The Curse of Golden Flower"。

意识形态,简单地说,就是一套系统方案或协同机制,由某个人、团体或文化的思维内容或典型方式,即人类生活和文化的概念或思想构成。意识形态在翻译过程中所起的作用举足轻重。一般来说,当翻译中的语言和意识形态发生冲突时,往往是意识形态发挥了主导作用。

> 意识形态与翻译呈现一种复杂的制约与建构关系,意识形态影响翻译的动机、选材和策略,翻译实践对意识形态也起到一定的建构作用。《文心雕龙》英译是一场关于意识形态和翻译的历史博弈。基于不同的意识形态,宇文所安(美国汉学家——笔者注)试图重新创立一种话语体系,并在这种独特的话语实践中重新建构中国文学的图景,呈现中国古代文学传统的独特风貌,而杨国斌借助《大中华文库》所凝聚的国家意志力,着力在恢复刘勰文学观和人生哲学的同时,传播中国古代文论和中华优秀传统文化。
>
> (胡作友、张丁慧,2018)

三、译后的修正调整

在整个翻译环节中,译后的修正调整对于保证和提高译文质量有着举足轻重的作用,是保障翻译安全生产的最后一环。一般来说,译后的修正调整指的是通过原文与译文的对比研究,找出翻译中有失误的地方,加以修正调整。这些失误既包括错译和漏译,又包括译文的文体、风格、专业性和准确性。在具体修正调整实践中,还得根据译文的目的、译文读者群体等因素来综合考虑。笔者认为,翻译应遵循译文完整性、准确性和可读性三大原则。

译文的完整性要求忠实于原作的内容和保持原作的风格。主要检测译文有无漏洞和不足之处,如对原文的理解和表达是否到位,译文是否再现了原文的风格和风貌,人名、地名、日期、数字、时间等细节是否有遗漏和错译的地方,指代关系是否明确一致,是否存在错别字,专业术语是否准确等。其实,完整性是一个相对的概念,因为绝对完整是不可能的,但可把它当作目标。强调译文的完整性,并不是说一定就是意义和形式完全对等。"编译就是将一种语言文字写作的一篇文章的内容、一本著作的内容或者若干篇文章、若干部著作中的相关内容,用另一种语言文字忠实地而又相对完整地予以概述。编译的特殊性在于用精当的语言再现原作本质性的内容,略其形态,取其精髓,而舍弃其余。"(刘树森,1991)只要译者达到了其翻译目的,译文就算完整。

译文的准确性主要是指专有名词、术语翻译的准确性,以及翻译规范的遵守。专有名词的翻译,一般难度不高;这里所讲的主要是因缺乏背景知识所导致的误译。专有名词翻译不能大意,必须准确。如拿捏不准,多查多问就可解决问题。术语就是各行各业的行话,应按规范进行翻译,以确保准确。一般来说,只要认真,且具有相关背景知识,科技术语的翻译不成问题;而反映国家大政方针的术语,必须按官方审定的标准翻译,如"中国大陆"应译成"the mainland of China""China's mainland",《反分裂国家法》应译成"the Anti-Secession Law","中国人民抗日战争(抗日战争、抗战)"应译成"the Chinese People's War of Resistance Against Japanese Aggression (the War of Resistance)",而不是其他。还有,翻译的行业规范,必须执行,以确保准确。如《中华人民共和国国家标准:翻译服务规范》《翻译服务译文质量要求》《公共服务领域英文译写规范》等。

译文的可读性是指经过双语转换后的译文不但要做到充分表达原文的概念和思想,还应做到行文流畅。"翻译的可读性绝不仅仅指译文语言表面上的流利程度,而且在更基本的层面,是指译文与原文在深层意念上的契合对应。"(刘宓庆,2012)可读性可从两个方面来理解:"①指译文通顺流畅,适应译文读者的地域性,便于译文读者理解接受;②指译文应与原文的基本风貌相一致,准确地传达原文信息,使原文的本意显明透达。"(郑兴茂,2015)一般来说,译文都应具有与原文相称的可读性,除非原文使用的不通顺或粗俗语言是作者有意为之。其实,译文的可读性是由译语读者来决定的,一般来讲,译语读者多就表明较受欢迎。当然,为了特定目的所进行的翻译例外,如供研究人员阅读的译本可能更具异化色彩,即译文更趋向于向源语作者靠近。

第三节　翻译原则和翻译策略

要想让翻译产品顺利生产出来,就有必要把握翻译生产活动应遵循的原则和采取的策略。

一、翻译原则

简单地说,原则就是说话、行事所依据的准则。显然,原则是就主体而言的,因为会说话、行事的主体是人,具体到翻译上就是译者。翻译原则(translation principles)指的是译者在翻译生产实践中应遵循的行为准则。这是从事翻译活动的指导思想,具有普遍的指导意义。翻译原则和翻译标准则是一个事物的两个方面。翻译原则是对译者而言的,而翻译标准则是针对译语读者或翻译批评者而言的,是衡量译文好坏的准绳,同时也是译者孜孜追求的目标。

关于翻译的原则,学者们一直有着不同看法。

18 世纪末,英国杰出翻译理论家泰特勒(Alexander Fraser Tytler,1749—1814)是西方早期从事翻译理论研究首屈一指的学者。他在其《翻译原理》(*Essay on the Principles of Translation*)一书中提出了文学翻译活动必须完全传译原作的优点,使译语读者能像作者本国的读者一样获得相同的感受。

为此译者必须遵守以下三项原则:译文应完整再现原作的思想内容(The Translation should give a complete transcript of the ideas of the original work.);译文的风格与手法,应该与原作的性质相同(The style and manner of writing should be of the same character with that of the original.);译文应该保持原作全部行文的流畅自然(The translation should have all the ease of the original composition.)。这就是著名的泰勒三原则。

中国近代启蒙思想家、翻译家严复(1853—1921)于1898年在其《天演论·译例言》中首次提出"信、达、雅"的翻译原则,认为这是译者应追求的最高境界。其原话是"译事三难:信、达、雅。求其信已大难矣,顾信矣不达,虽译犹不译也,则达尚焉。"简单地说,"信"指意义不背原文,即译文要准确,不歪曲,不遗漏,也不要随意增减意思;"达"指不拘泥于原文形式,译文通顺明白;"雅"则指译文选用的词语要得体,追求文章本身的古雅,简明优雅。但"信、达、雅"的标准极难达到,严复亦将其名为"三难",因此又称"三难原则"。仔细剖析,严复和泰勒的翻译原则确有相似之处。

傅雷、钱锺书分别于1951年、1964年提出了"传神"和"化境"之说。其实,"出神入化"也应该属于理想化的原则。

后来的学者认识到理想的翻译原则,应能够具体指导翻译生产实践,即翻译原则应具有实用性。美国翻译理论家奈达的核心概念是"功能对等"。翻译是用最恰当、自然和对等的语言从语义到文体再现源语的信息。所谓"功能对等",就是说翻译时不求文字表面的死板对应,而要在两种语言间达成功能上的对等。这主要是指译语接受者与源语接受者能获得大致相同的反应,是"和源语信息最接近的、自然的对等"。

辜正坤提出其翻译的多元互补论,即一个多元互补的翻译标准系统:"绝对标准——最高标准——具体标准。"其绝对标准指的是原作本身(即理想标准),其最高标准指的是"最佳近似度",即"译作模拟原作内容和形式的最理想的逼真程度"。他还进一步解释道:"多元互补意味着我们应该以一种宽容的态度承认若干个标准的共时性存在,并认识到它们是一个具有特定功能而又互相补充的标准体系。一个翻译标准所具有的优点,正是别的翻译标准所具有的缺点,所以翻译标准的多元性本身就意味着翻译标准的互补性。"(辜正坤,1989)

翻译标准是个多元化的系统,肯定会受各种因素的制约,因此可根据不同的情况确定不同的翻译标准。"科普文章的翻译应该是纯科技文本翻译方法与文学翻译方法的结合,既要体现科技内容的科学严谨,又要使人喜闻乐见,这样才能真正达到科普——科学普及——的作用。"(王秀娟,2016)因此,科普文章的具体翻译原则应该是提供准确的信息、为特定读者服务和实现审美效应。"儿童动画片是一类特殊的影视作品,其最突出的特点表现在服务对象为少年儿童。儿童动画片是由动画设计师绘出的而非真实的表演,给儿童观众以娱乐和教育。"(颜诗文、么文浩,2018)因此,儿童动画译制片具体翻译原则应该是:故事角色鲜明、角色关系清楚、译文语言简洁、声画和谐同步等。"前两条原则关注原文的故事性;后两条原则关注译文的欣赏性。"(颜诗文、么文浩,2018)"外交新词是高文化负载的语言,是国家语言生活和外交工作的重要内容。中国外交新词是现代汉语中最活跃的部分之一,也是中国外交思想的重要载体和对外政策的风向标。中国外交新词的政治敏锐性、民族性及翻译现状决定了在翻译中国外交新词时需考虑遵循政治等效、译名统一、专业表达和约定俗成四大原则。"(杨明星,2014)"电影片名,作为受众接触电影的'第一扇窗',在推动电影宣传、拉动票房成绩方面发挥着重要作用,因此,中外电影片名互译的重要性可见一斑。"(卢欣,2015)电影片名的具体翻译原则可归结为:"信息原则、美感原则和效益原则。"(卢欣,2015)影视翻译要遵循"社会性、戏剧性和同步性原则"(麻争旗,2019)。"本地化翻译是传统翻译在新时代背景下及技术支持下的产物,其与传统翻译在翻译理论和翻译标准上并无差异,但在内涵、翻译对象、技术依赖程度和质量标准上有显著的不同。本地化翻译从其自身特质出发,在实践中需要遵循五大原则:准确性、一致性、连贯性、规范性及敏感性。以这五大原则为方向,落到实处注重细节,是做好本地化翻译的关键。"(陈颖,2017)中医术语翻译应遵照的原则如下:自然性原则、简洁性原则、民族性原则、回译性原则和规定性原则。(李照国,2008)

翻译变体(或变译)"指译者根据特定条件下特定读者的特殊需求,采用增、减、编、述、缩、并、改等变通手段摄取原作有关内容的翻译活动"(黄忠廉,2002:96)。翻译变体包括摘译、编译、译述、缩译、综述、述评、译评、改译、译写、阐译、参译等,其特点是追求有效、充分优化、节约化和本土化。所以,变译的原则及标准应该是"看变译活动及其成品是否满足了特定条件下特定读者的特殊需求"(黄忠廉,2002:239)。

我们常说,天地人合而为一。天地人又称三才,天指地球之外,地则指地球,天地孕育万物,人生于其间。天地人的和谐是值得我们在翻译过程中思考的。"一方水土养一方人"是对人地关系的高度概括。"一方",指的是某一地域;"水土",包括地理位置、物候环境;"一方人",则是长期生活在这一地域的人。"人类赖以生存的地理环境主要由四大因素组成:地理位置、地形、气候条件和自然资源。这四大因素互相影响、制约,形成以海洋地理环境为中心的渔业、草原地理环境为中心的牧业及大河地理环境为中心的农业三大文明。作为文明的重要成分,语言文化处处显示着地理环境的烙印。可以说,不同的地理环境塑造了不同的民族性格,同时也造就了各种独具特色的民族语言。"(马晓梅,2005)

因此,作为跨地域和跨语言文化的中介译者,就必须在两者之间作权衡,既要使源语作者满意,又要使译语读者接受,既力求保留原作的风姿,又使译文获得译语读者的广泛认可,以使原作和译文在源语读者和译语读者之间达到基本相同的效果。

根据以上分析,从天地人关系角度探索翻译,从安全角度审视翻译及其翻译活动,可得出如下翻译原则:求同存异,入乡随俗,共建人类文化交流命运共同体。这一原则旨在强调翻译必须既充分传达源语的有效信息,又适合译语的语言环境因素,特别是适合译语的民族文化语境。简单地说,就是译文应既传达源语生态环境下的有效信息,又要符合译语环境下的阅读和审美习惯。更重要的是,这一原则体现了全世界各国各民族间的有效合作交流,共建人类命运共同体的理念。

这一原则既囊括所有翻译种类,又具备普适性,既高度概括,又操作性强,且对全译和变译均具有普遍的指导意义。

二、翻译策略

译者作为语言文化传递的中间人,必须按照"求同存异,入乡随俗,共建人类文化交流命运共同体"这个翻译原则进行。这个翻译原则具有普适性和可操作性。在此原则指导下,探索翻译策略是本小节的内容。

"'策略'就是为了实现某一个目标,首先预先根据可能出现的问题制订的若干对应的方案,并且,在实现目标的过程中,根据形势的发展和变化来制订出新的方案,或者根据形势的发展和变化来选择相应的方案,最终实现目标。"(https://www.docin.com/p-2008195611.html)由此可见,"策略"虽与"方法"有关,但更多强调的是较为宏观的"方案"。因此,翻译策略就是在翻译活动中为实现特定的翻译目标所制订出的翻译方案,是译者所应采纳的方案集合。

关于翻译策略,国内外学者均有涉及。翻译不仅仅是语言间的转换,而且是文化间的转换,即跨文化交际。因此在翻译活动中,译者往往会有所倾向,或倾向于源语文化或倾向于译语文化,要么凸显源语文化隐身译语文化,要么凸显译语文化而隐身源语文化。但这种凸显或隐身并非随意的,而是译者在源语文化和译语文化之间平衡妥协的结果。这种以文化取向而谋划的方案,就是译者的翻译策略。由此可见,翻译策略的着眼点在于文化,充分体现出译者对源语文化和译语文化的取舍,这也表明译者的文化态度和立场:在种种文化互动中,究竟是求"同"还是存"异"呢?

在对翻译策略的探讨中,西方具有代表性的是美国的翻译理论家韦努蒂(Lawrence Venuti)。在其1995年出版的 *The Translator's Invisibility*：*A History of Translation*(《译者的隐身:一部翻译史》)中提出"异化"和"归化"这对概念:归化是向译语文化靠拢,把源语本土化,给源语文化打上译语文化的烙印,增强译文的可读性和欣赏性;而异化则是向源语文化靠拢,充分展示源语文化,使读者欣赏异域文化的魅力。其实,这是一种反对、阻抗西方文化霸权主义的翻译理念。

王向远(2015)认为:

在中国现代翻译理论中,"归化/洋化"这对概念是对译者翻译策略与译文文化风格的一种概括。1990年代中后期西方"文化翻译"派的主张传入中国后,"洋化"或"西化"便被一些人置换为"异化"一词,表述为"归化/异化"。但"异化"作为哲学概念指的是从自身分裂出来的异己力量,与翻译上的"洋化"概念颇有不合,因而还是使用"归化/洋化"为宜。中国翻译理论史经历了从"归化/洋化"的论争到两者调和的过程;文学翻译实践也经历了从林纾时代的"归化"到鲁迅时代的"洋化",再到朱生豪、傅雷时代将"归化/洋化"加以调和的过程。这种调和可以用"融化"一词加以概括,并可形成"洋化/归化/融化"三位一体的正反合的概念。"融化"是一个无止境的过程,也是翻译文学值得提倡的文化取向与走向。

笔者认为,还是使用"归化/异化"为好,不但因为这两个术语相对应,而且因为它们能反映目前的翻译实际情况。"归化"就是在按"入乡随俗"翻译原则办事,"异化"是按"求同存异"翻译原则办事;而"归化/异化"的目的就是要实现翻译这一跨语言文化交流活动成为国家民族间增信释疑、凝心聚力的桥梁纽带的目标,达到"求同存异,入乡随俗,共建人类文化交流命运共同体"的境界。

必须说明的是,采取归化还是异化策略,要考虑的因素很多,如翻译目的、读者期待、意识形态、诗学、翻译理论、赞助人、原作者及其作品、译者主体性等。(孙迎春,2008:88-91)

在翻译中起决定作用的目的,主要是文化目的,比如是要维护还是颠覆译入语的主流意识形态?进行学术交流还是愉悦读者?进行怎样的学术交流,愉悦什么样的读者?意在传播、影响还是单纯的科技译介?目的多种多样,翻译策略也会随之发生相应变化。

译语读者是译文的阅读者,译文本身就是为其而生。不同的读者群,定会有不同的期待。这种不同的期待会对翻译策略的选择产生影响。研究型读者可能更乐意阅读原汁原味的东西,他们更喜欢利于其研究的异化译文,而一般读者则更倾向于利于其理解和欣赏的归化译文。

意识形态有不同的表现形式,像政治思想、道德、哲学、艺术、宗教等,译者所具有的意识形态必然会影响其翻译策略的选择。诗学,就是关于审美、艺术的意识形态。

翻译理论虽主要指的是在一个时期起主导作用的翻译理

论,当然也包括经受了时间考验,仍然存在并继续发生影响的其他非主导性的翻译理论。译者的理论意识肯定会对其翻译生产实践产生影响力。奈达的功能对等理论是对其多年《圣经》翻译经验的总结、凝练和升华,对《圣经》等宗教文本的翻译生产实践具有直接的指导意义。

安德烈·勒菲弗尔(Andre Lefevere)认为,在翻译活动过程中,赞助人发挥的作用举足轻重,他们操控着译者的选材、翻译过程中所采用的策略和方法。因此,在看待译品时,不能单纯地考虑译者方面的因素,也应认识到赞助人这一潜在因素对翻译活动的影响。

原作品的性质和题材不同,比如文学、科技、法律、新闻报道等,定会对其翻译策略的选择产生影响。

主题性包括目的性、自主性、主动性、创造性、个性等,一言蔽之,主观能动性与译者个性。文如其人,译者的主观能动性与个性必然会反映在其译风当中。

其实,翻译到底是用归化还是异化策略,主要取决于两大原则:理性和习性原则。大凡语言均有其构成规则,就有理性;也就是说,理性原则就是指目的语中的词、句、篇等组织规律。这就要求译者在决定采用归化还是异化策略时要充分考虑两种语言中不同的组织规律,而这种规律就应该是采用归化或异化策略的依据。或者说,这两种策略的取舍必须以目的语可量化的理性为依据,这不但可表现为对目的语异化情调的适应性,而且对目的语具体规范具有可操作性。(高凤江,2005)总之,凡是译入语能接受的异化情调,就力求异化处理,反之则归化处理。这不正是"求同存异,入乡随俗"的具体运用吗?

然而,从历时性看,归化与异化的区分是相对的,因为随着读者的阅读视野的不断扩大,其接受能力也在不断提高。换句话说,异化的东西会随着时间的推移,在一定程度上会被"归化"成本土文化,从而丰富了本土语言文化,即异化的东西也会随着时间的推移,会被其"归化"物所取代,如 laser→莱塞→激光;也有归化异化相结合的产物,如化学元素的翻译。

化学是在 19 世纪的清朝末年从欧洲传入我国的。一些化学元素汉语的名称氢、氧、钾、镁、钠等就是由我国近代化学先驱徐寿创造的。1871 年,他翻译了一本英国教科书《化学鉴原》(*Well's Principles and Applications of Chemistry* 中的"无机化学"部分),它是我国《无机化学》之源。从语言学角度来讲,该书开创了中国翻译史上"造字命名"的先河。他并未采取音节音译的方法,而是采用外文单词的首音和次音,并加偏旁以别其类而读本音。如用偏旁"金"表示金属,用偏旁"石"标识非金属等,如"镁""锂""碘""铍"等。这样形声造字的优点是压缩了原文长度,读音意义一目了然,便于识记。(朱亚夫,2018)可以说,化学元素的翻译就是采用了典型的归化异化相融合的方式。

总而言之,归化与异化体现的是译者在选择上的一种倾向性,即向源语作者靠拢还是向译语读者靠拢的倾向性。任何译作,都是译者在归化与异化策略上交织作用下的混合体,在翻译生产中只是以哪种策略为主的问题。这也验证了笔者构建的翻译原则在翻译生产实践中策略选择的理论与实践有效性。

第四节 翻译素养

一个合格的译者必须具有良好的素养,这是从事翻译工作的基本要求,也是保障翻译安全生产的必备条件。透过翻译史,我们可知译者的翻译知识修养是人们一直关注的问题。学界普遍认为,译者应追求人生修养、人生境界。只有真心诚意修身,提高修养,才能明心见性。因此在教学中,对此类翻译知识应加以关注,并自始至终地坚持下去。

首先,大学里本科翻译专业培养大纲(北外)的课程设计就充分呈现了翻译知识的课程类别,足见其在翻译人才培养过程中的重要性。先看公共课模块,又分为公共必修课(思想道德修养与法律基础、近现代史纲要、马克思主义基本原理概论、毛泽东思想和中国特色社会主义理论体系概论、形势与政策、大学生心理健康、大学生职业生涯规划、计算机应用基础、体育、二外)和全校通选课(中国文化模块、外国文化模块、社会科学模块、哲学与方法论模块、数学院和自然科学模块和语言技能模块,即中文写作与第三外语技能)之分。在看专业课模块,有专业必修课和专业选修课之分。其中专业必修课又分为外语技能课(英语交际口语、英语翻译、英语辩论、英语分析阅读 I-Ⅲ、英语写作、英语学术论文写作等)和专业基础课(文学概论、语言学导论、西方思想经典导读、笔译基础、英语文学作品汉译、国粹文化英译、中文文学作品英译、西方哲社著作汉译、国学经典英译、口译基础、英汉交替口译入门、英汉

交替口译实务、汉英交替口译入门、汉英交替口译实务、文化
与翻译、中外翻译史、翻译：理论与思考、英汉语言对比与翻译
等）。专业选修可又细分为七个模块：外语技能（英语语音、英
语听力、英语议会制辩论、英语分析性阅读Ⅳ）、英语文学（现
代成长小说选读、维多利亚时期小说、《圣经》的文化阐释、西
方戏剧、英国文学：19 至 20 世纪、美国文学、莎士比亚戏剧：从
文本到表演、短篇小说与西方文化、英语散文精粹、英语诗歌
赏析、华裔美国文学、加拿大文学与文化、女性主义文学、城市
与文学）、英语语言学（英语词汇学概论、语言与意义、英语史、
语言与社会、理解语言习得、文体学、话语分析）、社会与文化
研究（美国社会与文化、英国社会与文化、新闻阅读与媒体素
养、媒体创意与思维陷阱、社会学与现代社会、西方人文经典
阅读、性别与社会、社会问题、英语电影分析、美国是重点问题
研究、战后美国史、英国历史、澳大利亚社会与文化、量化研究
方法、中国思想经典导读）、国际政治与经济（经济学概论、国
际关系导论、比较政治学、美国政府与政治、美国战后外交史、
中美关系史、欧洲一体化、国际组织与全球治理、国际政治经
济学、美国经济纵览、中国与世界经济）、翻译理论与实践（英
汉文件翻译、汉英时政文献翻译、综合模拟口译、汉英视译、英
汉视译、口译评析：理论与实践、经典译文赏析、商务经贸翻
译、法律翻译、应用文翻译）和跨文化交际与传播（中西文化对
比、跨文化交际、传播学概论、跨文化媒体社会学、跨文化传
播、中国对外传播、国家形象与跨文化传播、媒体话语分析、中
国当代媒体研究）。

　　至于翻译硕博培养方案里的课程设置（详见附录）也是在

培养学生的语言能力、翻译(研究)能力和学科修养及素养。

一般来说,在大学本科外语专业课程设置里,翻译课程都是高年级的课程。在上翻译这门课之前,必须先上一些基础类的课程,如基础英语、英语阅读、英语语音、英语听力、英语口语、英语语法、英语词汇、英语学习策略、英语演讲、英语辩论、英语写作、文学概论、英美文学、英美小说阅读、语言学导论、英语国家概况、跨文化交际、中国文化等,以便打下较为坚实的基础。

其实,国内外学者对翻译的知识素养的看法基本一致,但又有所区别。从事佛经翻译的彦琮法师被誉为“翻经大德”,他在中国翻译史上的地位以及对佛典传译事业所作出的卓著成绩,使其流芳百世。他提出的“八备”说,是指做好佛经翻译工作必须具备的八个最基本条件。

(一)“诚心爱法,志愿益人,不惮久时,其备一也。”即要求译经人诚心诚意接受佛法观点,立志做有益于他人的事业,不怕花费长久的时间。

(二)“将践觉场,先牢戒足,不染讥恶,其备二也。”即要求译经人品行端正,忠实可信,不惹别人讥笑厌恶。

(三)“筌晓三藏,义贯两乘,不苦暗滞,其备三也。”即要求译经人对佛教经典有渊博知识,通达大小乘经论的义旨,不存在含糊疑难的问题。

(四)“旁涉坟史,工缀典词,不过鲁拙,其备四也。”即要求译经人通晓中国经史,具有高深的文学修养,文字表达准确,不疏拙。

（五）"襟抱平恕,器量虚融,不好专执,其备五也。"即要求译人心脑宽和,虚心好学,不固执己见,不武断专横。

（六）"耽于道术,淡于名利,不欲高炫,其备六也。"即要求译经人刻苦钻研学问,不贪图名利,不奢望高贵职衔。

（七）"要识梵言,乃闲正译,不坠彼学,其备七地。"即要求译经人精通梵文,熟悉正确的翻译方法,不失梵文所载的义理,但又不能拘泥于梵本格式。

（八）"薄阅苍雅,粗谙篆隶,不昧此文,其备八也。"即要求译经人对中国文字学具有一定的修养,熟悉文字的使用,保证译文通畅典雅,忠实准确。

（https://wenku.baidu.com. 2021-07-23）

彦琮所提出的"八备",是他长期从事翻译工作的经验总结,尤其是第一、五、六这三条,特别注重翻译人员的思想修养,可谓深探本原。"八备"的核心是要求翻译力求忠实,而要做到忠实,译者必须要有高尚的品德和一定的汉、梵文的修养和造诣。

美国翻译理论家奈达 在谈及译者的能力时认为,译者应具备四个方面的基本能力,即双语能力、双重文化修养、专业知识和表达能力。李瑞林（2011）认为,译者素养指的是"译者在特定社会、文化情境下创造性地求解翻译问题、生成翻译产品所需的自主意识及其实践,具体包括学习者的语言素养、知识素养、策略素养、数字素养、批判素养和社会素养,是译者形成专家能力和可持续发展能力的主要标志,理应是翻译人才培养的终极目标指向"。仲伟合、穆雷(2008)对译者素养进行了更加细致深入的探讨,认为译者"不仅需要精通两门语言,同时还需拥有广博的文化和百科知识以及相关的专业知识;掌握各种翻译技巧,进行大量的翻译生产实践;具备清醒的译者角色意识、良好的职业道德、踏实进取的工作作风、自觉的团队合作精神和处乱不惊的心理素质"。

张生祥、张春丽(2017)认为,"目前,已经形成以社会需求为导向、以专业标准为准绳、以翻译项目为依托、以实践实训为重点的翻译人才培养模式,培养德智体美全面发展,专业素养高、实践能力强、家国情怀浓、国际视野宽的本土化翻译人才。"其实,他们提出的这种培养模式,未尝不可理解为对翻译修养或素养的要求呢?

从翻译生态角度看,就是要强译者必须调理顺原作者、原作、译者、译作、读者、出版社、赞助人之间的复杂关系,从而统一把握全局。一般来说,包括以下几个方面:具备扎实的双语基本功、跨文化交际能力、良好的身心素质、理论实践相结合的能力、创新能力、翻译技术能力、广泛的杂学知识、良好的职业道德、家国情怀、团队能力和组织能力等。如是翻译公司,则还需要团队组织能力、项目管理能力等。

"一个好的译者必须具备扎实的双语语言功底,它是从事翻译的前提和基础,是正确理解原文和通顺地表达原文的保证。"(郭超英,2004)可以说,扎实的双语功底是提高翻译水平的关键。

跨文化交际能力。语言是文化的一部分,两者关系密切。

"翻译不仅仅是两种语言之间的转换,更是两种文化的转换和信息的交流,这就决定了译者的跨文化修养对于文化交流和传播的重要性。"(张艋,2015)然而,"翻译中的文化问题涉及面极广,内容十分复杂。译者必须要不断地扩大和丰富自己的跨文化知识,才能担任起文化交流和传播的重任,做一个真正的文化人"。(张艋,2015)

翻译人员应该具备良好的身心素质。当今世界竞争激烈,译者无时无刻不会面临着比历史上任何时候都大的工作强度和工作压力,翻译任务的不定时性和不确定性也会对翻译人员的身心带来巨大压力和挑战,尤其是同传人员。因此翻译人员应具备良好的身心素养,具有较强的抗压能力和健康的身体素质,以保证译者职业生涯的可持续发展。

理论实践相结合的能力。翻译理论只有与翻译生产实践相结合,才能使翻译产出最大化和高质量化。翻译理论来源于实践,反过来又指导实践,两者是相辅相成的关系。因此,译者具备较好的理论知识,就可更好地在实践中解决谁来译、如何译、为谁译、为什么译等问题。

应具备创新能力。这是指译者必须要不断地革新自己,学习新的知识,努力寻求改革创新,才能立于不败之地,才不会被市场所淘汰。李瑞林(2011)提出,"训练学习者的语言能力和知识能力,逐步形成自主、灵活、创造性地应用语言和知识的素养,以翻译学习环境的设计为致力点创建辨识、分析和求解翻译问题的认知空间,训练学习者的思辨能力、决策能力和创新能力,促进智能增量和技能内化,不断形成应对不同翻译情境的翻译策略素养"。

翻译技术是职业化时代译者的必要装备。机器翻译、翻译记忆、术语管理、质量控制等技术在翻译中的应用日益广泛，为译者提供了极大便利，但同时也对译者能力提出了更多挑战。译者须学习、掌握多种技术工具的使用方法，在翻译过程中处理各种技术难题。这一需求能否得到妥善处理直接影响翻译工作的效率和质量。当今世界，翻译技术日新月异，人工智能翻译也越来越成熟，但人工智能翻译不可能代替人工翻译，这已是业界公认的事实。翻译人员应及时掌握这些新技术，在人机互动方面努力工作。熟识这些翻译技术信息，提高译者的翻译技术能力，不但能提高翻译效率，而且会使自己在竞争激烈的时代获取更多的机会。

广泛的杂学知识。翻译会涉及各方面的知识，也就是说会涉及不同的专业或行业，因此具备相关专业知识或在翻译前恶补有关专业知识或背景知识就显得特别重要。这些知识应该包括语言学知识、外国文学知识、国别区域知识、中国文化知识、相关专业及人文社会科学与自然科学知识。

良好的职业道德。各行都有其行规，翻译也不例外。"翻译应遵守其职业道德。如保守秘密、保持中立、准确翻译、避免同行间的不正当竞争等。"（仲伟合，2001）另外，对超出自己能力范围的翻译任务就应直接拒绝接受，以免误人误己。

翻译人员必须具备家国情怀。翻译促进了人类文化交流，更重要的是，翻译推动了国家的生存和发展。透过翻译史，我们获知，每一次翻译高潮的背后，都隐含着具有家国情怀的翻译家们的无私奉献。他们引进新文化、新思潮、新思想，不但使风雨飘零中的祖国转危为安，而且极大地推动了祖国的安全发展和繁荣富强。

团队能力和组织能力。当代的翻译由于时间紧、任务重，需要较强的团队能力和组织能力，相互协调，按时完成翻译任务。专业同传一般都是二至三人一组，一人做 20 分钟左右，另一人再接过来，轮流进行。因此，同传工作不仅要求译员个人素质好，还要求译员之间组成一个和谐的整体，互相配合，圆满完成整个翻译工作。在翻译公司里，组织能力和团队能力更显重要。

上面我们讨论了译者的修养。然而从翻译史角度看，还真有不懂外语的译者，那就是民国时期大名鼎鼎的文学家、翻译家林纾（1852—1924）。他虽不懂外语，但在其懂外语友人的帮助下，凭借其深厚的汉语功底及杂学知识，一生翻译了一百八十多种外国作品，被誉为"把西方文学引进中国的第一人"。所涉及的语言包括英语、法语、西班牙语、俄语等多种语言。但这是在当时特有的历史条件下产生的特殊现象，现在这种情况存在的可能性不大。

第五章 翻译能力的培养

　　能力是完成一项目标或者任务所体现出来的综合素质。什么是翻译能力？国内外学者尚未达成一致意见，即都认为，翻译能力是由一些与翻译相关的能力所构成的，但在具体的划分上，却因研究角度不同认识也不相同。文军（2004）认为，翻译能力是一个译者能胜任翻译工作的主观条件。苗菊（2006）则认为，翻译能力是一种专门的交际能力，包括对翻译技艺、翻译技巧/技能、翻译程序或过程的透彻理解以及指导做什么或如何做等知识。《中国译学大辞典》中，在词典的"翻译能力"词条下，它"指把源语语篇翻译成目的语语言的能力，是译者的双语能力、翻译思维能力、双语文化素质以及技巧运用能力等的综合体现"（方梦之，2011）。沙特尔沃思（Mark Shuttleworth）和考伊（Moira Cowie）（1997）认为，"翻译能力是一种语言（包括诸如文体、文学等）资源，译者可以利用这种资源为翻译中遇到的问题寻求解决方案"；哈蒂姆（Basil Hatim）和玛森（Lan Mason）（1990）认为，翻译能力是一个译者进行成功翻译所必需的知识；Roger T. Bell（1991）认为，翻译能力是译者从事翻译工作必备的知识与技能；西班牙巴塞罗那自治大学翻译能力习得过程和评估小组（PACTE）认为，翻译能力是译者进行翻译所必需的潜在的知识和技能体系，包括陈述性知识和程序性知识两部分，以后者为主；奥艾维斯（Fabio Alves）和贡萨尔维斯（José L. Goncalves）（2004）认为，翻译能力是一个成功的译者所掌握的全部知识、能力和策略的综合，它能够使译者恰当地完成翻译任务。马会娟（2013）经过对国内外翻译能力定义的研究，提出自己对汉英翻译能力模式的构建模式：双语交际能力、翻译专业知识、策略能力、语言外能力（包括主题知识、百科知识和文化能力）和使用查询工具的能力。其中语言交际能力是汉译英能力的核心，翻译专业知识是译者必备的专业能力，策略能力是译者应具备的专业技能，语言外知识是汉译英能力的外围能力，使用查询工具的能力是专业译者的必备能力。

钱春花（2012）运用文献研究、质化研究和实证研究相结合的方法，构建了由内驱能力、知识能力、认知能力、语言能力和行动能力等五个要素所构成的翻译能力体系，并验证了翻译能力五个一级要素之间的驱动关系：内驱动力是译者的内在能力，直接、间接影响其他翻译能力的发展；知识能力、认知能力、语言能力对译者的行动能力具有驱动作用；行动能力是翻译能力的最终体现，受到其他四种能力的正向影响。笔者认为，钱春花构建的五种能力模式比较可取，因为它兼顾了外汉翻译和汉外翻译。

在培养译者翻译能力的教学过程中，不应该只停留在翻译层面上，而应该从课程设置、教学环节和教学方式等着手全面培养心理素养、逻辑能力、创造力、双语能力和翻译过程策划能力等方面构成的学习者综合翻译能力。

　　作为翻译教学的重要内容,翻译能力的培养对于提升翻译教学效果有着十分重要的意义。首先,翻译能力是翻译教学的基础。由于翻译能力是由一系列相关成分所构成的,而这些成分均是翻译教学的重要组成部分,因此,对翻译能力的正确界定,不仅能够增强教学的实践性,更有助于相关翻译原则的确立,并在此基础上将原则融入高校翻译教学大纲,进而推动翻译教学水平的不断提升。其次,对学生翻译能力的培养有助于对翻译教学进行整体规划。由翻译能力的概念分析可知,在翻译教学过程中,不应当仅仅局限于机械性的知识传授,更应当将操作性知识作为翻译教学的主要内容,帮助学生在课堂实践中学习到翻译教学技巧,培养其主动获取知识的能力,最终推进内在知识与具体交际情景的结合,全面提升学生的翻译水平。翻译能力的培养具有非常突出的动态性,是译者将新知识纳入原有知识体系的不断积累,因此,提高翻译能力不仅是翻译水平的短期性提升,而应在学生知识水平和语言能力的基础上,对学生翻译教学进行合理性规划。(赵俊,2019)

第一节　内驱动力

　　内驱动力指从事翻译行为的心理和生理等内部因素,包括责任心、热情、心理素质、求知欲和信心。钱春花(2012)认为,内驱动力是译者的内在能力,直接、间接影响其他翻译能力的发展。

黄慰愿在其博客谈到了译者责任心问题,试图说明一个事情的两个方面:好的译著除了传播作者的思想,还让人流连忘返,百读不厌;坏的译著除了误读作者思想(这点,原作者、译书和读者都往往不自知),且造成严重不良后果。

我在蒙特利尔的一家中文书店闲逛,书架上一本安徽文艺出版社出版的《尼采哲理美文集》引起了我的兴趣。打开书,第一篇《论艺术发展的两种精神》由某先生翻译,据说是节自《悲剧的诞生》。这位某先生,如果我没有理解错,正是国内当红的哲学家。

慕名而读,但第一段就把我读得云里雾里了。

"假如我们不仅达到逻辑上的判断,而且达到直觉的直接确定,认为艺术的不断发展,与梦神阿波罗和酒神狄奥尼索斯这两类型有关,正如生育有赖于雌雄两性,在持续的斗争中,只是间或和解;那么,我们对于美学将大有贡献。这两个名词,我们假借自古希腊人,它们使得明敏的心灵能领悟到希腊艺术观的深奥的秘仪。"

什么叫"达到判断",什么叫"达到确定"? 别说什么"美文",这是中文吗?

我不懂德文,无法知道尼采的原文是怎么说的。后来我找了英文本,发现不比中译本更让我为难。英文本是这样的。

We will have achieved much for the study of aesthetics when we come, not merely to a logical understanding, but also to the immediately certain apprehension of the fact that the further development of art is bound up with the duality of the Apollonian and the Dionysian, just as reproduction depends upon the duality of the sexes, their continuing strife and only periodically occurring reconciliation. We take these names from the Greeks who gave a clear voice to the profound secret teachings of their contemplative art, not in ideas, but in the powerfully clear forms of their divine world.

如果让我试着翻译成中文,虽然文采不好,但我至少能让中国人在字面上读通读懂。

"正如繁殖依赖于性别之间的持续冲突与间歇和谐一样,艺术的进一步发展肯定受到了阿波罗神和狄奥尼索斯神这两重性的极大影响。如果我们不仅能从逻辑上去理解,而且能够在直观上去领会这一事实,那么我们对于美学的研究将会有更大的成就。我们在这里引用的是古希腊人创造的名词,他们以一种强力明白的神学表达方式,清楚地表达了希腊宗教艺术的深奥教义。"

经常听人说,哲学是深奥难懂的。尼采是个哲学家,他的话不好理解,这也是事实。但对照阅读英文版的尼采和某先生的这篇译文,就可以知道,中文读者阅读国外哲学家思想之困难,很多只是翻译的问题。其中也许有翻译者急功近利、懒得对译文的表述方式推敲考究等问题,但深层原因应该是翻译者对原文的不求甚解和对作者读者的缺乏责任心。

(http://blog.sina.com.cn/s/blog_ee3adcfb0102wakp.html)

　　热情,指人参与活动或对待别人所表现出来的热烈、积极、主动、友好的情感或态度。它是与人生观、价值观有关联的,是一个人态度、兴趣的表现。译者所生活的时代和环境、所受教育的方式和内容等背景对译者的价值观、人生观的形成产生重要影响,进而影响到他们的翻译行为。例如,在鸦片战争之后,以魏源、严复为代表的爱国人士主张学习西方先进的科技和文化,翻译引进了《天演论》等西方著作,希望用新的思想来达到教化国民的目的。这些家国情怀在翻译教学中都能激发学生对翻译的热情。

　　一名优秀的翻译是应该具备良好的心理素质的。笔译会遇到一些难以逾越的难题和挑战,口译工作更甚。因为翻译现场活动是多样的,是极具有挑战性的,所以译员在翻译的过程中肯定会有很多不可预见的问题出现,就算是高水平的译者也会遇到一些较棘手的问题和困惑,所以这个时候就需要译员能够具有良好的心理素质,处变不惊,反应敏锐,能够处理的一切突发信息。在口译教学中,尤其要注重对心理抗压能力的培养。心理素质是指口译员应对复杂工作环境时心理自我调整的能力。在高压的环境下工作,口译员会面对很多困难,如经验不足、听众的批评或挑剔造成的怯场、工作时间过长或者工作内容单调乏味等,这些都会引起心理疲劳,极易产生焦虑情绪。心理因素对译员口译策略的选择起直接的、整体的、交互影响的作用。在课堂教学中,帮助学生增强自信心,采取最佳方式对待焦虑心理。

　　翻译应具有较强的求知欲。知识是无穷的,想要永远保持良好的翻译工作状态,就必须活到老,学到老。

信心,也称为自信心,对一个人很重要,拥有自信可以让自己更乐观,通常自信的人都有一个奋发向上、不屈不挠的精神,做事比一般人更容易获得成功,可以说,拥有自信心就意味着已经成功了一半。信心是可以培养的,比如多鼓励,适当给点压力等。

第二节　知识能力

知识能力指与翻译相关的文化、社会和语言等知识,包括文化、社会知识、时代知识和审美。(钱春花,2012)

一、文化知识

人们利用语言交流,离不开交流者所处社会的文化因素影响。就翻译实践而言,语言的文化寓意给译者造成的实际困难和问题,大多涉及的是不同民族的社会习俗、思维习惯、对事物的认知方式等在语言表达上的体现。这些文化因素蕴藏于引申出的文化内核,是体现语言文化功能的最为本质的东西。请看一下例句。

原文:She has always been an idealist. So you can understand why she turned down a good job offer to work among refugee immigrants and low-income groups after she got her degree in social studies.

译文:她一向追求自己的理想。因此,可以理解,她得到社会学学位后,拒绝了一项很不错的工作,却到逃难来美国的移民中和低收入阶层去工作。

(白靖宇例句)

剖析:"她"是一个"理想主义者"。然而汉语中用"唯心主义"来表达"idealist"。而且在汉语中,"唯心主义"与"唯物主义"相对立,前者是受到批评的一种观念。如果不注意这一社会文化差异,就会出现误译。

原文:You are quite wrong... in supposing that I have any call... to wear the willow... Miss Windsor... never has been to me more than a bubble. (R. Blackmore, *Tommy Upmore*)

译文:如果你以为我必须为失去自己心爱的人而悲伤,……那你就大错特错了……温莎小姐……对我来说,从来都是无足轻重的。

(包惠南例句)

剖析:"willow"是柳树。在汉文化中由于柳树在早春发芽,常用于喻指春天的来临和春光的明媚;又由于"柳"同"留"同音,古人常借柳树来抒发离别思念之情。但在西方文化中,"to wear the willow"有"痛失心爱的人,思念亲人"之意。这种联想意义在汉文化中是没有的,翻译时必须直译加注或意译。

原文:The thick carpet killed the sound of his footsteps.

译文:他走在厚厚的地毯上,一点脚步声都没有。

剖析:如果按照英文结构译成:"厚厚的地毯消灭了他的脚步声",岂不怪哉!因此在英汉互译中就必须进行相应的主客体转换,才能使译文更地道,更加符合各自的思维习惯和语言表达方式。

二、社会知识

这一部分主要涉及意识形态、赞助人、诗学等对翻译的能力培养的影响。这是课堂讲述中不可缺少的部分。

美国比较文学和翻译理论家勒菲弗尔从比较文学和比较文化的角度进一步发展了操纵理论。操纵一般是指对原作的翻译、改写、编纂、批评和编辑等多种工作和调整过程。操纵型学者对文学翻译没有采用规定性和评价性的方法(翻译要达到什么样的标准要求和效果),因为他们知道文学翻译是不可能实现的。他们客观地比较了不同的译文,描述了不同因素对原文的不同操纵,研究了译文在目的语中的可接受性。操纵理论反映了学者对翻译研究的客观态度,承认翻译活动的不对等性,摒弃制定翻译标准的教条式方法,打破以原文为评价标准的传统思维,着重考察造成翻译不对等的社会文化因素。他们虽然没有提出一套运筹帷幄的翻译策略,但对译者的翻译策略进行了尝试性的解释,为译者的翻译策略提供了令人信服的理论依据。翻译操纵论认为,翻译是操纵,它是由意识形态、诗学以及赞助人三种操纵因素相互作用而获得的。意识形态决定了译者对源语文化的基本翻译策略和翻译过程;诗学观影响了译者对文学艺术的阐释;赞助人对翻译活动的走向、翻译学的发展前景以及对译者的影响都产生了重要的影响。(黄明娟,2020)

第一,意识形态。勒菲弗尔认为,翻译活动是在对原文的某种形式的意识形态(包含传统、惯例、信仰等)操控下进行的。翻译不仅依赖语言文化,更重要的是达到意识形态的预期(Lefevere,2004)。意识形态作为三者中主要因素,既独立存在,又体现在诗学和赞助人之中,对翻译活动起着引领作用。我国作为社会主义国家,马克思列宁主义和中国特色社会主义思想是和党的主张与人民的意愿与利益相统一的。我国翻译事业应以此思想为导向,增强意识形态领域的主导权和话语权,积极构建有力的话语体系,守好意识形态阵地,从而更好地为中国特色社会主义事业服务。

中华人民共和国成立初期,大量苏联文学作品进入我国,如梅益翻译的《钢铁是怎样炼成的》、叶水夫翻译的《青年近卫军》、李俍民翻译的《苏联少年英雄柯季克》和《牛虻》等。同时,这些翻译作品在国内的传播反过来促进了人们对马克思列宁主义、无产阶级革命观、社会主义思想的坚定信念,对巩固当时的国内意识形态、保持思想统一、守好思想阵地、带好人民队伍、维护国内和平稳定发挥积极作用。当前中国特色社会主义进入了新时代,翻译作为与我党意识形态密切相关的事业也同样进入了新的时代。新时代的翻译水平之高、范围之广,以及规模之大都是以往任何历史时期不能比拟的。但是,翻译在意识形态领域也出现了较多新问题。一些西方不良思想借助翻译渗透到我国意识形态,给我国政治、经济、文化领域的稳定发展造成负面影响。其中负面影响较大的有新自由主义思想、民粹主义思想以及历史虚无主义思想。这些通过翻译进入国内的不良思潮不仅危及意识形态统一,还影响社会发展。我在开展翻译活动时一定要有所选择,有所批判,了解其在思想领域的多重影响和深刻内涵,坚守意识形态阵地,汲取历史经验教训。因此,我们应当牢牢把握好翻译工作的意识形态问题,创建一元引领多元的良好局面,并以社会主义核心价值观引领翻译发展方向,推动翻译领域供给侧结构改革。只要我们坚持翻译为人民服务,为社会主义服务,更好满足人们日益增长的美好生活需求,就一定能为两个一百年伟大目标的实现在思想文化领域提供可靠的翻译保证。(石易良,2018)

第二,赞助人。在勒菲弗尔看来赞助人是"有权势的人或机构,能促进或阻碍文学阅读、文学创作和文学改写"(Lefevere,2006:15)。具体而言,指的是"促进或者阻碍文学的阅读,写作和重写的权力的人或者机构,例如个人或团体、教组织、政党、社会阶层、宫廷、出版社,以及报章杂志,电视台等传播媒介"。(陈德鸿、张南峰,2000)

重庆抗战时期翻译活动的赞助人主要是抗战文艺界的社会团体,报纸刊物以及文艺知识分子等。这些赞助人充分利用自身的社会号召力组织鼓励重庆文学翻译活动的开展。可以说,这些"赞助人"对抗战时期的重庆文学翻译活动产生了巨大的影响,尤其是推动中外抗战文学作品交流方面,取得了显著成效。这一时期的翻译赞助者前所未有地团结一致,积极引导译介反战文学作品,为译作提供出版平台,引导舆论风向,将主流意识形态充分融入翻译实践中。这一时期有不少文学作品被译介到外国,不可或缺的赞助力量就是抗战文艺界团体、文艺人士、出版机构以及政府机关等。重庆的报纸期刊发表了很多鼓励中国抗战文艺与世界反法西斯文学交流的文章,如《翻译抗战文艺到外国去的重要性》《关于翻译作品到外国去》等,对中国文学作品外译起到了重要的引导作用。(余金燕,2015)

如下例句——

原文:(常四爷对王利发抱怨)(我也得罪了他?)我今天出门没挑好日子!

（《茶馆》第一幕）

译文1:This is my lucky day!（英若诚译）

译文2:I should have taken the Almanacs advice and staved home today.（霍华译）

剖析:英若诚将"没挑好日子"译成"This is my lucky day",很大原因是他的译本出版社为中国对外出版社,他为了更适用于外国读者的传统、习惯,以此便于外国读者接受。而霍华基于对中国传统文化的理解,知道这就是中国人平时口头说的"出门要看皇历"的意思,故译成"take the Almanacs advice and stave home",更多的忠实于中国传统文化内涵。

最后来探讨一下诗学。在操纵派中,"诗学"有两个组成部分:"文学要素,包括文学手段、文学样式、主题、原型人物、情节和象征等;功能要素,在社会系统中,文学起到什么样的作用,或应该起到什么作用。"(刘军平,2009)后者与诗学范畴之外的意识形态影响密切相关,是在文学体系背景下由各种意识力量产生的(Lefevere,2004),决定了文学作品在题材选择上必须与社会制度相联系,才能引起大众的关注。如下例句——

原文:美国针、美国线、美国牙膏、美国消炎片。还有口红、雪花膏、玻璃袜子细毛线。

(《茶馆》第三幕)

译文 1:Yankee needles, Yankee thread; Toothpaste white and lipstick red.

Patent potions, facial lotions; Nylons sheer, you'll find here. (英若诚译)

译文 2:Yankee needles, Yankee notions, Yankee toothpaste, Yankee potions.

Lipsticks red, and cold cream white; Nylon stockings, sheer delight. (霍华译)

剖析:对比这两个译文,我们可以发现英若诚为了更加符合英语诗歌中的韵律,使整首小曲读起来朗朗上口,将原文的结构意思拆分然后重组,更多地采用归化的翻译策略,以期达到和原文一样的韵律节奏。而霍华基于对中国文化的热爱,受中国传统文学影响,在译文中更多的还是忠实原文,将整首小曲按原文顺序翻译出来,从中可以看出霍华翻译大多基于异化的翻译策略,以此真实再现原语文本中的文化诗学层面。

原文:(我们村里一个九十二岁的老太太对我说:)"东北乡,人万千,阵势列在墨河边。余司令,阵前站,一举手炮声连环。东洋鬼子魂儿散,纷纷落在地平川。女中魁首戴凤莲,花容月貌巧机关,调来铁耙摆连环,挡住鬼子不能前……"

(莫言,2013:11)

译文:An old woman of ninety-two sang to me, to the accompaniment of bamboo clappers: "Northeast Gaomi Township, so many men; at Black Water River the battle began; Commander Yu raised his hand, cannon fire to heaven; Jap souls scattered across the plain, ne'er to rise again; the beautiful champion of women, Dai Fenglian, ordered rakes for a barrier, the Jap attack broken …"（Mo Yan,2003） （甘露例句）

剖析：在翻译中，葛浩文用"men""began""heaven""plain""again""women""broken"等词创造了新的韵脚,同时保留了原文工整的句式和短促响亮的节奏,使目的语读者读上去仍然朗朗上口,能体会到与阅读原文一样的神韵,再现了原作的诗学语言特征,真正达到了艺术性和可读性兼具的效果。葛浩文一贯坚持译者应该忠实地传达原文原作者的意图,而不一定是作者写出来的语句,因此,他主张的忠实,应该是意义上的忠实、风格上的忠实、审美上的忠实。

原文:什么干娘、湿娘,我们从来不搞这一套庸俗关系。

译文:Nominal mother, normal mother, those vulgar views of relationships never played a role in our family. （张家玮例句）

剖析:原文中的"干娘、湿娘"译者处理得非常好。"干娘"译为"nominal mother",也就是名义上的母亲。干娘、湿娘可以说是一种文字游戏,在形式上押韵但是在内容上又存在对比,译者在翻译时也充分考虑了这一点,并作出搞笑模仿,使得译文也存在押韵以及对比,体现了自身的专业水准。这符合译者的承诺伦理,即要求译者在各伦理存在冲突矛盾时要学会协调以提供最好的译本,同时要求译者要遵守职业道德,恪守职业操守,不能乱翻瞎翻,要对自己的译文负责。

原文:宝玉亦素喜袭人柔媚娇俏,遂强袭人同领警幻所训云雨之事。袭人素知贾母已将自己与了宝玉的,今便如此,亦不为越礼,遂和宝玉偷试一番,幸得无人撞见。

译文:Since Baoyu had long been attracted by Xiren's gentle, coquettish ways, he urged her to carry out the instructions with him; and as she knew that the Lady Dowager had given her to Baoyu she felt this would not be an undue liberty. So they tried it out secretly together, and luckily they were not discovered.

剖析:在这一译文中,"云雨之事"指的就是男女之间的"性行为"。尽管在西方,尤其是在英语文化中,人们可以公开谈论,但是人们还是喜欢委婉地说之,除上面用 carry out the instructions with 之外,还可见人们用到它们:carry on with、make it with、do it、go to bed with、make love with、sleep with、fix her plumbing、have a person away/off,等等。

原文:I love three things in this world, Sun, Moon and You. Sun for morning, Moon for night and You forever.

(泰戈尔的《飞鸟集》)

译文 1:天地之间,三事吾之所欣:昼则乐日,夜则惜月,一世则恋君。

译文 2:浮世三千,吾爱有三:日、月与卿。日为朝,月为暮,卿为朝朝暮暮。

剖析:原以为英文已经很美了,但看到中文译文,醉了!相比之下,译文 2 更符合汉语言文化的审美观。

三、时代知识

当今世界,科技飞速发展,知识日新月异。这就要求必须具备与时俱进的能力,紧随科技发展,做好科技知识的更新换代。在翻译教学中,就需提高翻译技术的能力。翻译教学与研究(微信公众号 ID:fanyiluntan)曾发表了一篇"你可能不知道的五大翻译技术"的短文,对目前的五大翻译技术做了介绍。

翻译,很多人概念当中可能就是爬格子,对着英文写中文,对着中文写英文。其实,现在的翻译工作,已经和计算机技术的应用高度结合。

不管是计算机辅助储存翻译记忆,还是对各式各样的文本进行工程处理,管理术语和语料,或者高效完成多人团队协作的大项目,还是用机器翻译来处理用途浅显用量巨大的信息,这些技术都已经在翻译工作中发挥着越来越大的作用,而正是这些可能你不知道不熟悉的技术决定了你拿到的稿件的质量。

在信息化时代,翻译技术发展迅猛,极大缓解了传统翻译模式与日益剧增的翻译需求之间的矛盾。

在信息化与全球化的催动下,当今翻译活动的工作领域、工作内容、工作形态以及工作手段已大大超越了传统模式,皆发生了划时代的,革命性的变化(杨平,2012:10),翻译行业可谓正在经历一场数字革命。

信息技术的运用是翻译数字革命的主要特征,主要表现为计算机辅助翻译(CAT)技术、本地化工程技术、语料库技术、翻译协作平台技术、机器翻译技术等的普及。

(一)计算机辅助翻译技术

目前,语言服务需求空前增长,多样化和专业化趋势日益凸显,待译内容和格式越来越复杂。CAT技术使繁重的手工翻译流程趋于自动化,大幅提高了翻译工作的效率和质量。

随着语言技术的不断创新,翻译记忆工具(如 SDL Trados、MemoQ 等)、术语管理工具(如 SDL MultiTerm、CrossTerm、TermStar 等),以及自动 QA 工具(如 QA Distiller、ErrorSpy 等)等 CAT 工具相继出现,且功能愈加强大,逐渐成为现代翻译工作中应用最多的主流工具。

(二)本地化工程技术

信息化给翻译工作带来了巨变,我们正在经历从文本(Text)翻译到超文本(Hyper-Text)翻译、从线性(Linear)翻译到非线性(Non-Linear)翻译、从静态(Static)翻译内容到动态(Dynamic)翻译内容的快速转变过程。

越来越多的软件、网站、E-learning、游戏、手机 APP 等需要推向全球市场,加速了本地化工程和技术的发展(如本地化编译、敏捷测试、多语排版等)。同时,本地化工程和技术工具(如 Alchemy Catalyst、SDL Passolo、Adobe RoboHelp、WebWorks Publisher)等已经在本地化服务客户方和服务商当中得到了普遍应用。

(三)语料库技术

计算机技术的发展和网络技术的普及促使语料库技术迅速发展,职业译员愈加认识到语料库在翻译实践中的重要作用。很多大型语料库或以光盘形式公开发行(如 LLC、COLT 等),或通过网络技术进行资源共享(如 BOE、BNC、TEC、CO-CA 等)。

不少商业公司竞相建设多种双语句库(如有道、句酷、CNKI、Bing、百度等)。据《中国地区译员生存状况调查报告》(传神联合,2007)的统计,80%的译员使用在线查词工具(如爱词霸、中国译典、海词等)。

语料库解决了大规模语料存储的问题,已成为现代译员必不可少的参考资源,译员可随时查询、对比、验证海量的语言资源,提升翻译质量。

(四)翻译协作技术

在信息化时代,爆炸式增长的资讯通常需要快速翻译和多语种即时发布,加速了由个体翻译向协作翻译的转变进程。在互联网技术推波助澜之下,网上交易平台和社交媒体蓬勃发展,语言外包和众包模式迅速蔓延全球。

语言技术提供商纷纷开发出诸如 LingoTek、MemSource Cloud、SDL GroupShare、XTM Cloud 等协作翻译平台。通过协作翻译技术,实现全球化协作和监控,共享语言资产,实现规模化翻译。这已成为当今大型语言服务企业(LSP)主要的业务处理模式。

越来越多的企业采用内外结合的方式,借助全球社区资源在更短的时间内提供更多的语种支持。诸如 OneSky、Rationwork、Textmaster、Translia 等众包翻译平台,将海量的翻译任务迅速碎片化,成为语言服务行业关注的热点(王华树,2013)。

（五）机器翻译技术

信息的激增促使人们对机器翻译（MT）的需求也空前增长，MT 技术在新闻、旅游、商贸、即时通信等多方面得到广泛应用。

由欧盟资助的 MosesCore 开源项目正在全球广泛应用；2010 年底，谷歌与欧洲专利局推出了欧洲多语言之间的专利翻译引擎；SDL 推出了实时自动翻译云平台 BeGlobal；2012 年，微软推出了基于深层神经网络（Deep Neural Network）技术的全自动同声传译系统等。这都体现了 MT 技术广阔的应用前景。

此外，如雨后春笋般涌现的智能语音翻译技术让人们甩掉传统的键盘，随时随地实现口译"自动化"。根据 ProZ. com 发布的《2012 年自由译者行业报告》（State of the Industry：Freelance Translators in 2012），高达 54% 的译者在其翻译相关任务中采用了 MT 技术，工作效率得以大幅提高（ProZ. com，2012）。

云翻译技术

近年来，云计算的快速发展催生了"云翻译"技术，通过互联网技术，将翻译业务、翻译知识库、分散的译员和供应商等资源整合起来，融合全球化的语言信息资源，提供语言服务一体化解决方案，势必会提升语言服务产业的整体生产力水平。

总之，随着信息技术在翻译工作中应用的不断深化，信息化时代的翻译工作呈现出了各种技术特征，要求译员必须具备综合的翻译技术能力，才能胜任信息化时代的语言服务工作。

（http://www.talkingchina.com/info/info_95.html）

在教材的编撰方面，已取得不错的成绩，如由［美国］Quah C. K. 著、上海外语教育出版社出版 2008 年出版的《翻译与技术》，由王华树主编、由商务印书馆和上海外语音像出版社 2017 年合作出版的《翻译技术教程》，由王华树、李莹主编，世界图书出版社 2019 年出版的《翻译技术简明教程》等。

在人工智能时代，译员应该保持与时俱进的态度，除了努力培养自己在传统翻译中应具备的基本素养，还应当认识到传统翻译正在受到人工智能的挑战与威胁，保持开放的心态，学习了解全翻译链的翻译技术。

王华树（2021）认为，虽然《翻译专业本科教学指南》将"翻译技术"列为翻译专业的核心课程，翻译技术教学已经成为翻译教育体系的重要内容。他通过问卷调查和访谈方式调研了全国 434 所高校的翻译技术教学现状，结果表明翻译技术教学存在课程建设滞后、教学资源不足、教学方法陈旧、教学环境落后、教学评价单一、教学研究薄弱等诸多问题。他基于《翻译专业本科教学指南》的指导建议，针对翻译技术教学问题提出对策，以期促进新时代翻译技术教育发展。这些对策：①加强课程建设，优化课程体系；②重视师资发展，提升教学能力；③完善教学评价，助力深度学习；④改善教学环境，促进技教融合；⑤加大科研力度，实现教研共进等。

第三节　认知能力

认知能力指翻译中的加工、储存、创造等能力,包括创新、推理、记忆、联想、注意、接纳、比较。(钱春花,2012)认知翻译学是建立在认知语言学和认知心理学的基础之上,以体验认知哲学为中心,是翻译研究的新转型和新模式。(李永红,2019)以认知翻译理论为导向,从翻译意识、跨文化交际意识、翻译策略能力,翻译转换能力以及生理—心理能力几个方面探讨本科翻译教学的具体操作方法,同时指出培养学生的翻译思维模式是翻译教学的主要任务。(李永红,2019)认为,提高翻译的认知能力可通过以下方式。

1. 树立翻译意识:理论引导为主。让学生树立翻译意识非常必要,让学生从思想上接受翻译的特殊性和翻译的规律性有助于接下来每一步的翻译教学。在翻译实践之前进行翻译理论的引导非常必要,要不然就无法回答下面的问题什么是翻译？翻译要解决的问题是什么？翻译的本质是什么？翻译的程序是什么？以及翻译要达到的目的是什么？

2. 建立跨文化交际的意识:语言和文化转化意识。跨文化交流意识是翻译教学一个最好的培养途径。翻译教学中培养跨文化交际意识可在语言和文化两个层面进行。语言层面主要是从两种语言的比较出发,让学生从词、句、段、篇四个方面比较两种语言的异同,使学生能了解不同语言人群的思维差异和文化价值观的不同,这有助于学生在翻译过程中进行必要的思维切换,从而获取一个更加贴切和准确的译文。

3.培养翻译思维模式:策略选择能力和转换能力。策略能力是指译者在不同文本中采用不同的翻译方法和策略的能力,包括评估、计划和执行。具体到翻译教学中就是各种翻译方法和技巧的学习、实践。让学生从具体的翻译实践中去体会各种翻译技巧和方法,通过训练和总结,学生可以慢慢地调整翻译思路,锻炼自己的翻译思维,最终形成一个新的翻译思维模式:阅读评估原文的难点—计划采取的翻译策略、执行策略,并不断修正。因为帮助学生树立这种翻译思维模式是翻译课教学的重点,也是难点,但却必不可少。

4.锻炼生理—心理能力。生理能力强调的是译员的身体状况能否承受高强度的翻译工作,心理态度是译员的职业道德和责任心、对翻译任务的重视度、自我完善的动机、必要的职业好奇心理、毅力、自信心和批判精神等,这也是译员完成翻译任务的必要保障。同时,该能力还包括与翻译公司的合作能力,沟通协调能力。生理—心理能力是翻译得以完成的物质保障和心理保障,通过 workshop 等小型翻译合作项目让学生逐步适应这种翻译的强度和方式。

上述的四个方面的锻炼是本科翻译教学中培养学生翻译思维模式的有机组成部分,而翻译思维模式则是翻译教学成败的一个关键。因此,在翻译实践教学中,教师要充分发挥引导者和赋能者的角色,充分调动学生的思维广度和深度,课堂不是给学生一个死板的准确的参考译文,而是给他们努力的方向途径,只有通过自己的领悟和探索方能到达翻译的彼岸。下面举例说明。

原文：If she had long lost the blue－eyed，flower－like charm. The cool slim purity of face and form, the apple-blossom coloring which has so swiftly and oddly affected Ashurst twenty-six years ago，she was still at forty-three a comely and a faithful companion，whose cheeks were faintly mottled，and those grey-blue eyes had acquired a certain fullness. (《新世纪大学英汉翻译教程》，第209—210页)

译文1：26年前，她那蓝眼睛、花儿般的魅力，脸蛋儿和身段的那种玉洁冰清的秀气，还有那苹果花似的脸色，曾经让Ashurst一见倾心。这些虽已成了往事，然而，43岁的她，依然是一个眉清目秀的忠实的伴侣，尽管她的双颊隐约露出了些斑点，尽管她的灰蓝色的眼睛已经有些浮肿。(《新世纪大学英汉翻译教程》，第466页)

译文2：26年前，她那湛蓝的眼睛，芬芳的魅力，纯洁秀气的脸庞，苗条标致的身段，像苹果花儿一样柔白细嫩的肌肤，曾经让Ashurst一见倾心。这些虽已成了往事，然而43岁的她，依然是一个优雅而忠实的伴侣，尽管她的双颊隐约显出些斑点，尽管她的蓝色眼睛早已不再清澈甚至有些浮肿。

剖析：提倡复译，有效改善翻译认知结构，因为由于译者自身认知结构的限制，其译文总有这样或那样的不足。译文1中诸如"玉洁冰清的秀气""苹果花似的脸色""眉清目秀的忠实的伴侣""露出了些斑点"等用词就不是很妥当，因为没有充分考虑少女和中年妇女的特点。译文2就有效解决了这一问题，既通顺流畅，又照顾到了少女和妇女的特点。

构建良好的翻译认知结构对翻译学习具有重要作用。已经形成的良好的翻译认知结构是后续翻译学习和实践的核心条件,因此形成良好的翻译认知结构是翻译学习的核心任务。依据认知建构理论,翻译教学过程中必须以学生为中心。学生是教学活动的积极参与者和知识的积极建构者,而教师仅是学生建构知识的忠实支持者、积极帮助者和引导者。因此,在翻译教学中,教师应努力创设有关学习情境,设计多类型、多层次的学生活动,通过学生的交流、合作和讨论,不断完善其翻译知识结构和能力结构,以提高学生的翻译能力。(向荣,2006)

第四节　语言能力

语言能力指对语言的掌握、运用、生成等能力。(钱春花,2012)译者的语言能力,是指译者对与翻译相关的两种或多种语言的了解以及运用这些语言的能力。译者的工作要在至少两种语言之间进行转化,因此必须具备过硬的双语功底。译者的双语能力不仅指通晓基本语言知识,如语音语调、语法结构、词汇语义等知识,更重要的是要掌握如何运用听、说、读、写、译等语言知识的技能。此外,译者还应该了解各种文体或语体风格和语用功能,掌握一定数量的术语、委婉语、习语、略语、诗词等的翻译方法。

知识能力中的语言能力具有三个单项能力,即词语搭配能力、写好句子的能力和篇章能力。(马会娟,2013)下面举例说明。

原文:八段锦是由八种不同动作组成的运动,故**名**"八段"。因为这种健身运动可以**强**身**益**寿,**祛**病**除**疾,其效果甚佳,有如**展示**给人们一幅绚丽多彩的锦缎,故**称为**"锦"。由于八段锦不受环境场地**限制**,随时随地可**做**,术式简单**易**记**易**学,运动量适中,老少皆宜,既可以**强**身**保**健,又可**用于**多种慢性病的康复。故一直**流传**至今,仍是广大群众所**喜爱**的健身方法。

译文:Eight-section brocade <u>consists</u> of eight different movements, hence the name " eight-section". This gymnastic activity <u>is</u> good for <u>promotion</u> of health, <u>prolongation</u> of life and <u>elimination</u> of diseases. Its effect <u>is</u> very excellent, just as if a piece of bright and colorful brocade <u>presents</u> itself before people's eyes, hence the name "brocade". Practicing eight-section brocade <u>is not limited</u> by the surroundings and places. Thus, it <u>can be performed</u> at any time and in any place. Besides, the postures are easy for <u>memorization</u> and <u>learning</u>, with a moderate amount of exercise. The exercise is suitable for both the old and the young. It <u>is</u> not only <u>used</u> for <u>promotion</u> of health, but also for the<u>rehabilitation</u> of many chronic diseases. Accordingly, eight-section brocade <u>has been handed down</u> from ancient times to the present and still <u>has been</u> the popular keep-fit method among the vast number of the Chinese masses.

（李永安例句）

剖析:该汉语例句包含有 18 个动词。在英语译文中,只用了 8 个实意动词,其余动词技巧性地转换为名词,符合汉语多动词,英语多名词的特征。

原文:When he was drunk, he used to beat his wife and daughter; and the next morning, with a headache, he would rail at the world for its neglect of his genius, and abuse, with a good deal of cleverness, and sometimes with perfect reason, the fools, his brother painters.

译文1:他喝醉酒的时候,常常打妻子和女儿;第二天早晨,带着头痛,他就会抱怨这个世界忽视其才华,并且带着尖刻,有时还带着充分的理由,痛骂那些白痴,他的同行画家们。

译文2:他一喝醉酒,就会打老婆孩子。第二天早晨,他便会头痛,抱怨世人不识其才华,辱骂国画同行都是白痴。他的话很尖刻,但有时也很有道理。

(李靖民例句)

剖析:英语原文可以在单句的层面上反映出英语的构形规约与传意方法之间的表达关系。英语造句讲究形式结构,却并不十分拘泥于承载某一层具体信息的语言实体是什么,可以使各种各样的词、短语、分句等,而且并不以这些语言实体在语法上的主与从来确定其所承载信息的主与次,它们可以出现在句中的各个位置,因人而异,十分灵活。那么,对于英语为非母语的译者而言,在翻译时就应当特别关注英语原文里用来扩展句子的几个语言实体"with a headache""with a good deal of cleverness"和"with perfect reason"。从形式结构上看,它们都是介词短语,句子里起到状语的语法作用。但是,从信息传递的角度分析,这三个语言实体分别承载了一层信息,而且并没有因为它们在句中的语言地位及作用而影响到它们所承载信息的层次地位和相互之间的逻辑关系。

很明显,译文 2 并没有受到原文语法成分及其主与从的干扰,特别关注了句中的这几个介词短语,分别把它们看作承载这一层信息的语言实体,而且在汉语译文里与它们相应的语言实体("他便会头痛""他的话很尖刻""很有道理")摆到了应有的层次地位。在厘清句中各个语言实体所承载信息之间的逻辑关系的基础上,译者根据汉语使用者的表达习惯,把它们按照逻辑事理的循序铺排开来:"喝醉酒"(缘由);"打老婆孩子"(后果一);"头痛""发牢骚及辱骂同行"(后果二:两层信息之间是并列的关系);"说的话很尖刻""有时也很有道理"(议论:两层信息之间是让步的关系),使译文通顺流畅、层次清楚、逻辑通达、语意连贯,把原文里描述的"he"借酒浇愁之后的生理反应及亢奋行为,以及作者对其所言做的评论,比较恰当而生动地再现在汉语译文读者面前。

译文存在的主要问题,就在于译者忽略了英语的构形规约与传意方法之间的表达关系,停留在英语原文的语法结构及句子成分上,不能合理地分界句中用来承载各层信息的语言实体,尤其是其中分别承载了一层信息的几个介词短语,因而无法充分而准确地获取这些语言实体承载的信息,更谈不上厘清它们之间的逻辑关系,致使译文不符合汉语使用者的表达习惯,信息层次混乱,主次安排不当,意思表达得不清楚,与英语原文的表达效果相去甚远。如下例句。

原文:再执着的人,也不至于将清洁、卫生这些人类共同的基本价值观去作为反全球化的理由。

译文 1:However stubborn one is, he may not go so far as to

regard as an excuse for his anti-globalization sentiment the common basic values of humanity such as sanitation.

译文2:No one will go as far as to set the common values of humanity, such as sanitation, against globalization, however dedicated to it he may be.

(马会娟例句)

剖析:译文 1 不论是从字词还是句式上都拘泥于汉语原文,句子冗长。而且,疑问在句子的安排上也看不出所强调的重点是什么、在哪里。相比而言,译文 2 在语义结构上就更为自然一些,既准确地表达了原文的意思,突出了句子的重点,又符合英语表达习惯,读起来流畅自然。

原文:爹爹接下去说:"所以你们要像花生,因为它是可用的,不是伟大、好看的东西。"我说:"那么,人要做有用的人,不要做伟大、体面的人了。"

译文1:"So you must take after peanuts,"Father continued, "because they're useful though not great and nice-looking."

"Then you mean one should be useful rather than great and nice-looking,"I said. (张培基译)

译文2:"So you should all try to be like the peanut, because it is neither grand nor beautiful, but useful."

"Does that mean that people should try to be useful rather than famous or great?"I asked. (Alison Bailey 译)

(马会娟例句)

剖析:原文选自许地山的散文《落花生》。这里父亲借物喻人,希望孩子们做有用的人,不要做表面上"伟大、体面"的人。"我"的文化表明了还对父亲话语的正确理解。比较两个译文,可以发现译文 1 两次使用"great and nice-looking",不仅使英语读者觉得孩子的问话极为幼稚(只是简单重复父亲的话),也使译文显得啰唆累赘;而译文 2 中父亲用"neither grand nor beautiful"来形容花生,孩子则用"famous or great"来表明对父亲的话的理解(从词语使用的语域上来说,英译文似乎比原文更好地体现了父亲和孩子语言上的不通),准确生动地传达了原文的意义和不同人物说话的特点。

从语言发生学和类型学角度看,英语和汉语分别属于印欧语系和汉藏语系,汉语是语义型、音足型语言,而英语是形态型、形足型语言。从语法特征视角看,汉语语法是隐性的、柔性的,而英语语法是显性的、刚性的;从宏观的语序上来说,汉语注重逻辑律、音韵律,而英语则注重形态律、贴近律;从话语的组织法来说,汉语重意合,而英语则重形合;从语言心理来看,汉语讲究悟性,重主题意识、整体思维,而英语则讲究理性,重客体意识、个性思维;从篇章修辞来说,汉语语篇开头更多地考虑为全篇所表现的主旨及质料定调,重视文章题材,题材不同,则风格不同;而英语语篇一般要求点明文章的主题或目的,并规定文章的展开方式,注重吸引读者的阅读兴趣;从交际所使用的语用策略来说,汉语文化背景的人往往采用贬己尊人的策略来表示礼貌,而英语文化背景的人则喜用迎合、取悦对方的策略来表示礼貌等。英汉两种语言的上述巨大差异给翻译造成了重重障碍和困难,为了使翻译达到预期的交际效果,英汉语言互译过程从本质上说就是改写过程。(蒙兴灿,2007)

苏曼殊在翻译雨果的《悲惨世界》时，就将原作所有的词组或章节标题全部替换成章回小说的分回标题，且每节都以"却说""话说"开头，以"欲知后事如何，且听下回分解"结尾。章回小说的语篇标记应有尽有。这种改写策略无疑与当时社会的审美规范或翻译诗学一致，目的是适应汉语读者的审美期待。虽为改写，但从接受美学看却是可以理解的。中美在意识形态方面差别很大。美国虽然号称新闻完全自由，报道讲究真实、公正，但通过阅读，我们发现美国的主流媒体如《时代》《新闻周刊》等，在关于中国的新闻报道中往往有损华和抑华倾向。为了使对华观点或意识形态能有效地影响中国的英汉双语读者，他们在表达有中国特色的语汇时，尽量保持汉语特色，以亲近中国读者，获得他们的好感。(蒙兴灿，2007)

第五节　行动能力

行动能力则指通过有效策略实现语言的转换，包括对策、策划、技巧、资源使用、加工和提炼。(钱春花，2012)认为，行动能力是翻译能力的最终体现，受到其他四种能力的正向影响。

要实现语言转换，除了要了解翻译的原则与策略(参见4.3 翻译原则和策略)，还需要了解翻译的方法与技巧。"方法"是属于"策略"之下的一个范畴，其关系如下：某种翻译策略的实施会体现在某种特定翻译方法的运用上，而某种特定翻译方法的运用则需依据一定的翻译策略。也就是说，归化、异化这两大策略各自包含一些翻译方法；这些方法是翻译安全生产所必须采取的，是翻译原则"求同存异，入乡随俗，共建人类文化交流命运共同体"在翻译生产实践中的具体体现。时下，翻译技巧教学有被边缘化的倾向，笔者认为，翻译技巧教学理应回归其应有的地位。

一　翻译方法

归化策略下的翻译方法由意译、仿译、改意和创译，异化策略下的翻译方法有直译、音逐词译和零翻译。

1. 意译

所谓意译(liberal translation, free translation)是翻译安全生产中常用的翻译方法，就是只保持原文内容，不保持原文形式的翻译方法。也就是说，意译主要从意义出发，只要求将原文大意表达出来，不需过分注重细节，但要求译文自然流畅，属"求同存异，入乡随俗"在翻译生产实践中的贯彻执行。如下例句。

原文：义乌不扫，何以扫天下！

译文：Once buy here, won't go anywhere！

剖析：原文借用成语"一屋不扫何以扫天下"，表达义乌享有"买全球卖全球"的美称。译文押韵达意，朗朗上口，激发人们无限遐思。堪称翻译安全生产的经典之作。

2. 仿译

翻译安全生产中所谓的仿译(imitation)指的是不拘泥于原文的意义细节和词句结构，而只把原文作为参照物，译出其要旨或关键信息,并可适当增添与原文有关信息;也可以古今中外名言名句为依托,基本上保持原句的句式,或偶尔也会更换句中的部分词语以产生特定的表达效果,也属"求同存异,入乡随俗"原则的具体执行。如下例句:

原文:水映山容,使山容益添秀媚;山清水秀,使山色更显柔情。有诗云:岸上湖中各自奇,山觞水酌两皆宜。只言游舫浑如画,身在画中原不知。

译文:The hills overshadow the lake, and the lake reflects the hills. They are in perfect harmony and more beautiful than a picture.

(熊兵例句)

剖析:这是一景区描写。该译文是在充分理解原文的基础上进行的再度创作,抓住了原文的主旨,符合译语读者的阅读及审美习惯,是翻译的安全生产与译语读者的接受习惯的完美结合,是翻译安全产出的典范。

原文:To Arm or Not to Arm, That Is the Question

译文:要不要配枪,这是个问题

剖析:这句话的本体来自西方妇孺皆知的著名戏剧作家莎士比亚《哈姆雷特》作品中的独白:To be or not to be, that's a question(生存还是死亡,这是个问题)。通过对该句的模仿,使得该新闻标题更加鲜明、醒目,不仅能够反映英国政府尴尬的境地及其矛盾心情,还警示人们配枪是关乎生死的重大的问题。真是画龙点睛之笔!

3. 改译

与仿译不同,翻译安全生产中所讲的改译(adapted translation)则是为了达到特殊目的(如意识形态等)或满足特定读者的需求而对原文内容所作的修改,这主要还是强调"求同存异"。如下例句:

原文:China Snares 16 Generals for Graft as Xi Widens Military Probe

译文:解放军"自曝家丑"彰显反腐决心

（皮雅馨例句）

剖析:在处理这一标题时,译者以"彰显"与"决心"向我国读者传递了正确的舆论导向,从而淡化了原标题中呈现的落马将领数量。

原文:China wages a quiet war of maps with its neighbors

（《华盛顿邮报》2013-02-15）

译文:中国围绕岛争悄然打响"文献战"

（《参考消息》2013-02-18）

剖析:很明显,译文褒扬文献考证活动,力求证明己方立场,将原文中貌似中立却隐含指责消解于无形。

4. 创译

翻译安全生产中所使用的创译(transcreation),即创造性翻译,是针对特定目标受众而进行的内容再创作或调适,而不仅仅是翻译现有素材,它包括文案写作、图像选择、字体改换以及为适应信息接收者需要而进行的其他内容转换。它同与原文还有一些关联的改译不同,其在形、意上与原文几乎没有关联,但其语言文化功能上的对等,这是"入乡随俗"的具体应用。如下例句:

原文:"北京欢迎你"

译文："We are ready"

原文译为解析："北京欢迎你"是 2008 年北京奥运会的口号,被创造性地译成"We are ready"。此译堪称经典,简单易记,朗朗上口,即表明我国已做好了充分的准备,也凸显了我国迎接挑战和考验的自信心。

原文:Since the beginning of time man has used two stones to start fire. (戴比尔斯公司)

译文:火之源,钻之缘。

(王传英例句)

剖析:原文为世界钻石业巨头戴比尔斯的宣传语。其汉译是将其产品用途和特性与华人姻缘文化完美结合的范例。

5. 直译

所谓直译(literal translation)就是既保持原文内容,又保持原文形式的翻译方法。这在翻译安全生产中堪称完美的方法。如下例句。

原文:全面把握中国特色社会主义进入新时代的新要求,不断提高党和国家事业发展水平。中国特色社会主义进入了新时代,这是我国发展新的历史方位。党的十八大以来,在新中国成立特别是改革开放以来取得重大成就的基础上,我国发展站到了新的历史起点上,中国特色社会主义事业进入了新的发展阶段。(摘自习近平在党的十九届一中全会上的讲话,2017 年 10 月 25 日)

译文:We should fully understand the new requirements of socialism with Chinese characteristics in the new era, and constantly strengthen all undertakings of the Party and the state. This new era will have an important historic bearing on China's future. Since the 18th CPC National Congress in 2012, based on the great achievements made after the founding of the PRC in 1949, and especially after the launch of the reform and opening—up policy in 1978, China has reached a new historic starting point, and Chinese socialism has entered a new stage. (from the speech at the First Plenary Session of the 19th CPC Central Committee, October 25, 2017)

剖析:原文虽长,但其内容是按逻辑关系排列,这与汉语表达习惯较为一致,因此翻译时可直接按原文顺序译出,堪称绝佳。此法简单明了,容易产生源语读者和译语读者的共鸣,从而达到翻译安全生产的目的,实现了"求同"。

6. 音译

音译(transliteration)是一种以源语读音为依据的翻译形式,一般根据源语内容的发音在目标语言中寻找发音相近的内容进行替代翻译。这是翻译安全生产中常见的译法之一。音译通常用于姓名、企业、地名、国名,以及民族特色词等专有名词等的翻译,这是"求同"。如下面几个意译无法表达其原意的民族特色词的翻译。

关系　guanxi

不折腾　buzheteng

北斗系统　Beidou system

剖析:有些源语词在译入语中存在语义空白,即无法从词汇、语意转换的情况下,可从语音转换入手。这种常见的翻译安全生产译法简单有效,但不得滥用,也就是说,是不得已而为之。

7. 逐词译

逐字翻译（word-for-word translation）指在翻译中不考虑双语的语言文化差异而进行的词词对译；它不同于直译，是按源语的字面意思一个字一个字地翻译出来，而忽略源语的真正含义。这种译法虽在翻译安全生产中较少使用，但也是"求同"的一种表现。如下例句。

原文：汉语四字成语往往蕴含着丰富而生动的形象，如"鸡毛蒜皮"。如何在翻译中再现其形象对译者来说是个问题。

译文：Chinese four-character set phrases abound in vivid images, e.g. *Jimao Suanpi* (chicken feathers garlic skins). How to reproduce these images may pose a problem for the translators.

（熊兵例句）

剖析：正常情况下，逐字翻译在翻译安全生产中被称为"死译"，是不符合翻译原则的，常遭人病诟。现在此种译法只在特定情况下使用，如用于语言学著作中，用以显示两种语言在词、句、义结构方面的异同，如本例中将"鸡毛蒜皮"逐词译成"chicken feathers garlic skins"。

8. 零翻译

翻译安全生产中的零翻译（zero translation），即不进行任何翻译操作，把源语直接照搬引入。如 WiFi、iPhone、GPS 等。随着全球一体化的发展，在一些科技领域出现了全球共用术语的现象。可以说，零翻译在实践中已广泛应用于科技、商业、网络等领域，而且有逐渐扩大的趋势。这种翻译方法简单明了,易于操作,更利于翻译安全生产目的的实现。这是"求同,共建人类文化交流命运共同体"的具体操作。

翻译方法和技巧是有区别的。方法,一般是指做这个事情的一些步骤;技巧,是指做这件事情需要有什么样的巧妙行为。技巧指表现在艺术、工艺、体育等方面的巧妙技能,如"绘画技巧";或者指技巧性的运动,如"技巧比赛"。技巧就是基本方法的灵巧运用。技巧属于"方法"的范畴,主要指对一种生活或工作方法的熟练和灵活运用。

二、翻译技巧

按照翻译生产的要求,除了音译、逐词译和零翻译不需要使用翻译技巧外,其他五种方法在具体应用中均会涉及翻译技巧的运用。总体来讲,翻译中常用的翻译技巧有补漏、减肥、裂分、合并、转换和括号。这也是翻译原则在实践中的具体运用。

1. 补漏

翻译中的补漏(addition)指根据英汉两种语言不同的思维方式、语言习惯和表达方式,在翻译时增添一些词、短句或句子,以便更准确地表达出原文所包含的意义。通过在译文中补漏,达到翻译的目的,符合译语读者的预期:一是保证译文语法结构的完整,二是保证译文意思的明确。这是"入乡随俗"的具体表现。如下例句。

原文:Bundy was not considered to have signed on, and it was known that the President was wavering, that Ball was making his stand.

译文:一般认为,邦迪并没有同意**轰炸**,总统还在犹豫不决,而鲍尔已明确反对**轰炸**。(增译背景词)

剖析:在特定语境里,对原文的理解不会出任何问题。但把此句单列出来,就容易出现翻译安全漏洞,因此其补漏工作就是添加背景词"轰炸"。

原文:中国有两点是靠得住的,一是讲原则,二是说话算数。

译文:China can be counted on. <u>Among other things</u>, first, it upholds principles and second, it honors its words.

剖析:很明显,译文在断句时补了一个漏,添加了"among other things"。原文里似乎没有,但是这个短语却不可或缺地揭示了原文的实际内涵,即中国是靠得住的,其中,特别强调两点:讲原则和说话算数。反之,如果将原文直译,不做任何添加,那英语读者就会误以为中国"只有"两点靠得住,这显然曲解了原文,主要还是其翻译过程出现了问题。

原文:"Will you come to see us some time, William?"

"*Jamais*", I said.

译文:"威廉,你什么时候来看我们呀?"

"永远不去。"我用**法语**回答。

剖析:尽管原文中出现了法文,但是没有必要在一文中保留法文而另加注释,不如直接在译文中点出说话人使用的是法文。

2.减肥

翻译中所谓的减肥(omission)是根据译入语的语言文化

规范或译文读者的特殊需求对原文中的某些部分进行适当删减,以达到简洁顺畅表达原文思想,更好地实现翻译的目标。这也是"入乡随俗"的具体方式。一文一书,一般围绕某个主题展开论述,其核心概念、命题和论点可以在关键词句中找到。因此,抓住了关键词句就意味着抓住了原作的核心思想,好比打蛇抓住了它的七寸。国内外出版社为满足读者需要而出版的文学作品缩译本就属此类。

原文: Karl E. Wiegers 的论文 "Writing Quality Requirements" (*Software Development* , May 1999,原文过长,从略)

译文:

优秀撰文的需求

需求常常被写得很糟且难于遵循。清楚地阐明你的需求将使每位项目参与者获益。

需求说明总的特点:

1)它们必须是正确的。

2)它们必须是可行的。

3)它们必须是对项目来说是必不可少的。

4)它们必须是被标明优先次序的。

5)它们必须是不含糊的。

6)它们必须是能被证实的。

每一条需求说明的特点:

1)它是完整的。

2)它是一致的。

3)它是可修改的。

4)它是可跟踪的。

需求的写作指南：

优秀撰文的需求没有一个简单的公式。很大程度上，它是从过去需求的问题中得来的教训与经验。当你写作软件需求时这里有几条应记在心上的原则：

1）保持句子和段落简短。

2）从开发者的立场来看，检查需求陈述是否足够明确。

3）努力找到一个适当的粒度层次来写作。

4）检查是否有一个陈述表达了多个需求，将它们分开。

5）整个需求文档的写作都保持在一个一致的细节层次上。

6）避免陈述冗余的需求。

（田传茂、黄忠廉例句）

剖析：原文约 4000 个单词在缩译文中压缩为约 320 个汉字，不到原文的十分之一。原文的关键词句一目了然，译者很容易识别。因为这些关键词句，要么是小标题，要么在一段的开头独立存在。此外，译者并未保留原文所有的黑体部分即主干部分。第三部分为"撰写质量需求评估"（Reviewing Requirements for Quality）由四个例子组成，没有关键词句，因此被译者删去。从上面的减肥译文可以看出，译文大部分是原文关键词句的直译，因此，我们可以得出结论，"抓关键词句"法一般以"译"为主，"述"为辅。这种操作顺应了目的与读者的需要，"入乡随俗"了。

3. 裂分

裂分（division）一般是指把原文的一个句子翻译成两个或两个以上的句子，亦可把原文中的一个单词、短语译成句子,但这里指的是段落的裂分。裂分为"入乡随俗"的手段,也是翻译中人们常用的翻译方法之一。如下例句。

原文:Mr. Trudeau might be the country's prime minister, but he is following the rules and not getting a haircut like much of his unkempt nation, with residents of Ontario, the most populous province, and Montreal barred from visiting barber shops and salons since March.

译文:尽管身为一国总理,特鲁多也和很多国民一起,顶着凌乱的头发,遵守着不去理发店的规定。自三月以来,人口最多的安大略省和蒙特利尔都禁止居民前往理发店和美发沙龙。

剖析:原文为一句,而译文按照上下逻辑(上下文语境)却将它裂分为两句。既然翻译是要把原文安全地送达目的地,那就必须按照汉语的语法框架和构句模式,以顺应汉语读者的阅读习惯,符合其阅读期待。

4.合并

合并(combination)与裂分相反,是化零为整法,主要是依据译入语的语言文化规范,将原文的两段或两段以上段落合并译成一段,使翻译成为可能。这是"入乡随俗"的结果。如下例句。

原文:US President Donald Trump's threat to ban TikTok proves at least two things. It shows how America has turned its back on the values that have made it great. It also shows to the world that it doesn't have a monopoly on innovation.

译文:美国总统唐纳德·特朗普威胁禁用抖音至少证明

了两件事。一是美国背离了使其曾经伟大的价值观；二是告诉世界创新精神并非美国独有。

（CGTN 微信公众号,2020-08-13）

剖析:显然,原文的后两句处理成译文里的一句。处理后的译文符合读者的心理预期和表达习惯,可以说达到了翻译的效果。

5.转换

转换(shift)是一种常见的有效翻译技巧,主要包括词类转换、句子成分转换、语态转换、正反转换等,目的是顺从读者的语言和文化心理预期,保障翻译生产,属"入乡随俗"。如下例句。

原文:产业结构调整取得新进展,基础设施全面加强。城镇化水平明显提高,城乡区域发展协调性增强。创新型国家建设成效显著,载人航天、探月工程、载人深潜、超级计算机、高速铁路等实现重大突破。　　　　　　　　（十八大报告）

译文:Fresh progress has been made in adjusting the industrial structure, and the infrastructure has been extensively upgraded. Urbanization has been steadily advanced, and development between urban and rural areas and between regions has become better balanced. Notable progress has been made in making China an innovative country, and major breakthroughs have been made in manned spaceflights, the lunar exploration program, and in the development of a manned deep sea submersible, supercomputers and high-speed railways. 　（十八大报告官方译文）

剖析:原句中的主动语态全部被处理成被动语态。这既符合英文的行文要求,又表现出中国人的实干精神,使译品安全进入译语读者的阅读和审美习惯里,发挥出了翻译生产的效能。

6. 括号

这是翻译的一种有效翻译方法。英语句中的从句、短语比较长,给翻译带来不少麻烦,即翻译时不知放到哪个位置合适。此时不妨试试括号技巧,将难以处理的从句或短语等放在有关的词语后,并加上括号。括号(brackets)可使译文结构紧凑,内容一目了然,易于译语读者理解和接受,使翻译生产得以实现,"入乡随俗"得以贯彻。但切记:括号法一般只用于句子的修饰、附加及补充成分。若随便使用,会有画蛇添足之嫌。如下例句。

原文:Even the simplest operation ——the removal of a single joint of a finger, the lancing of an abscess ——would prove fatal.

译文:就连最简单的手术(切除一个手指关节,刺破一个脓疮),其结果也可能是致命的。

剖析:原文中的插入语作了括号处理。

原文:This remains to be established in studies of these chemically modified cotton celluloses in which the amine content is varied over a wide range for each type of composition.

译文:这将留待在研究各种化学改性的棉纤维素(每一种的胺含量都有很大变化)时予以确认。

剖析:原文中的从句作了括号处理。

在本章的最后,还必须强调一下翻译行为与综合国力的关联性。在国家之间的文化交流中,一国综合国力的强弱决定了其文化传播力的强弱。翻译常常是一项国际跨文化传播活动,作为文化交流的一种形式,它总是不可避免地受到一国实力的影响和制约,而并非单纯的语际转换。翻译活动背负着时代的印记,它是我们认识世界、认识自己的图像,它是一国文化变迁和历史变迁的写照,它也是一面镜子,反射、记录着"我们"与"他们"的关系。一方面,翻译活动映射出国家实力变化的现实;另一方面,国家综合国力是翻译活动及其发展的基石和后盾。理解这一结论有助于我们认识翻译的性质和特征。(章方,2004)

第六章　课堂交际与组织

　　教学质量是学校的生命线,而提高教学质量的关键就是课堂教学。课堂是教与学的时空场所,是师生对话与交流的社会舞台。在课堂教学中,教师除了教学的互动外,还有一个组织的任务,也就是组织、协调课堂中各种教学因素及其关系,使之形成一个有序的整体,以保证教学活动的顺利进行。组织好课堂是开展教学活动的基石,因此,教师必须不断提高其课堂交际和组织能力。

　　教育学理论认为,教学过程是一种人际交往过程,是教师与学生通过各种中介进行的认知、情感、态度、价值观念等多方面的人际交往和相互作用的过程,教学交往具有永恒性、关系性等特点。整个课堂是师生群体在教学活动中多边多向、多种形式交互作用的人际关系网络。在第二语言教学领域,Johnson 提出的课堂交际能力特指的是学生的课堂交际能力,这是不够全面的,在课堂教学中,由于整个课堂教学过程是一种人际交往过程,教师和学生都要具有理解课堂交际规则、进行课堂交际的能力。一般来说,在师生关系比较平等的民主课堂内,学生对课堂交际的模式的贡献也会比较突出。

教学是学校的中心工作,课堂教学是实现学生掌握知识的技能、发展和完善自我的主要途径,为了顺利开展课堂教学的活动,实现预定的教学目标,就需要良好的课堂秩序作保证,而课堂教学的组织与管理是建立良好课堂秩序的前提,是保证课堂教学有效性的重要手段。

第一节　教学能力与教学行为

显然,此处要探讨的是能力与行为及其关系问题。这是两个既互有联系又相互区别的概念。能力是完成一项目标或者任务所体现出来的综合素质;而行为是指受思想支配而表现出来的外表活动。那么教学能力就是指完成某一课程任务所体现出来的综合素质,而教学行为则是受教学思想支配而表现出来的外表活动。

一、教学能力

教学能力是指教师为达到教学目标、顺利从事教学活动所表现的一种心理特征。由一般能力和特殊能力组成。一般能力指教学活动中所表现的认识能力,如了解学生学习情况和个性特点的观察能力,预测学生发展动态的思维能力等。特殊能力指教师从事具体教学活动的专门能力,如把握教材、运用教法的能力、深入浅出的语言表达能力、教学的组织管理能力;完成某一学科领域教学活动所必备的能力,如翻译教师的翻译综合能力等。研究表明：教师的表达能力、组织能力、诊断学生学习困难的能力以及他们行为的条理性、系统性、合理性与教学效果有关。

由于教学是与具有个体差异的人打交道，没有哪个教师会具有与别人相同的教学特点和行为。但优秀的教师都具有自己独特的风格，独有易于识别的特点、技巧、方法和技术。那些能组织有效的课堂交流，并最终达到教学目的的优秀教师在以下几个方面都会有突出的表现。（舒白梅，2005：130）

1. 善于接受学生的感情，从正面赞扬和鼓励学生，并让学生明白这种赞许的原因；他们善于采纳学生的意见，较少批评学生。

2. 他们所提出的问题是用来阐明或启发思想的，而不仅仅是从学生那里引出显而易见的答案。

3. 在讲课过程中常常停下来听取学生的反应，他们不是直接告诉学生怎么做，而是启发学生去做。

4. 优秀教师善于发动学生参与课堂活动，师生间不是"你讲我听"，而是帮助、促进的关系。

二、教学行为

上面4点是从教师的教学能力而言的。如果把教学看成是一系列循环往复的事件，是教师与学生之间的互动过程，那么教师在这一过程中首先需要善于组织课堂，并简明扼要地提出要讨论的题目，向学生提问，然后对学生的回答作出反应。组织、提问和反应这三种教学行为占据了课堂教学的大部分。

1. 课堂组织

组织是教师的一项职能,实际上是为学生指明思路和行为方向的行驶。教师的课堂组织行为有四个方面:教师引导学生的次数、给出的信号、组织和直接教学。

在课堂组织中教师必须善于引导启发学生,而且启发、引导次数也是组织中的一个重要因素。引导应恰到好处,过多或过少都会对教学不利。教师给出信号,向学生表明某事将开始或结束,或者某时较重要某事较重要,需要记录。这些可用加重语气或借助手势等来实现,也可使用音调转变或以停顿来指示知识重点。给学生发出明确无误的信号也是组织教学的内容途径之一,课堂组织本身对学生来说就是一个信号。如果教师组织不够严密,学生很容易就觉察到,这最终会影响到教师的可信性,反过来又会影响学生。组织的最后一点是直接教学,即讲课。当教师讲课时,学生的反应就受到了限制,所以说讲课是可用来控制或减少学生行为的一种组织形式。(舒白梅,2005:131)

课堂组织教学是一种艺术,要组织好教学,教师必须关注每一个学生,运用一定的组织艺术,努力调动学生的有意注意,激发学生的情感,使学生在愉快,喜悦的心境中全身心地投入学习。那么教师在课堂上该怎样组织好学生,使其在教师的带领下有条不紊地学习呢?老杜茶坊博客发表了一篇短文"组织课堂教学是一门艺术",现收录于此。

①目光注视法。眼睛是心灵的窗口,学生通过教师的目光窥见教师的心境,从中引起相关的心理效应,产生或亲近或

疏远的,或尊重或反感的情绪,进而形成这样或那样的师生关系,影响教学的效果。因此,教师要恰当地运用目光为教学服务。如果在开始上课时,教师用亲切的目光注视全体同学。教师亲切的目光一定可以使学生情绪安定,从而吸引学生的注意力,使学生愉快地投入学习。②情绪感染法。表情是师生沟通情感,交流思想,建立联系的过程,教师的表情是学生关心的目标。他们从教师的表情中获取信息以确定自己的反应,这就要求教师上课时表情要自然,一定要让自己的内心活动与外在表情一致。使学生看到老师表里如一的坦诚自然的形象;要充满自信,使学生得以健康向上的精神;要温和,使学生感到亲切可信。③趣味激励法。兴趣是人的一种带有趋向性的心理特征,是人行为的有力动机。学生不可能在每节课内对某一事物始终保持高度的注意,因此,教师在教学中应设计一些能激发学生兴趣的活动。如一段故事,一个小实验,一个小活动等。通过这些活动,一方面调节学生的注意力,同时也可以激发学生的学习兴趣,使学生振奋精神,产生良好的心境,提高学习效率。④目标指引法。在每节课开始时,教师要明确本节学习的目标及要求,利用语言及其他教学手段,激励学生产生为达到目标的欲望和兴趣,从而提高自己的有意注意和主动思维。⑤疑问法。疑问是激发学习兴趣的基础。巧妙的设疑是组织教学中的一种艺术方法。当某些学生注意力不集中时,教师设置一些疑问让学生回答以促使学生注意力转移。在学生学习情绪低落时,利用疑问,引导学生学习兴趣,激发学生学习的积极性。但设疑需要教师的精心设计,注意提问的思考价值,无目的地设疑会破坏教学,影响学生的思维。⑥停顿吸引法。由各种原因造成课堂教学比较混乱时，教师可采用突然停止讲课，等学生感到意外，从而达到吸引学生注意力的目的。在此时教师特别注意不要批评学生，以免挫伤学生学习的积极性，打乱教学思维。⑦激励法。在教学中教师要不断地发现学生的优点并及时给予鼓励。这不仅是对某个学生的鼓励，也是对大家的激励，使学生有了努力的方向，成功时候的赞扬能使学生迸发继续向上的欲望；遇到困难时，教师的激励更为重要，它可以使学生产生自强不息的信心，激起学习的欲望。⑧板演法。恰当地选择时机板书，不仅可以使学生很好地掌握知识，更主要的可以使学生在课堂上进行思维调整。⑨语言表达法。语言条例清楚，通俗易懂是组织教学的基本要求。只有讲得有条理性和逻辑性，才会使学生获得全面系统的概念；语言准确、简明扼要是组织教学的基础。这样才能使学生听着舒服，爱听；善于例证，形象比喻，适当应用一些格言、名句、典故、顺口溜等也是语言组织的一些技巧。生动的语言给人一种直观和感动，使人兴趣盎然，同时也在记忆中留下深刻的印象。语言的使用影响着意思的表达、感情的色彩。在不同的情况下，恰当地使用语气也可以使学生加深对知识的理解，可以活跃课堂气氛。总之，在教学中还要注意语言使用得当。⑩暗示法。在课堂教学中合理恰当地运用暗示可以使师生间产生默契，使学生保持大脑的激活状态。如学生遇到难题时教师语言暗示"你能够做出"激发学生刻苦钻研；若课上某些学生注意力分散，教师的眼色或手势可以使学生自觉地调整自己的注意力。暗示给予学生自尊，从而调动学生的学习积极性，增强课堂效果。总之，课堂的组织艺术方法是多种多样的,教师在教学中要根据学生的心理特点和心理发展的需要,根据具体情况采用不同方法因势利导组织教学。组织教学中要以可以激发学生的学习兴趣和积极性为主,保证课堂教学计划的顺利完成,力求最佳的教学效果。(http://blog. sina. com. cn/s/blog_67741bd90102x4ep. html)

那么应该如何提升教师课堂组织管理能力呢? 提升教师课堂组织管理能力可具体化为教师根据课堂上的各种信息灵活地调节课堂教学的内容、教学目标、环节、节奏、氛围、时间等一切因素,使课堂教学顺利开展的行为。课堂掌控能力是一种综合能力,是由多种单项能力组成的和谐统一的整体,主要内容分为以下四种能力。①课堂组织管理能力。教师在课堂教学中,要根据课时目标、教学内容、学生实际,用各种管理方法吸引学生注意,激发学生兴趣,活跃学生思维,使之自觉、积极、主动地参加获得知识和能力的活动。互动生成的课堂中,学生思想活跃、热情进取,思维表现出强烈的自主性、独立性,但是因年龄、阅历的因素,思维仍停留在浅层次上,但集体组织观念淡化。面对世界观尚未完全形成、行为还不成熟的莘莘学子,教师的课堂组织管理技能将直接影响课堂教学效果。整个课堂组织管理如能得心应手,教学过程便会如行云似流水,教师便可以把更多的精力用在捕捉学生的学习信息、处理声称问题上,便能和学生意趣盎然地沉浸在知识海洋的起伏跌宕中。通常课堂管理方法有创设情境法、表情感染法、停顿吸引法、目标指引法、趣味激发法、设疑法、激励法、竞赛法、暗示法和人文评价法等。②课堂察言观色能力。捕捉信息指的是从课堂的信息源中,发现教学所需要的、有价值的问题。教学中随机事件何其多,相应的教学资源何其多。教师就可挖掘、开发、引申、利用、见机行事,使"麻烦"不再"麻烦",反而成为有价值的教学资源,优化教学。这是从意外不确定生成中捕捉有用的信息。教师还可以从学生的认识冲突上捕捉有用信息。随着学生课堂主体性的增强,质疑、反驳、争论的机会增多,师生之间常常会产生认识上的冲突。教师应从学生困惑的焦点、理解的偏差、认识的冲突上去捕捉有用的信息。③课堂及时反馈能力。课堂及时反馈能力指教师对课堂上的各种信息迅速及时地进行分析对比、综合判断、推理和反映的能力。如果对来自学生、环境的信息迟迟不作出反馈,课堂教学就不能很好地控制,也就难以完成学习任务。课堂及时反馈能力主要指课堂信息的分析判断能力和重组课堂信息能力两个方面。课堂上,教师要根据学习内容、学生反馈出来的已有学习经验、学生的心理特点以及教师自身的专长,灵活的选择教法,因势应变,以适应教学的需要。④课堂系统把握能力。课堂系统把握能力是指教师能够正确把握教学目标、稳定教学节奏、控制教学结构的能力。把握教学目标要求教师从整体、全局,适时适情的掌控课堂,并随时监控自己的掌控是否有助于掌控目标的实现,并能根据课堂实际情况对自己所定的教学目标进行反馈和调控。总之,教师在课堂上要随机应变,及时掌握学生的动态,调整教学方法和策略,顺利完成教学目标任务。(https://wenda. so. com/q/ 1558236580212292)

2. 提问

在教学过程中,课堂提问既是优化课堂教学的重要手段,又是教师教学艺术的重要组成部分。它是联系教师、学生和教材的纽带,把握好提问的时机对课堂教学有十分重要的作用。恰如其分的提问不但可以活跃课堂气氛,激发学生学习兴趣,了解学生掌握知识情况,而且可以启发学生心灵,引导学生思考,开发学生智力,调节学生思维节奏,与学生作情感的双向交流。通过提问,可以引导学生进行回忆、对比、分析、综合和概括,达到培养学生综合素质的目的。

课堂提问的意义有三:①加强反馈,改变教学策略。通过课堂提问所接收到的反馈信息,比其他形式的反馈信息具有准确性、具体性、及时性和简洁性。它可以使教师当堂了解学生对知识的理解和掌握程度,从而及时地调整教学程序,改变教学方法,使学生能更加积极主动地参与教学活动。②激发兴趣,提高学生注意力。如果注意力集中,听课效果就比较理想。学生在回答问题时精力集中,教师只靠讲课、维持课堂纪律来保证学生的注意力是达不到目的的,而应以授课的内容来吸引学生,用一个个由浅入深、循序渐进的"问号"来吸引学生,紧紧地把学生的思维抓住,激发学习兴趣,赋予学习动机,从而收到良好的教学效果。③拓宽思路,提高学习效率。对于一些重要概念,教师不要以为学生能复述就算懂了,而要针对概念提出一些题意明确清楚的问题,引起学生思考,来拓宽学生的视野,诱发学生发散思维,增强学生的应变能力,培养思维的广阔性和深刻性。

课堂提问应遵循的基本原则:①有效性原则。课堂教学的主要目的是使学生获取知识、形成技能、训练思维,而课堂提问是实现这一目标的主要手段。因此,如何提高课堂提问的有效性,就成为一个值得研究的问题。好的提问方式应该是把注意力放在激发学生的思维过程上,而不应急于得出结果。要教给学生学习翻译的方法,培养学生会用双语思维和翻译方法来分析、研究和解决实际问题的能力,使学生由"学会"翻译转变为"会学"翻译。②科学性原则。要求教师熟练掌握教材内容,明确各章节的知识点在整个教材中的地位和作用,熟悉各章节知识间的联系,具有较强的驾驭教材的能力。教师的"问"要融知识性、趣味性、新颖性、启发性于一体,教师的"答"要切中要害、精练干脆、准确无误。所以作为一名教师,要积极地挖掘教材潜力,结合课堂演示,科学地运用提问方法,以"问"促教,真正地展现出课堂提问的魅力。③启发性原则。在教学过程中,教师要精心地创设问题情境,给学生设置悬念,引起学生好奇,让学生由好奇达到求知的目的。教学中,把所要解决的问题,不直接讲述给学生,而是先把前提条件向学生交代,然后提出疑问,由学生自己开动脑筋,经过思考,追根问底,直到得出结论。④适时性原则。孔子说过"不愤不启,不悱不发",这对我们策划课堂提问具有现实意义。当学生处于"愤悱"状态时,教师的及时提问和适时点拨,能促使学生积极主动地投入探索活动中;反之,学生会对教师的提问无以为答,教师本人也会索然无味。在学生"心求通而未通""口欲言而未能"时,教师要巧妙地提问,给学生暗示思维的方向和寻找正确答案的途径。⑤针对性原则。教师上课前要进行周密策划和统筹考虑,要对教学内容了然于心,并对学生情况进行充分了解。不仅要对教学的整体布局反复思考,而且对每一个具体环节也要反复掂酌。要针对学生的实际情况设计问题,对学生学习中可能遇到的困难,可能作出的反应,要有充分的估计,并事先设计好应对策略。⑥适度性原则。一方面,在教学过程中要恰到好处地掌握提问的频率,问题的设置应疏密相间,要留给学生充分的思考时间和空间;另一方面,问题的难易程度要科学适度,没有难度或难度太大的问题,都会使学生失去兴趣。课堂提问要适合学生的认知水平,要根据教学内容和学生掌握程度,合理地把握问题的难易程度。

课堂提问中应处理好这样四个关系:①点与面的关系。教育应面向全体学生,课堂提问应有较大的辐射面。既要照顾点又要照顾面,以点带面,培养优生,转化差生,达到共同提高的目的。②难与易的关系。教学内容有难有易,提问应当符合学生的认知水平和接受能力,对于较难的问题应力求深入浅出、化难为易,切忌过深过难而造成冷场。③曲与直的关系。提问题不能只问"是什么""对不对",问题要富有启发性,否则学生会感到单调乏味。④多与少的关系。授课时不在于多问,而在于善问、巧问。教师切不可为提问而提问。提问过多过滥,学生应接不暇,没有思考的余地,必然会影响他们对知识的理解和学习兴趣。提问过少,难以调动学生参与教学的主动性,势必造成学生厌倦反感,效果必然很差。

同一问题,可以从不同侧面提出,提问的角度不同,效果往往不一样。课堂上,教师若能根据具体的情况形成各种不同的问题情境,就可以使学生的注意力迅速集中到特定的事物、现象、专题或概念上来,从而达到优化课堂教学的目的。课堂提问采用的形式有以下十种:"设疑式"可以引起学生的有意注意和独立思考;"逗趣式"能激发学生的兴趣,使学生深思;"对比式"可以引导学生通过比较发现共性、区别个性、加深理解,有利于发展学生的求异思维和求同思维;"刨根式"能帮助学生揭示现象的本质,促使学生对问题认识的深化;"比喻式"能帮助学生联想、想象,有利于学生形象思维能力的提高;"辐射式"能引导学生从多方面去分析解决问题,有利于对学生发散思维能力的培养;"扩展式"提问是指把现在所学内容与相关内容联系在一起提问的方法,能够起到以新带旧、温故知新、融会贯通的作用;"直问式"是指开门见山,直截了当地提出问题,以便直接寻找答案,可使学生迅速进入思考状态,使教师在发挥主导作用的同时,能很好地发挥学生的主体作用;"曲问式"是一种迂回设问的方法,问在此而意在彼,针对学生疏漏、模糊处,抓住关键词为突破口进行曲问,会使学生幡然领悟,从而对正确的结论印象深刻;"层递式"提问是指对有一定深度和难度的问题进行分层次由浅入深的提问方式。通过一环套一环、一层进一层的提问,引导学生的思维向知识的深度和广度发展。通过层层剖析、循序推进、最终到达解决问题的目的和释疑明理的高峰。

另外,教师提问的有效程度不仅仅取决于问题的表达,还取决于问题的运用。应注意提问的数目要适当,让每个学生都有回答的机会,把问题作为鼓励学生参与课堂活动的方式,以及有效利用学生的回答。

课堂提问应根据翻译课程不同的教学目的和内容,采用不同的方法,在设计提问时要注意经常变换手法,切忌采用一个固定的僵化模式,即使是同一个内容,在不同的场合下进行提问,也要注意转换角度,让学生有一种新鲜感。要能使学生看到老师是如何提出问题的,这对学生学会提出问题能起到潜移默化的作用。

教师的课堂提问是一门学问,是一门艺术,没有固定的模式,只要不断实践,不断摸索,才能提高自己的教学水平,充分发挥课堂提问的教学功能,同时进一步提高学生的科学素养,从知识与技能、过程与方法、情感态度与价值观三个方面培养学生,为学生终身发展、应对现代社会和未来社会发展的挑战奠定基础。

3. 反应

有效利用学生的回答,这是有效提问最关键的一点。教师对答案的利用与提问同等重要,提问的效果取决于教师接受、强化、区分学生答案的程度,取决于教师鼓励学生发现最初答案的程度。完全接受学生的答案会阻碍发展学生的思维水平;但因学生答错了就批评或惩罚,又会妨碍学生的参与意识。因此,学生答案的反应就具有相当的重要性。

教师对学生的答案一般会作出 4 种不同类型的反应:等待、肯定、否定和组织。①等待就是指提问后教师需要等待两三分钟,学生也需要一段时间考虑答案,这样会产生积极的效果,如增加正确答案的概率,减少回答错误的现象,增强学生自信心,增加潜能生回答问题的机会等。②肯定反应也就是给学生以赞许。这能提高成绩和鼓励向上的作用。③否定反应即对学生的回答予以否定。但教师使用否定反应时,应尽量将其作为一种辅助手段,灵活多变,方式适当,才能做到有效批评。④组织即组织反应。教师通过重复学生的答案,或者叫另一同学来回答同一问题的方式指导学生的活动。当学生的回答不正确或不完善时,组织反应特别有益。

对学生的行为作出反应是教学中最重要的行为之一,因此教师的适当反应能增加学生的积极性,活跃学习气氛,从而使教学活动富有成效。

总之,好的教学行为意味着能进行有效的课堂教学。组织、提问和反应是教师的职能,是课堂相互作用的一部分。组织教学是对学生直接进行指导的一种形式,提问技巧为我们提供了一种使学生作出反应的方法,而反应则是教师对于来自学生方面信息的一种看法。对于优秀教师来说,过硬的专业知识与有效的教学活动都是至关重要的。

第二节　课堂环境管理与教学反馈

课堂环境管理和教学反馈也是为了提高教学效率所采取的有效方法。管理好课堂是开展教学活动的基石,反馈是教师要借助一些方式来了解学生的情况,进而对教学诸方面作出相应的调整,以便提升教学效果。

一、课堂环境管理

在课堂教学中,教师除了"教"的任务外,还有一个"管"

的任务,也就是协调、控制课堂中各种教学因素及其关系,使之形成一个有序的整体,以保证教学活动的顺利进行。这一课堂管理执行标准即为通常所说的课堂环境管理。一般与课堂环境有关的、受到教师行为影响的有 3 个方面,即教学、纪律以及学生的自我观念。

1. 教学

研究表明,一旦教学目标明确、教学成功,许多其他问题,比如纪律、差生的自我观念、教师的士气等问题都会减少或消失。成功的教学包括合理安排时间、合理施教以及师生和学生之间的合作。

合理安排时间即充分利用课堂时间来进行教学。其中包括严格遵守时间表、按教学计划分配时间,随时监听课堂情况,保证在教学时间内学生能积极参加学习。一些教育专家把"黄金分割"原理引用到课堂教学中,以此指导课堂教学中教学时间的分配,即一节课(45 分钟为例),教师的主导活动时间和学生独立主体活动时间应采用黄金分割,教师主导活动时间:学生主体活动时间=0.618,老师主导活动时间为 $45 \times 0.618 = 27.81 \approx 28$ 分钟左右,学生的独立主体活动时间为 $45 \times (1-0.618) = 17.19 \approx 17$ 分钟左右,也就是说,45 分钟的一节课教师要留给学生 17 分钟左右的时间,让思考、练习、讨论等。也有专家认为,课堂教学实践是固定的,但教学效果是无限的。提高课堂教学时间的利用率应从以下三点入手。一是时间的分配,开课阶段重点启发 5 分钟,结论阶段画龙点睛 5 分钟,讲解阶段 35 分钟,其中讲解 15 分钟,训练 15 分钟,巩固 5 分钟,两个 15 分钟最为关键。二是时段联系,各个时段不能机械地割裂,要处理好各时段之间的衔接。三是时段的效率,要减少无谓的消耗。(https://wenku.baidu.com/view/2739d921a5e9856a56126009.html)总之,合理安排好教学时间,会大大提高教学效率。

合理施教是有效教学的一个重要方面。在具有积极学习环境的课堂上,教师应把教材与学生的兴趣和以往的经验联系起来,这里应遵循两个原则,即具体的原则和熟悉的原则。前者是指教师讲述抽象概念时,要尽可能以具体的形式进行讲述,如通过实践、扮演角色等是抽象概念具体化。如在讲解翻译的变译概念时,可用一些具体变译实例来促成对该概念的掌握和理解;后者是指教师用学生熟悉的东西来解释学生们所不熟悉的东西。如讲解归化、异化策略时,可将其与意译和直译结合起来讨论,说明其中的异同之处,以达到对归化和异化的透彻理解和掌握。

师生之间、学生之间的协同合作是创造理想课堂环境的另一重要因素。师生和学生间的互相学习,促进其互相联系和沟通,最终达到学习目标,共同提高。

2. 纪律

课堂纪律的好坏与教学质量密切相关,因此良好的课堂纪律是上好一堂课的重要保障。心理学研究发现,人的心理在一定程度上受到环境的制约和影响,所以,营造一种轻松愉快的课堂环境十分重要。维持课堂纪律是培养学生们有条理、目的明确的学习行为和习惯的过程。要做到有效管理,其办法有二。首先教师必须让学生明白自己的行为准则,即哪些行为是可取的?哪些行为是不可接受的?同时教师应把要求与需要完成的任务联系起来。第二,教师可采取一些积极的、可利用的强化措施,如鼓励学生在课堂活动中的正确行为,适当批评其课堂上的不当行为,训练纠错行为,教师以身作则或通过丰富的课堂活动,采取灵活多样的教学方法,吸引学生的注意力,提高学生的课堂参与度等。

3.学生的自我观念

自我观念作为认知心理学理论的重要概念,它是个人在成长过程中根据生活经验不断发展起来的对自己的认识与理解,包括他们对于自己作为学生和作为一般人的看法。学习环境与学生的自我观念之间有很密切的联系,有效的翻译课堂环境管理和对学生进行评估(摆脱学生的自我评估)旨在培养积极的自我观念。学习成绩对学生的自我观念和学习态度的形成起很大作用。成绩好就意味着成功,成功就会产生一种积极的自我观念,促使他取得更大的成功。为了影响学生的自我观念,教师可在丰富的学习活动中,有意识地持续不断地运用各种方法鼓励学生学习知识,激励学生解决问题的内驱力,从而产生探求知识的内在需要,逐步树立和提高自我观念。学习内容难度应适当,也就是应适合学生的水平,这样可不断地为学生提供体验学习成功的机会。教师对学生应该有信心,这种关注学生的态度会帮助学生形成积极的自我意识,促进学习。

成功的课堂管理是教学环境的有力保障,因为好的教学环境可以促进和有利于教学,因此,教师应当从以下几个方面去努力创造有利的教学环境。

第一,师生关系应建立在平等对话的基础之上。翻译教学应在师生平等对话的过程中进行。现代课堂教学应确立师生平等的教学观念,构建平等对话的教学平台。在平和的气氛中,师生共同学习,共同去发现和探求,才会有创造。因此,教师应始终切记:老师,是因为知识而教;学生,是因为知识而学。知识的灵动性,就是教师与学生平等的结合点。

第二,教学方式应充分体现学生的主动性和积极性,注重培养学生自主学习的意识和习惯。学生是翻译学习的主人。教学方式应以学生为中心,使学生拥有自由支配的时间和主动探究的心态,为学生创造体验的机会。这样,学生积极主动地参与课堂活动,积极主动地学习,教学才能取得良好的效果。

第三,教学内容应丰富有趣。最能激发学生学习兴趣的,就是丰富的教学内容。因此,教师为学生量身准备学习材料,至关重要。丰富的翻译文本,不但有利于激发学生的学习兴趣,还有利于提高学生的翻译素养,形成翻译能力。为此在课堂教学中,应重视课堂教学内容的丰富,尽可能地满足学生对知识的渴望,扩大学生的知识面,增加阅读量,激发对问题的思考,以达到课堂教学内容丰富多彩、趣味盎然的和谐境界。

最后,教学过程应连贯有序。完美的教学过程应该是行云流水式的。翻译教学过程的流畅,讲究的是教学内容的有机融合,用精妙的语言承上启下将教学内容里连接起来,这里有宏观的把握,也有微观的艺术。在教学时,可先让学生课前总览翻译原文,感知文章主要内容,初步了解作者思想感情,缩短学生跟教材的距离。在此基础上,让学生提出问题,老师根据教材内容筛选有价值的、亟待解决的翻译问题。然后引导学生反复细读、品读原文,自然融入教材的情理之中,达到合一的境界。在阅读中理解文章,掌握知识,感悟情感,品味语言,增强语感,解决翻译问题。整个过程呈线型,而这条线就是由学生的读、问、思、读、悟、解几个环节串联起来。

　　总之,要保障课堂的教学质量,教与学的有机结合是关键,而要保障这一点,教师在课堂上为学生营造一种宽松、和谐的教学氛围是十分重要的。同时,在教学内容上更不能马虎,力求精、妙、准,且一气呵成,让学生做到心无旁骛,让每个45分钟都充分发挥其效能。

二、教学反馈

　　"学然后知不足,教然后知困",它既是对学生说的,更是对教师讲的。一般来说,设计一个好的教学方案并不难,难的是按照翻译知识的发展线索,遵循学生的认知规律和心理发展规律,把好的课案变成好课。要使课案与课堂有机结合,教育理论与教育实际切实融合,作为的翻译教师,更多的是要依靠教学反馈。教学反馈的作用如下:①教学反馈是教师成长的摇篮。设计不错的一节课案能否成为一节好课,有哪些可取之处,有哪些不足,应该如何改进? 这都是课后应该反思的。及时记下"教学心得",不但为今后的教学提供素材,以达到事半功倍的效果,更有利于教师自身素质的完善,经验的积累,尤其是有助于青年教师的成长。②教学反馈是教师和教学的向导。人们常说:"教学有法,但无定法。"有时教学也有不尽人意的地方,课后找原因,以不重蹈覆辙。

学生给教师提供反馈的方式有以下几种:①让学生对教师的教学进行评估是最直接的办法。学生评估的目的有三:为帮助教师改进教学提供信息;为教学效果评估提供依据;为学生选课和选导师提供信息。在确定评估目的之后,确定评估方式。评估必须是不记名的,以保证评估的真实性。②考试分析和作业成绩也是反馈的一个来源,因为它们不但会暴露学生的学习效果,以及其强项和不足,而且会检测到学习目标是否达到,教学内容是否得当等。③课堂观察学生也是一条重要反馈渠道。如学生对课堂内容或对教师的教学方法不感兴趣,就会表现出异样,如睡觉、烦躁不安等。④课外与学生交谈,对师生都有益。谈话时,教师要时时留意谈话线索和学生提供的信息。看似不重要的信息有时会有益于对教学的改进。

教师对学生的学习作出反馈是教师的重要职能之一。反馈的形式很多,可以是分数、对作业的评语、对论文和考试的看法,也可以是课堂上对学生行为做出的表示。反馈可是口头的,也可是书面的;既可是肯定的,也可是否定的。反馈应建立在系统的观察与分析的基础之上,反馈用语要委婉客气,力争其效果是积极的,促人上进的,否则会导致学生压抑,甚至自暴自弃。①教师可在课堂随时给学生以反馈,但态度必须真诚,以避免学生反感。表扬和鼓励会增强学生的自信心。因此,批评和否定反馈尽量在私下进行,免得伤害学生的自尊心。同时,用讨论的方式告知其错误会产生意想不到的效果。②学年或学期成绩单是最正规的反馈形式,因为其反馈的不只是成绩,还有其行为表现等方面。要产生好的反馈效果,就必须做到准确、可靠、客观。

评估和反馈对教学过程十分重要,评估反馈时,教师必须用批评的眼光来检查自己的言行及教学,并随时准备改进自己的教学,以提高教学效果,适应学生的需要。

第三节 教师形象的树立

教师,人类文化的传播者,人类灵魂的塑造者。作为教师,或许你不一定拥有伟岸的身躯,但你应该拥有高尚的灵魂;或你可能没有俊秀的脸庞,但你应该有美丽的心灵;或许你可能没有优雅的气质,但你应该有超脱的品质。教师作为一种特殊的社会职业,具有鲜明的社会形象,这个形象是其气质、品格、学识等方面的综合表现。那么教师怎样树立良好的形象呢?

1. 热爱教育。陶行知先生讲过,教师要"捧着一颗心来,不带半根草去"。教师首先要热爱教育,忠诚党的教育事业,全身心地投入,用"心"工作,才会培养出具有"爱心"的学生。

2. 要讲师德。叶圣陶先生讲"教育工作的全部工作就是为人师表"。"其身正,不令而行,其身不正,虽令不从。"一个能够做到为人师表的教师,会成为学生终生效法的楷模。教师只有以身作则,为人师表,才能更好地影响自己的学生,完成培养造就人才的使命。

3. 追求素雅。仪表风度是内在气质的表现。课堂上,教师的发型、服装、姿态、表情,都会吸引学生的注意。一位哲人讲"教师是学生心中最完美的偶像",特别是那些成长中的孩子,他们往往就从教师的外在形象开始模仿的。如果教师不修边幅,举止随便,言谈粗俗,就会直接影响到学生,教师给正常的教育教学活动造成障碍。

4. 博学多思。现代科学技术迅猛发展,知识的更新周期逐渐缩短,对教师的要求在不断提高。教师不但要做到对知识温故知新、学而不厌,还要有敢于创新的精神。教师在教学生一方面要毫无保留地教师给学生知识,另一方面,还要坚持科学与人文的统一,通过潜移默化的人文教育,培养学生对学习的兴趣热爱社会,珍爱生命,对自己负责,

5. 独特风格。教师讲课要交流友善,讲解准确,声情并茂,巧妙引导,形成自己独特的教学风格。

6. 甘为人梯。教师的劳动具有复杂性、艰巨性、创造性和示范性。人们对教师的品德、学识才能等方面的期望值很高,这就要求教师不图名,不为利,默默奉献,辛勤劳动,只有这样,才能做好教育的工作。

总之,教师的形象是在教育过程中逐渐形成的,已经形成的教师形象又在无形地影响着一代又一代人的健康成长。愿教师们从自己做起、从小事做起,日复一日,年复一年,不断修炼自身的素养,树立良好的教师形象。

第四节　备课、上课与评估

备好课是上好课的前提。对教师而言,备好课可以加强

教学的计划性和针对性,有利于教师充分发挥其在教学中的作用。备课是教师根据学科课程标准和本门课程的特点,结合学生的具体情况,选择最合适的表达方法和顺序,以保证学生的有效学习。备课的重要性在于它是向学生传授知识、培养学生运用所学知识和进行再学习的主要手段,它的艰巨性在于它是一项科学性与艺术性相结合,集"编""导""演"于一身的极其细致而复杂的工作。

作为翻译(专业)老师,首先要对翻译和翻译教学的特点有一个正确的认识:翻译就是语言间的交际活动,就是把一种语言转换成另一种语言的行为,有口译、笔译之分。简单地说,翻译不仅仅是知识,更重要的它是一种技能和交际工具。翻译教学是"以语言转换的操作训练及其研究为主,教学的目的在于提高学生双语转换的翻译技能"。(穆雷,2019:13)翻译教学的内容不仅包括有形的双语转换技巧,也包含翻译的认知和方法等。因此,应在教学大纲和教材范围内把翻译当成工具来学,为交际而教。既然学习翻译的最终目的是应用,那就要求师生在用中学,用中教,追求学生在听、说、读、写、译诸方面全面发展,当然,对本研究来说,译是最重要的方面,也是最终目的。

具体来说,备好课、上好课要做到合情、合理、合法。合情就是教学要合乎学生的思想和学习基础的实际情况,精心处理教材和设计教学计划。合理就是要合乎教学原理和原则,如对教材的处理宜情景化、交际化;教学安排与设计必须符合学生的认识规律,循序渐进;教学过程力求教师作引导,学生为主体;积极创造课堂和谐气氛,树立学生自信心。合法就是要合乎教学之法,取长补短,建设自己的适合学生的教学法体系。

教师备课要做好三方面的工作,即钻研教材、了解学生、设计教学,即备教材、备学生、备教法。

钻研教材:钻研教材包括学习学科课程标准、钻研教科书和阅读有关参考资料。首先,钻研学科课程标准就是指教师要弄清楚本学科的教学目的,教学的体系、结构、基本内容和教学法上的基本要求。其次,教师必须钻研教材,掌握学科主要内容,重点、难点所在,同时也要考虑如何利用它来促进学生态度、情感、价值观的转变,知识的拓展及各种能力的提高。此外,各种参考资料是教科书的重要补充,教师应广泛阅读有关参考书来获得有价值的信息,以满足教学需要。教师掌握教材有一个深化的过程,一般要经过懂、透、化三个阶段。懂,就是对教材的基本思想、基本概念、每句话、每个字都要弄清楚,弄懂;透,即要透彻了解教材的结构、重点与难点,掌握知识的逻辑,能运用自如,知道应补充哪些资料,怎样才能教好,就是教师的思想感情和教材的思想性、科学性融化在一起了。达到化的境界,就完全地掌握了教材。

了解学生:首先要考虑学生总体的年龄特征,熟悉他们身心发展的特征;还要了解学生个体的能力水平、学习态度和兴趣特点;此外还要了解班级的一般状况,如班级班风等。

设计教法:即教师要在钻研教材、了解学生的基础上,考虑用什么方法使学生有效地掌握知识并促进他们能力、品德等方面的发展。教师应根据教学目的、内容、学生的特点的等来选择最佳的教学方法。此外,也要相应地考虑学生的学法,包括预习、课堂学习以及课外作业等。

上课的主要内容：①教学目标明确。它包含两层意思，即教学目标的制定应符合课程标准的要求及学生的实际；课堂上的一切教学活动都应该围绕教学目标来进行。②教学内容准确。要保证教学内容的科学性和思想性。在进行教学时，教师既要突出教材的重点、难点和关键点，又要考虑教材的整体性和连贯性；既要注重新旧知识之间的联系，又要注意理论与实践的结合。在讲课时，教师对概念、定理等方面的表达要准确无误，对原理、定律的论证应确切无疑，对学生回答问题中所反映出的思想和观点要仔细分析。③教学结构合理。教学要有严密的计划性和组织性，各种方法有机结合、运用自如，师生密切结合，感情融洽，使教学过程中既有紧张的学习活动，又有活泼的气氛。⑤讲究教学艺术。教师要讲标准英语(或普通话)，语言流畅生动，语音清楚准确，语调抑扬顿挫，富有节奏感；教师的表情、动作要自然优美，富有感情。⑥板书有序。教师板书要字迹工整、清楚、布局合理；内容上要突出教学重点，详略得当。⑦充分利用现代化教学辅助手段。⑧作业量难易度得当。⑨充分发挥学生的主体性，这是上好课的最根本的要求，离开了这一点，以上的所有要求就失去了意义。

要评价一节课上得是否成功，可采用以下客观标准：①教学目标是否明确、适度；②教材处理是否科学、正确；③对教学内容的处理是否具有科学性、系统性、完整性和逻辑性；④教学思想是否符合课程改革的精神，教学方法是否得当、灵活；⑤教学效果是否明显、有效；⑥学生在教学过程中的主体地位是否得到凸显;⑦教学活动(过程)是否促进了学生的发展与提高(学生是否经历了求知的过程);⑧学生是否学会交往,是否建立了积极和谐的师生关系;⑨是否沟通教学与社会、生活的联系,拓展教学视野,完善教育内涵。此外,对教师的教学素养方面,如教师的文化底蕴、思维反应、教学语言、书写要求、朗读能力、课堂情绪,教态表现以及应变能力等也可作出适当的评价。

第五节　翻译课外活动

　　课外活动是培养全面发展人才的不可缺少的途径,是课堂教学的必要补充,是丰富学生精神生活的重要组成部分。课外活动又可以分为校内活动和校外活动。课外活动与课堂教学虽然都是实现教育目的的重要途径,但由于课外活动在活动内容、组织形式、活动方式上等方面又不同于课堂教学,因此,又具备了它自身的特点:①自主性。课外活动是在课堂教学以外进行的活动,组织者根据教育教学的实际需要,可经常随时随地组织形式多种多样、内容丰富多彩的活动,课外活动有时是学校或校外教育机关统一组织的活动,还有很多时候是在学校或校外教育机关的指导下,受教育者根据自己的兴趣、爱好、特长以及实际的需要,自愿地组织、选择和参加的活动。这样,不仅能发挥受教育者的积极性和主动性,而且能使受教育者的才能、个性得到充分发展,有利于受教育者的优良个性品质的培养。②灵活性。课外活动的开展,可以根据学校的实际情况和受教育者的身心发展状况等来确定。活动规模的大小、活动时间的长短、活动内容的选择等都可以灵活掌握，没有固定模式，生动活泼，灵活多样。③实践性。课外活动与课堂教学相比，具有很强的实践性。课堂教学中，受教育者可以获得知识，培养思想品德，提高审美能力等。在课外活动中，受教育者有直接动手的机会，在其亲自参与、组织、设计的各项实践中，获得了实际知识，提高了思想品德和身体素质，各方面的能力都在实践活动中获得了发展。

课外活动具有区别于课堂教学的自身所具有的特点，是课堂教学的延伸。在整个教育活动中，它的影响是广泛而深刻的。作为一条重要的教育，它在人的身心发展中有着重要的意义和作用。①课外活动促进学生全面发展，促进学生社会化；②促进学生在社会化过程中的个性化发展，能够在促进个体社会化的过程最大限度地满足个体在个性化方面的需要；③课外活动给学习生活增添了乐趣；④课外活动在发挥学生特长发面也起到重要作用。

鼓励学生积极参加形式多样的课外活动。下面就介绍与翻译有关的课外活动。①课外翻译练习和毕业实习等。一般翻译专业的本科生和研究生培养大纲里都有课外翻译练习和毕业实习的要求，MTI 的翻译实践报告对翻译字数也提出具体要求。这是刚性规定，否则无法毕业。②涉及外语知识和非外语知识，并参加各类知识大赛。因为做翻译工作者应具有广博的知识面，即具备"杂学知识"才能成"全天候"翻译人才。③各类各层次的翻译大赛。韩素音国际翻译奖、华政杯法律翻译大赛、全国口译大赛、海峡两岸口译大赛、全国机器翻译译后编辑大赛、全国外事外交翻译大赛、全国商务翻译大赛、"板桥杯"青年翻译(口译)竞赛、优译杯全国技术翻译大赛、"时珍杯"全国中医药翻译大赛等。④各类各层次外语大赛。翻译是以双语知识为基础的人类语言文化交际活动,因此各类外语大赛(包括听说读写)也是提高外语水平的,继而提高翻译水平。⑤翻译研讨会。目前全国各类翻译研讨会层出不穷,这是翻译专业的学生锻炼自己,走向社会的绝佳机会。建议高年级本科生、研究生积极参加。⑥网上讲座。由于疫情的影响,不少讲座都在线上进行。这种讲座形式深受欢迎,因为其省时、省力、省钱,更省事。⑦慕课。上慕课网,如中国大学 MOOC(https://www.icourse163.org/)学习。⑧各种外语和翻译学习网站。

第六节　合理施教

合理施教指的是为达到最佳教学效果而采取的最佳教学模式。教学模式不少,但哪个最佳,还真不好确定。根据翻译教学的特点,以下教学模式是经常会用到的。

一、启发式教学

启发式教学是指教师在教学过程中根据教学任务和学习的客观规律,从学生的实际出发,采用多种方式,以启发学生的思维为核心,调动学生的学习主动性和积极性,促使他们生动活泼地学习的一种教学指导思想。其特点：①强调学生是学习的主体，教师要调动学生的学习积极性，实现教师主导作用与学生积极性相结合；②强调学生智力的充分发展，实现系统知识的学习与智力的充分发展相结合；③强调激发学生内在的学习动力，实现内在动力与学习的责任感相结合；④强调理论与实践联系，实现书本知识与直接经验相结合。

施教之功，贵在引导。掌握并熟练运用常规的启发式教学形式进行施教，课堂教学必将出现一种不可抗拒的吸引力、魔术般的诱惑力，成为学生求知欲渴的动力。启发式教学的二十种方式如下：①目标启发式。教师要明确培养目标，要明确本专业课的性质、任务、基本内容和要求；还要明确教学过程中各个单元课程和各个教学环节，以及每堂课的要求，指出重点、难点、疑点、关键和要求掌握的程度等。只有这样，才能打开知识的大门，激发学生的主动性和积极性。②激疑吸引式。指教师在教学中有目的、有方向、蕴含吸引力的思维引导。在教学过程中，教师引导学生质疑问难、有意创设问题的情境，是打开学生心灵之扉、促使他们开动脑筋的一把"金钥匙"。启发学生"于无疑处生疑"。这样就能拓宽思路，启发学生多想、深思，培养探索问题的能力。它是从问题入手，引起悬念，意欲让学生从中寻觅问题的"归宿"和"落脚点"。在知识的重点、知识的联系、学生的思维发展上均可应用。③提问启发式。这一方法要求真正揭示事物的矛盾，形成问题的情境，引起学生积极开动脑筋、主动思考学习，达到"举一反三"的成效：点明知识规律性的提问；引起学生兴趣和求知欲的提问；分析或概括性的提问；启发引导学生提出问题的提问。④比喻启发式。教师要用具体形象的、学生熟知的事物做比喻,激发学生联想,启发思维,进行对照,化繁为简,化难为易,使学生生动活泼、妙趣横生地学习。教学中,教师应该在讲解抽象的概念时,用具体形象的事物加以说明。一般地说,越是深奥、抽象的道理,越需要借助比喻。教师要对比喻的素材进行认真的整理和加工提炼,注意比喻的通俗性、科学性和理想性。⑤反诘启发式。在教学中,当学生对于自己提出的问题或对教师提出的问题作出不完全、不正确的理解回答时,教师有时并不直接解答或纠正,而是提出补充问题进行反问,使学生在反问的启发诱导下,进一步开动脑筋,经过独立思考,自觉纠正错误或不足之处,找出正确的答案。⑥提示启发式。提示启发式基本上是以教师突出强调为特征的。它包括关键型、奠基型、例示型、比较型、实验型等形式。不管哪种提示,都是教师明确地强调问题的实质或准确地显示问题的突出特征,以此来引导学生积极思考,启发学生正确思维,同时也兼有激发学生的性质。⑦点拨疏通式。这是教学中调整学生注意力、纠正马虎认识、培养良好学习习惯的手段。学生认知中思维受阻引起中断时给予必要的指点,促进顿悟的瞬间思维引导。常以随时发现即时处理的方式贯穿教学始终。如发现个别学生注意力不集中,则说“现在有的同学已不在教室了”加以提示。教师教学中巧妙提示和点拨疏通常使学生体验到“山重水复疑无路,柳暗花明又一村”的愉悦之感。⑧情境启发式。在教学过程中,创造设置情景交融,形式多样,别具一格的教学气氛,使学生受到情境的熏陶和感染,则是激发他们动脑筋思考的重要手段和方法。运用这种方法有几种形式:情趣结合、情意结合、语言启发和环境启发。⑨示范启发式。示范启发式基本上是以教师的规范化示范来启示学生掌握某一技能的启发方式。它包括潜在型、解题型、操作型、口语型、榜样型等形式。不论哪种形式,都是通过教师向学生展示自己的规范化的分析解决问题的过程,来引导学生学会分析问题和解决问题。示范启发式的本质是向学生展示规范化的过程。⑩类推启发式。教师要善于利用学生的生活经验和感性认识,突破教材难点,引起他们的相关联想。通过概括化的活动,由此及彼、举一反三、触类旁通的进行学习。运用此法教学,要求教师要注意引导学生运用旧知识和已有的经验,去探讨新知识和未知领域的东西,把基础知识和基本技能掌握与创造性的思维活动结合起来。要从学生已有的生活经验和已掌握的感性认识实际出发,达到开发智力和开发能力的效果。⑪对比启发式。教学中对相互关系容易混淆的事物或知识,引导学生进行正反比较和新旧对比,启迪学生在比较和分析中加深理解,积极思考。⑫直观图示式。指教师根据教材特点和学生实际,适当运用各种教具、学具、电教手段进行有目的、有方向、有思考的演示或操作。图示式启发基本上是以用线段、字母或各种符号来勾画展现若干知识点之间的相互关系为特征的。它包括体系型、推理型、展示型等形式。而不管哪种形式,都是以最简明的网络或符号来揭示知识的内在联系。⑬讲练引导式。指教师在讲练课中,符合教学规律的整体思维导向,它贯穿整个教学过程。主要体现在教学的重要环节。其表现是,教师循循诱导于前,步步启发,学生求索于后,自行分析、综合、消化得出结论。⑭研讨启发式。在教学过程中,抓住关键问题,师生共同研究探讨,引导学生质疑问题,各抒己见,共同作出结论。⑮探究引路式。指教师在探究课中运用的启发式引导。探究中,"导演"在关键处进行思想引路,充分发挥"演员"的主体作用,集思广益地"排练演出",使课堂教学百花齐放,使学生各得其所。⑯假设式启发。假设式启发是以虚构的事例来说明某一观点是错误的,从而启发学生理解接受正确观点。在教学过程中,如果遇到学生赞同某一错误观点的不正常情况时,教师就不应硬性制止,而应用假设式启发,即用归谬法的论证步骤。一般是首先假设错误观点是正确的,再按错误观点的有关条件进行推理,结果引出矛盾的或是荒唐的结论,从而否定错误观点,肯定正确观点。⑰情感启发式。教师在课堂,运用恰当的语言表达,生动、形象的讲解,帮助学生更好地领会、掌握知识。教师在进行品德教育时,运用恰当的面部表情,能更好地传神入微,让学生领会教师的心意。一个赞许的点头、一个鼓励的目光、一个会意的微笑,都会渗入学生的心头,给予巨大的精神力量。心理学中有名的皮格马利翁效应,正是由于发挥了情感的信号效能,使学生感受到从教师的语气中、眼神里流露出来的期望之情而产生的奇妙现象。教师在组织教学的过程中,恰当地运用表情,可制止某些学生的不适当行为,不破坏整个课堂气氛,也不损伤那些学生的自尊心,达到"此时无声胜有声"的效果。同时,通过恰当表情,使语调抑扬顿挫,面部体态适当变化,也符合注意力规律,有利于学生注意力的保持。⑱自学指导式。教师在自学辅导课中研究教法,进行自学的思维引导。要求教课前应选择设计:怎样区分教材主次,易混淆的知识如何处理,如何审题,怎样确定解题步骤,怎样论证、检查、演算,如何优化自学时间,如何提高记忆力,如何利用智商等带有启发性问题,课中随时引路,等等。教师的正确启发指导是培养学生自学能力的"垫脚石",使学生既学到知识,又掌握学习方法。⑲故谬激思式。教师在讲授知识的重要地方,故意"脱轨"让学生纠正,意欲强化而采取的刺激性启发方式。它迂回穿插、曲径通幽,具有灵活的特点,在教师有意的或无意的教学情境中,促进知识的增值和巩固。⑳语言动作式。指教师适时运用恰当的表情、动作和艺术语言而达到"意会""传神""移情"的潜在启发引导,使学生逼真地掌握知识,在思想感情上得到感染。(给力, http://blog. sina. com. cn/s/blog_9d834eee0101d84e. html)

　　启发式教学法运用归纳法和演绎法来实现其意图。"练——讲——练"和"实例——规则——实例",即先让学生接触有关规则的典型翻译材料,引导学生在感知、理解这些材料的基础上,通过观察、对比、分析、归纳,自己悟出并自觉地运用翻译原则、策略、方法与技巧。此法为归纳法。与归纳法相比,演绎法则倒而行之,则先给学生讲授有关规则和理念,在举例验证这些规则和方法,使学生能触类旁通,达到举一反三的目的。第四章第三节"翻译原则和策略"和第五章第五节的翻译例句和剖析就采用的是演绎法。如果把这种排列反过来,这就是归纳法了(可参见该部分的例句)。

二、合作学习

合作学习是指学生为了完成共同的任务,有明确责任分工的互助性学习。合作学习鼓励学生为集体的利益和个人的利益而一起工作,在完成共同任务的过程中实现自己的理想。它提倡合作型目标结构,使得团体成员之间的交往更为频繁,相互帮助,相互鼓励,每一名成员都更大程度感受到自尊和被其他成员所接纳,因此使得他们在完成任务的过程中更为积极,成就水平也提高得更快。其教育功能:①培养合作精神;②培养交往能力;③培养创新精神;④培养竞争意识;⑤培养平等意识;⑥培养承受能力;⑦激励主动学习。

要科学地开展合作学习,使合作学习产生应有的教学效益,教师必须掌握合作学习的运作理念。①掌握协作学习观的理念。学生以小组为单位,通过合作和协作,完成学习任务,提高学习成绩,这是合作学习倡导者的最初出发点,也是我们在采用这一模式的主要目标。国内外多年的合作学习实践已经证实,合作学习能激发学生发挥出自己的最高水平;能促进学生间在学习上的互相帮助、共同提高;能增进同学间的感情交流,改善他们的人际关系;能提高学生学习能力和效率,使学习成绩的提高效果显著。②掌握学生主体观的理念。学生主体观是 21 世纪中国现代教育观念的核心,把学生放在教学的主体位置,是中国现代教育改革的主要目标。合作学习模式恰好适应了学生主体的教学需要。合作学习的基本教学方式是在教师的安排指导下,学生在小组内自主学习。这就要求教师在合作学习运作中,设计选择利于学生全程参与的教学过程和教学内容,让学生自主学习;让学生在参与过程中,学习知识、形成能力,使学生真正成为教学的主体。③掌握面向全体观的理念。素质教育的核心是面向全体学生,全面提高教育质量。合作学习的教学形式是实现这一教育思想的有效途径。因此,教师对合作学习的运作,一定要从面向全体学生的要求出发,一方面编组时小组成员应由有差异的学生组成,另一方面要从便于后进生充分参与学习上设计学习方式,安排学习内容,保证学生的全体参与,全体提高。④掌握创新教学观的理念。合作学习中的主体学习,全体参与,加上小组讨论和活动的形式,都为创新教学创造了极好的条件。如小组讨论形成的民主、宽松的氛围,会触发学生的创新思维,进而逐步形成创新意识。⑤掌握教师主导观的理念。合作学习在强调学生主体地位的同时,也极其重视教师的作用,但教师的作用只能用在"导"上。立足于学生的主体作用,在于激励学生的认知、情感和动机,为学生的参与创设一个充满民主、和谐、愉悦和思维智慧的教学环境氛围,为最大限度地激发学生的主体性,促进学生主动参与、主动发展创造良好的前提。⑥掌握新型师生观的理念。在合作学习中,教师与学生的关系应是情感相通、亲密无间、心理相容的朋友关系。因此,教师在课堂上必须保持良好的心态,这样课堂气氛就会和谐,师生关系就更融洽,易于建立最佳的教学情境。⑦掌握信息同步观的理念。课堂教学是师生双方共同参与的创造性活动。在教学过程中,教师输出的信息量和学生输入的信息量必须保持同步、相当,才有利于课堂教学有效信息量的优化。

因此,教师要兼顾多种因素的要求确定信息量,并形成序列刺激,以激活学生的接受能力和反馈能力,保持活跃情绪和积极进取心理。⑧掌握思维同步观的理念。课堂教学中存在着教师的思维和学生的思维,师生的思维要保持同步和统一,要求教师不仅要把握好教材内容的内在联系,理解透每单元、每节课的重点、难点和关键所在,而且还必须在授课前对学生进行定量、定性分析,针对学生已掌握知识的量和质,以及能力状况,找到已知与新知、已能与未能的结合点,然后有针对性地输出信息,以利于学生达到发展水平。总之,合作学习是一种人生态度,意味着相互欣赏和责任担当,真正体现了"我为人人,人人为我"的理念。简单地说,在合作学习方式下的课堂教学中,学生的知识结构包括书本知识、教师的个人知识、师生互动的知识以及学生互动的知识。

国内外普遍采用的合作学习的学习方式。①问题式合作学习。问题式合作学习是指教师和学生互相提问、互为解答、互做教师,即用答疑解惑激发学生学习兴趣的一种合作学习形式。这种合作学习形式又可分为生问生答、生问师答、师问生答,抢答式知识竞赛等形式。在实施教学时,应根据学生的学习心理特征设置问题。②表演式合作学习。表演式合作学习即通过表演的形式,激发学生的学习兴趣,培养学生自主探究的学习品质,或作为课堂的小结形式,检验学生对所学知识的理解。③讨论式合作学习。讨论式合作学习即让学生对某一内容进行讨论,在讨论的过程中实施自我教育,以达到完成教学任务的目的。比如讨论翻译的原则,学生意见各有不同;教师总结时可肯定学生的意见,告诉她们到现在为止专家也有不同的意见,最后给出翻译的基本定义:是一种语言文化交流活动。④论文式合作学习。论文式合作学习是指教师带领学生开展社会调查实践,并指导学生以论文的形式汇报社会实践的结果。此类活动一般每学期举行二至三次,重点放在寒暑假,比如社会对语言服务的需求和要求的调查报告。⑤学科式合作学习。学科式合作学习是指将几门学科联合起来开展合作学习。如引导学生从生态学、地理学、经济学、安全学等学科来解决翻译理论和实践问题。如从生态平衡角度解读作者、译者和读者之间的关系:译者作为中介,就像担着一条扁担,一头是作者,而另一头是读者。只有译者不偏心,保持中立态度,才能最终保持两者的平衡。这不就是翻译的标准,即忠实、通顺吗?

第七章　现代翻译教育技术的
开发与使用

　　提到教育技术,很容易让人想到幻灯、投影、电视、录像、计算机,还有那些为了解决多媒体教室中各种操作故障的技术人员,有许多人把教育技术看作是类似"拧螺丝"的物化技术,甚至有人索性称之为"机器"。当今,人工智能时代,大数据、深度学习、神经网络、语音识别、机器翻译等技术给翻译行业带来了巨大冲击,引发了翻译界对翻译技术的讨论热潮。语言服务行业已经发生重大变革,翻译教育应该如何迎接技术发展带来的机遇和挑战?

第一节　教育技术的定义和使用原则

　　根据美国 AECT(教育传播与技术协会)2017 年的定义,教育技术是"通过对学习和教学过程和资源进行策略设计、管理和实施来加强知识、调解和提高学习和绩效的研究以及对理论、研究、符合伦理道德的最佳实践"。(Educational technology is the study and ethical application of theory, research, and best practices to advance knowledge as well as mediate and improve learning and performance through the strategic design, management and implementation of learning and instructional processes and resources.)教育技术的研究对象是学习过程和学习资源,研究领域是理论与实践。教育技术的理论体系涉及哲学、教学理论、学习理论、传播理论、电子理论、美学理论以及系统论、信息论、控制论等。教育技术的实践就是用科学的思想、原理和方法去解决教育、教学过程中存在的问题。可以说教育技术是思想、理论、技术和方法的综合。它主要关注的不是现代信息技术本身,而是各种现代技术在教育、教学中的应用。它所追求的不是教育的机械化,而是教育的最优化。

现代教育技术是以计算机为核心的信息技术在教育、教学领域中的应用,是现代教育技术在信息社会发展的新特征,标志是多媒体技术和网络技术在教育、教学中的广泛应用。它要为学习者提供一个有利于观察、思考、比较的信息化教学环境,开发有助于创造教学的软件资源,培养具有创新意识的现代化的教师队伍,开展教学试验,探索并构建创造教育的新模式,把学生培养成积极的求异、敏锐的观察、丰富的想象、个性的知识结构的品质的人。毋庸置疑,现代教育技术是教育改革和发展的制高点和突破口,是教育走向现代化的必经之途。

使用现代媒体教学,可以使知识传播达到最佳效果,但运用不当,也会适得其反,为此,在选择和使用现代媒体教学时必须坚持以下原则:①服务性原则。在课堂教学中使用现代教学媒体,其目的是为课堂教学服务,为把课堂教学搞得更好,在课堂上不论放幻灯、放录像、放录音,还是搞其他演示、实验,其目的都是为了完成既定的课堂教学目标。②针对性原则。在课堂教学中使用现代教学媒体除了服务于课堂教学目标外,还应强调针对性,即针对班级教学及学生的实际,根据学校所能提供的教学媒体条件,根据学生的年龄特征,有选择地加以运用。③多样性原则。在条件许可的前提下,课堂教学尽可能多采用一些现代教学媒体,既可放录像,又可放录音,又可采用计算机辅助教学等。关键是看哪种媒体辅助教学能起到最佳效果。切记并非所有的教学内容都适合计算机教学。④适度性原则。虽然教学媒体对激发学生兴趣,提高课堂教学效果起着较大的作用,但又不可滥用。这就要求我们掌握好适度性原则,既要注意多种媒体的优化组合,又要注意一堂课不能用得次数太多、太滥。⑤持续性原则。在课堂中使用现代教学媒体,既是优化课堂教学内容所必需,又是电化教学发展的一种方向。我们要千方百计地创造条件,尽可能多地使用现代教学媒体,并要持之以恒,同时,还要在教学中自己动手,制作一些幻灯片、教学软件,使课堂教学收到传统教学所收不到的效果。(曹月英,2002)

第二节　计算机辅助教学

随着计算机技术的飞跃发展,计算机辅助翻译(Computer Aided Translation,CAT)为翻译学提供了一种崭新的翻译途径,也给翻译教学指出了新的探究方向。传统的翻译教学模式以教师讲授为主,学生处于被动接受状态。学生在课后进行翻译练习时没有交流的平台,信息得不到及时的反馈,无法获取辅助翻译信息。与此同时,教师由于缺乏对学生翻译过程的了解,难以给出正确的指导和客观的评价。将计算机辅助翻译应用于翻译教学中,使传统的翻译教学方式得以改进。对学生而言,计算机辅助翻译不仅提供了一本活词典,还提供了丰富的翻译示例、完整的语境和充足的背景信息。对教师而言,计算机辅助翻译就是翻译教学的助手,协助教师按照一定的需求将知识要点和难点提前输入计算机辅助翻译系统,达到理想的教学效果。(王涵,2018)计算机技术应用于翻译教学的潜力在于提高教学效率、增进教学效果、减轻翻译负担和锻炼翻译能力等方面,对于翻译教学的支持程度。

一、软件类型

以多媒体技术为基础的计算机辅助教学,将传统媒体与新技术产品(计算机、视频投影仪、网络等)融为一体,突出了灵活、方便、生动、迅速的优势。课件则是教学目标、教学内容与教学策略相结合的产品。课件的基本模式有练习型、指导型、咨询型、模拟型、游戏型、问题求解型、发现学习型等。这些都是教师日常教学所需要的,而且能使学生发挥主体作用,促进其自主学习。

1. Powerpoint,是微软公司设计的演示文稿软件。用户不仅可以在投影仪或者计算机上进行演示,也可以将演示文稿打印出来,制作成胶片,以便应用到更广泛的领域中。利用 Powerpoint 不仅可以创建演示文稿,还可以在互联网上召开面对面会议、远程会议或在网上给观众展示演示文稿。Power-point 做出来的东西叫演示文稿,它是一个文件,其格式后缀名为 PPT,或者也可以保存为 PDF 图片格式等,2010 版本中可保存为视频格式。演示文稿中的每一页就叫幻灯片,每张幻灯片都是演示文稿中既相互独立又相互联系的内容。

2. Authorware 是美国 MacroMedia 公司开发的一种多媒体制作软件,在 Windows 环境下有专业版(Authorware Professional)与学习版(Authorware Star)。它是一个图标导向式的多媒体制作工具,使非专业人员快速开发多媒体软件成为现实,其强大的功能令人惊叹不已。它无须传统的计算机语言编程,只通过对图标的调用来编辑一些控制程序走向的活动流程图,将文字、图形、声音、动画、视频等各种多媒体项目数据汇在一起,就可达到多媒体软件制作的目的。Authorware 这种通过图标的调用来编辑流程图用以替代传统的计算机语言编程的设计思想,是它的主要特点。其主要功能:①编制的软件具有强大的交互功能,可任意控制程序流程;②在人机对话中,它提供了按键,按鼠标,限时等多种应答方式;③它还提供了许多系统变量和函数以根据用户响应的情况,执行特定功能;④编制的软件除了能在其集成环境下运行外,还可以编译成扩展名为.EXE 的文件,在 Windows 系统下脱离 Authorware 制作环境运行。

3. Director 是 MacroMedia 公司开发的一款软件,主要用于多媒体项目的集成开发。广泛应用于多媒体光盘、教学/汇报课件、触摸屏软件、网络电影、网络交互式多媒体查询系统、企业多媒体形象展示、游戏和屏幕保护等的开发制作。后该公司为 Adobe 公司收购。使用 Director 使你能够容易地创建包含高品质图像、数字视频、音频、动画、三维模型、文本、超文本以及 Flash 文件的多媒体程序。如果你在寻找一种可以开发多媒体演示程序、单人或多人游戏、画图程序、幻灯片、平面或三维的演示空间的工具的话，那么 Director 就是你最好的选择。特点:帧动画与编程相结合的多媒体编制软件,用帧可以做出很多漂亮的动画,有 Lingo 语言可以编出你想要的交互,引入的外部的多媒体元素非常丰富。可是生成的文件比较大,在网络传输方面做得还不是很理想。因为非常专业,所以教师用此软件制作课件的不多。

4. Flash 场景式动画制作和播放软件。Flash 是美国的 MacroMedia 公司于 1999 年 6 月推出的优秀网页动画设计软件。它是一种交互式动画设计工具,用它可以将音乐,声效,动画以及富有新意的界面融合在一起,以制作出高品质的网页动态效果。Flash 的特点如下:①使用矢量图形和流式播放技术。与位图图形不同的是,矢量图形可以任意缩放尺寸而不影响图形的质量;流式播放技术使得动画可以边播放边下载,从而缓解了网页浏览者焦急等待的情绪。②通过使用关键帧和图符使得所生成的动画文件非常小,几 k 字节的动画文件已经可以实现许多令人心动的动画效果,用在网页设计上不仅可以使网页更加生动,而且小巧玲珑下载迅速,使得动画可以在打开网页很短的时间里就得以播放。③把音乐,动画,声效,交互方式融合在一起,越来越多的人已经把 Flash 作为网页动画设计的首选工具,并且创作出了许多令人叹为观止的动画(电影)效果。④强大的动画编辑功能使得设计者可以随心所欲地设计出高品质的动画,通过 Action 和 Fs Command 可以实现交互性,使 Flash 具有更大的设计自由度,另外,它与当今最流行的网页设计工具 Dreamweaver 配合默契,可以直接嵌入网页的任一位置,非常方便。总之,Flash 已经慢慢成为网页动画的标准,成为一种新兴的技术发展方向。

方正奥思多媒体创作工具(Founder Author Tool) 是由方正技术研究院面向教育领域研究开发的一款可视化、交互式多媒体集成创作工具。可用于创作多种类型的交互式多媒体产品及超媒体产品,如制作计算机辅助教学课件,另外还可以制作如电子出版物、用户产品演示、信息查询系统等等。方正奥思具有直观、简便、友好的用户界面,通过本软件,创作人员能够根据自己的创意,将文本、图片、声音、动画、影像等多媒体素材进行集成,使它们融为一体并具有交互性,从而制作出各种多媒体应用软件产品。方正奥思具有很强的文字、图形编辑功能,支持多种媒体文件格式,提供多种声音、动画和影像播放方式,并提供丰富的动态特技效果,以及具有强大的交互能力。奥思直接面向各个应用领域的非计算机专业的创作人员,所以,您不需要编计算机程序就可以制作出高质量的奥思产品。

由于翻译教师具有语言上的优势,所以还可以掌握一些难度较大的多媒体制作软件,如 Visual Basic、MEDIA Scrip 等及周边辅助软件,再如 Photoshophe 3DMAX 等。

二、搜索技术在翻译教学中的应用

随着计算机与互联网技术的飞速发展,海量的信息和数据如洪水般席卷全球。译者是否要利用好这些资源呢? 译者的信息检索能力也是其翻译能力之一。也就是说,"翻译是一种信息密集型活动。译者是信息的使用者、加工者和生产者,掌握各种信息资源、善于利用网络搜索查找信息,已成为信息时代职业译者的一种重要能力"。(王华树等,2017:37)

对译者而言,常用的搜索资源除了百度、谷歌这样的搜索引擎外,还有在线词典、在线语料库、机器翻译、百科、数据库、术语库等。在线词典如牛津词典(http://en. oxforddictionaries. com)、朗文词典(http://www. Idoceonline. com)、金山词霸(http://www. iciba. net)、有道词典(http://dict. youdao. com)等,在线语料库如 COCA(http://corpus. byu. edu/coca)、Linguee(http://www. linguee. com)、专利翻译网(http://www. wipleader. com)、中国法律法规汉英平行语料库(http://corpus. usx. edu. cn/lawcorpus4)等,主页数据库如 CNKI、Patentscope(世界专利数据库,http://www. wipo. int/patentscope/en/),术语库如术语在线(http://www. termonline. cn/index. htm)、联合国多语种术语库(UNTERM,http://untermportal. un. org/)等。

一般所搜的内容包括背景知识、搭配、同族文献、图片、专有名词、双语例句等。

译者还可通过网络资源为翻译学习服务,如中国日报网英语点津(Language Tips)(http://language. chinadaily. com. cn/news_bilingual/)等。

三、计算机辅助翻译软件在翻译教学中的应用

随着全球化进程的不断推进,国外大量非文学作品涌入国内,对此类文献翻译的准确性以及实效性的要求也不断提高,传统的人工翻译已经无法满足人们日益增长的需求。面对这种情况,计算机辅助翻译软件(Computer Aided Translation,简称 CAT)应运而生,不仅极大地提高了翻译的准确性和效率,对翻译教学也产生了十分积极的影响。

这里特收录王华树论文的一部分(稍有改动),供大家学习参考,并对其表示感谢。

BlackBoard 教学平台辅助下的计算机辅助翻译教学

Blackboard(黑板)是基于建构主义教学理论开发的综合性课程管理系统,是信息技术教育发展的产物。其主要功能包括网站管理、用户管理、课程管理、作业模块、通讯模块、投票模块、日志模块、测验模块、资源模块、问卷调查模块、Workshop(研讨会)模块、论坛模块等,可以支持混合学习模式,为学生提供多样化的信息呈现形式,营造真实的学习情景,促进学习知识的建构。在 CAT 教学过程中,笔者充分利用 Blackboard 系统,采取混合型教学方法,学生的积极性和创造性得到激励和发挥,取得了明显的教学效果。

一、计算机辅助翻译课程实施

BlackBoard（BB）平台可实现多种现代教育技术与 CAT 课程整合。在开课之前，笔者会在 BB 平台中将一学期的课程框架搭建好，包括课程通知、教学大纲、选修要求、课程目标、教学内容、互动分享、常用工具、常用概念、参考资料及课程论坛十大板块。

本课程按照周的形式组织内容，每次课程通常包括内容概要、课程讲义、微视频、演示案例、作业、拓展阅读、优秀作业展示七个部分。上课前，教师上传相关的资料供学生课前预习、课中演练及课后复习。

1. 基于 BB 平台的教学资源库建设

在 BB 平台中，当按照周的形式创建课程之后，每个课程区还可创建包括课件内容、视频、音频、网络连接等丰富多样的课程资源。CAT 课程涵盖内容广泛，仅仅依靠课堂很难完成教学任务，BB 平台这一特点为 CAT 教学提供了有力的支撑。以广义的 CAT 工具教学为例，此部分主要包括文本识别、语料回收、字数统计、格式转换、术语管理、质量检查、文档比较和拆合以及翻译排版等。笔者在课程区创建了"译者的电子资源库"栏目，按照难易程度，合理分类和引导，让学生以小组的形式"承包"一个模块的建设，并设立相应激励机制。根据课程活动统计数据显示，各个小组成员认真负责，及时制定分享内容和实施计划，定期召开小组会议，在共享区上传了网络链接、参考文献、相关工具、翻译记忆库、术语库和翻译案例库以及 PPT 展示文件，每个模块的内容都得到了极大丰富。结合教师上传的各种参考资料、课件、演示案例等资料，一学期下来,整个 BB 课程区成为一个 CAT 教学资源库,可循环使用和更新,极大丰富了课程内容。

实践证明,在教学平台上这种互动形式的 CAT 技术和工具的研究和分享,可引导学生进行探究式学习,充分发挥学生的主动性和创造性,提高学生独立学习和研究的能力。

2. 基于技术难点的"微课程"教学

移动网络、智能手机和平板电脑的迅速发展和普及,让在线学习和移动学习成为一种新的发展趋势,使随时随地智能化学习成为可能。CAT 教学经常会面临这样的挑战:课程内容宽泛,教学时间和师资力量相对不足;计算机基础较差的学生跟不上进度,能力较好的学生需要学习新的内容,课堂时间远远不够。BB 平台提供了多种视频格式上传功能,还可实现自动播放功能。

笔者除了在课程区提供课程内容概要、讲解案例、参考资料外,还利用简易视频录制工具,将软件操作细节性的内容以及技术难点,包括课堂演示过程,做成按照知识点切分的视频教程,为学生提供"自助餐式"的学习资源,方便学生随时随地点播或下载。这些微课程视频对于学生学习技术以及理解翻译技术有很强的针对性,同正式课堂教学相互衔接。学生可以随时随地登录系统观摩课程,也可将预习和学习过程中遇到的问题,带到课堂中集中讨论。这样可以解决部分同学跟不上教师讲解进度的问题,可极大减轻课堂的压力。

3. 基于 Web2.0 论坛的以学生为中心的教学

BB 平台可以搭建基于课程的论坛。论坛采用 Web2.0 技术,具有很强的交互性、开放性和知识建构性,可激发学生的学习动机与兴趣、创新意识以及探索精神,促进翻译技术知识的建构。

　　课程论坛鼓励学生将 CAT 工具实际操作中遇到的各种问题或学习心得发布到讨论区供大家讨论。学生可在论坛相应区域提问或发布 CAT 学习过程中遇到的问题截图,或者录制的操作视频,帮助再现问题场景。一旦帖子发布,系统会将讨论列表、作者、日期或主题信息分类,发送到参与者注册的 E-mail,教师可及时参与讨论并及时回复讨论区的问题。有些问题是教师从未遇到的,自己也在寻找答案,其他小组成员已经在教学讨论区抢先帮助解答了问题,这对于其他学生有很大启发和促进作用,而且在某种程度上减轻了教师的工作量。学生还可根据讨论话题的深度,反思自己现有的学习状态,如哪些是重点,哪些已经掌握了,哪些还存在困难等,随后可参考论坛区内容,进行课外自主学习。

　　经过课堂串讲和互动,课下论坛积极讨论,学生对 CAT 技术的理解以及软件操作能力基本上达到了教学大纲中期望的效果。经过日积月累,BB 平台中讨论的问题和讨论涵盖了 CAT 课程的方方面面,这些内容将会完整地保存在教学网上。选课学生可通过浏览器或 BB 移动终端在任何时间和地点访问 BB 平台,不再局限于有限的课堂和时间,实现了以学习者为中心的教学和学习模式。借助课程论坛,传统翻译教学中难以解决的多对矛盾得以化解,人本主义、建构主义、任务型、情景式教学等教学理念得以全面融入笔译教学实践中。

　　4.基于虚拟教室的远程 CAT 教学

　　Bb 平台中整合了视频课堂系统,支持多人网络视频会议,可以进行影像和声音的交互通讯,可满足远程课程需要的所有功能。它不但具有程序共享、桌面共享、电子白板、文件分发、文件传送等超强数据功能,还可以同步录制课程所有内容,供以后观摩学习。

计算机辅助翻译课程实践性、操作性较强。有时候课程中解决不了的问题,学生课下需要花费大量的时间研究,这常常需要远程协助。CAT 授课教师可充分利用网络视频功能,根据学生的需求在办公室或家中开通远程视频授课功能,共享电脑桌面及程序界面,同时启用视频和音频共享功能,手把手辅导学生 CAT 工具学习或研究中出现的问题。如某学生使用 SDL Trados 软件总是出问题,请求笔者诊断其问题出现在什么地方。通过桌面共享,笔者为学生重新安装了一遍软件,并通过视频录制功能记录下来,这样以后学生遇到什么问题,可以将视频地址共享,可以自己观看视频自己解决问题,避免了以后重复回答问题,节省了大量的时间。当然,此功能还可为外地学生异地授课,解决学生或教师不能到场的问题。

二、计算机辅助翻译课程考核

1. "项目驱动"的作业考核

基于项目的翻译教学也是基于建构主义教学理论指导的一种教学法,它提倡将真实的翻译项目引入课堂,强调在真实翻译项目中培养学生的认知能力和综合翻译能力,这种方法作为翻译训练的一种尝试和手段,具备实践性强和针对性强的特点,显现出传统教学所不具备的特点和优势,可作为当前CAT 教学的主要手段。

计算机辅助翻译课程不仅仅是要学会 CAT 工具如何使

用,更要求学生掌握 CAT 技术在翻译实践各个环节中的应用。笔者在讲解 CAT 技术的时候,引入项目教学模式,借助 BB 网络教学平台强大的功能,按照每次课程的目标,将来自翻译实践一线的真实翻译项目,精心修改作为翻译训练的内容。凡是进入课程区的项目,都具有前后关联性,持续性和阶段性,这样有利于学生全面了解技术在项目各个环节中的应用。

教师提前将完整的翻译"项目"(通常包括翻译文件、翻译记忆库、术语库以及参考资料等)发布到教学网作业提交区,按照翻译企业中翻译项目的要求发布"项目要求",同时通过"通知"功能向所有学生发布作业提醒。课堂上,教师先简单介绍项目,并操作主要步骤,然后鼓励学生自主提出方案完成全部任务。笔者要求学生完全模拟翻译企业运作,让学生在指定"作业"提交区按时保质提交最终项目。"作业"有明确的截止日期,过期不能再提交,同企业中的按时保质提交翻译如出一辙,作业不再是作业,而是真实的项目。

在这个过程中,实现了将翻译真实化,将课堂社会化,以任务为目标,让学生在教师设计的任务中思考和实践,启发学生思考用何种工具进行项目翻译以及注意翻译项目操作流程中的细节问题。基于翻译项目的教学方法,在带给他们压力的同时,也会给学生带来很大的自由空间,他们可以根据自己对课堂知识的理解同小组成员进行互动协作;结合 BB 平台中的论坛,提出项目过程中遇到的问题,其他小组可以帮助解决或教师及时解决。

2. "情景驱动"的在线测试

通过 BB 平台,用户可将原始试题资料录入生成试题库,题库可随机生成在线试卷,并可多次重复使用。在平时上课或者批改作业过程中,教师可将重点和难点问题录入题库中,系统提供多种题型可混合和选择应用,如单选、多选、判断正误、匹配、排序、填空和论述题。如果是随堂测试,可采用简单的选择题;如果是期末测试,则综合利用多种题型。笔者根据翻译实践中遇到的问题,在试题中用图文并茂的形式展示问题,学生必须在限定时间内完成任务,真实再现了在实际翻译工作中,工期短、任务量大、要求高、需要立刻解决问题的情景。这样情景化考核的形式,可考查到学生对知识和技能掌握的真实程度。

3. "数据驱动"的综合测评

CAT 技能的掌握必须在实践中得到加强,课堂讨论和出席只是课程考核的一部分,还需多角度考量。在 BB 平台中,所有课程资源都可设置"跟踪查看次数",教师可获得学生参与程度、档案、访问和查看日志、自我评估、论坛讨论、小组互评、小组协作等多方面的数据,学生所有课程活动记录一目了然,系统可针对单个学生或全体学生生成统计报告,方便教师进行全方位评估。

在高度信息化的课程平台辅助下,CAT 教学组织和实施的成本明显降低,师生间的讨论和交流更加频繁和密切,完成同样教学任务花费的时间和精力也更少,学生的积极性明显提高,学习协作性大大增强,极大地提升了计算机辅助翻译课程的教学效率。

（王华树,2015）

丁玫、王婷婷、张凤艳、张杰编撰的《计算机辅助翻译实用教程》(普通高等教育"十三五"规划教材)和钱多秀在其《计算机辅助翻译》(全国翻译硕士专业学位系列教材之一)中第七章"雅信辅助翻译教学系统演示",以及其他计算机辅助翻译教材对此有详细的论述,希望读者参阅学习。

第三节　教学课件制作

课件(courseware)指具有一定教育教学功能的计算机软件。课件的作用主要是直观显示教学内容,通过人机交互式的教学形式辅助课堂教学。在教学过程中,课件有助于突出教学重点,突破教学难点,激发学习兴趣,跨越时空的局限,拓宽学生的知识视野。

一、教学课件制作的原则

课件制作应该遵循五个原则:①兴趣性原则,课件能激发学生的学习兴趣,树立学习的信心;②实用性原则,课件的制作要结合教材内容和学生的实际需要,有利于学生获取语言信息并理解语言材料;③针对性原则,课件的设计应具有明确的针对性,或化难为易,或传递知识,或训练技能,或引发思考等;④交互性原则,课件设计要体现人机之间的双向交流;⑤辅助性原则,课件的作用永远居次要地位,它不会动摇学生在教学过程中的中心地位和老师的主体作用。

二、教学课件制作的一般流程

多媒体课件集文字、符号、图形、图像、动画、声音、视频于一体，交互性强、信息量大，能多路刺激学生的视觉、听觉等器官，使课堂教育更加直观、形象、生动，提高了学生学习的主动性与积极性，减轻了学习负担，有力地促进了课堂教育的灵活与高效。正因为多媒体课件在课堂教学中取得了巨大的成效，许多软件开发商生产了大量的课件，网上更有大量的课件供大家下载使用。但这些课件一般都存在一些问题，例如，与不同任课教师的教学实际严重脱钩，软件教学内容的深度和广度与具体的学生对象有一定的距离，有的针对性不强，应变力差，用于课堂教学存在较大的局限性，有的甚至把"应试"教育模式搬到各种课件中。在现代教育技术被广泛应用的形势下，多媒体课件的设计制作越来越成为广大教师所应掌握的一种教学技能，那么在实际操作中如何制作一个优秀的课件呢？

1. 选题

多媒体课件是一种现代化的教育教学手段，它在教学中有其他媒体所无法代替的优势，但我们使用多媒体课件时一定要适度，并不是每一节课都要使用课件，因此制作课件一定要注意选题、审题。一个课件用得好，可以极大地提高课堂效率，反之，则只会流于形式，甚至起到相反的作用。选题的基本原则：①选择能突出多媒体特点的课题，选择能发挥多媒体优势的课题,要适合多媒体来表现。②选择用传统教学手段难以解决的课题,选择学生难以理解、教师难以讲解清楚的重点和难点问题。③注意效益性原则。由于制作多媒体课件的时间周期比较长,需要任课老师和制作人员投入大量的时间,付出巨大的精力,所以制作课件一定要考虑效益性原则,用常规教学手段就能取得较好的效果时,就不必花费大量的人力物力去做多媒体课件。

2. 编写脚本

脚本一般包括文字脚本和制作脚本。文字脚本又包括教师的教案和文字稿本。制作一份优秀的课件,首先要求任课老师写出一份好的教案,而且是能体现多媒体优势的教案。文字稿本要明确教学目标,教学重点、难点,反映教学的进程以及教学的树型结构,明确课件的类型,使用的最佳时期(多媒体课件在课堂上的使用,应符合学生思维的递进性和教学的连贯性,在恰当的时候切入课件)。

制作脚本就是把教学进程具体化。制作脚本首先要对课件进行整体构思,要将主界面和各分界面设计好,将要用到的文字、图形、解说、音频、视频以及交互都要设计好,同时还要对播放课件的时间进行规划,对于配音、配乐可以请普通话讲得好的老师和音乐老师帮助、把关。一般情况下,教学流程的每一个子项的制作脚本模式可以如下设计:界面布局,界面说明屏显内容、屏显类别、屏显时间、交互控制配音及配乐。

3. 收集素材

理想的素材是制作优秀课件的基础,课件素材使用的优劣直接关系到课件的优劣。制作人员应建立一个素材库,平时要注意积累制作课件所需的素材,并且要进行登记,进行分类保管。课件素材的来源主要有以下几种方式:①自己制作。在平时空闲的时间里,我们可以制作一些原始的或相对稳定的素材,例如,用 flash 制作一些简单适用的动画,用 word 或 wps 制作一些常用的箭头或理、化实验中的实验器具,用数码相机摄制校园环境或学校举办活动的素材。②利用光盘上的素材。现在市面上有许多基于教材的素材光盘,与教材相对应的风景、建筑、人物以及音频、视频等素材琳琅满目。另外在课件评比、素材交流中留心收集优秀的成品或半成品素材。③利用网络资源。自己制作素材或利用光盘上的素材都存在一定的局限性,而在互联网上,可以说不同学科、不同类型的素材应有尽有,平时,一方面我们可以下载一些可能用得着的优质素材,另一方面要留心对一些提供大量素材的网站加以登记,记下网址,制作课件缺某些素材时,就可以有目的地直接到该网站上去搜索、查找、下载,当然使用时要注意版权问题。

4. 选择合适的制作平台

根据教学内容的不同,根据素材的类别以及课件的开发要求,我们要选择适合表现课件内容的制作平台。PowerPoint 是一种易学易用的软件,操作方法简单,它以页为单位制作演示文稿,然后将制作好的页集成起来,形成一个完整的课件。如果制作时间不充裕,结构比较简单,使用它能在短时间内编制出幻灯片类型的课件,具有较强的时效性。Authorware 是课件制作者用得最多的软件之一,它最大的特点是交互功能非常强,而且它能把文字、符号、图形、图像、动画、声音、视频整合在一起,能充分体现多媒体的优势。还有很重要的一点是,它是以图标为基本单位,是基于流程图的可视化多媒体设计方式,一般不需要进行复杂的编程,所以用它制作课件也比较简单。另外,制作多媒体的常用工具还有 Director(主管)、方正奥思、洪思多媒体编著系统,凯迪多媒体创作系统、ToolBook(工具书)等。

5. 制作合成

有了制作脚本并根据脚本的需要收集好了素材后,就可以利用多媒体创作工具对各种素材进行编辑,按照教学进程、教学结构以及脚本的设计思路,将课件分成模块进行制作,然后将各模块进行交互、链接,最后整合成一个多媒体课件。制作课件一定要注意以下几个原则:①内容与形式的统一。课件是用来辅助教学的,因此教学内容一定要有针对性,要有利于突出教学中的重点,突破教学中的难点。其次课件要符合教学原则和学生认知规律,内容组织清楚,阐述、演示逻辑性强。为了达到教学目的,还要采取一定的形式,我们可以通过新颖的表现手法,优美的画面,鲜明和谐的色彩以及恰当地运用动画和特技来调动学生学习的积极性和主动性,启发学生的思维。②注重参与性。在制作课件时一定要在课件中留下一定的空间,能让老师和学生共同参与进来,这样就能提高学生的学习兴趣和学习热情,学生就会融入教学当中。③注意技术性。许多一线老师的计算机水平不是很高,所以首先要求课件操作简单,切换快捷,其次要求课件具有良好的稳定性,在运行过程中,过渡自然,动画、视频播放流畅,不应出现故障;第三交互设计合理,页面跳转,人机应答都要合理。第四要求兼容性强,能满足各种相应媒体所要求的技术规格,在不同配置的计算机上能正常运行。

6.预演、评审、制作光盘

编辑制作完一个课件后,一般要在相应学科组进行预演,由教师从课件评价的标准等各方面进行评审,然后经过不断修改、补充、完善,直至达到最好的教学辅助效果。为了利于交流、便于保存,课件最后可以刻录制成光盘。

三、用 PowerPoint 制作课件示范

制作教学课件需借助相关的软件,如 PowerPoint 是专门用于制作电子幻灯片演示文稿的软件,Authorware 是基于图标的多媒体创作工具。易于学习和掌握的软件是 Power-Point。PowerPoint 是 Microsoft Office(微软办公软件)软件包的组成部分。PowerPoint 演示文稿的内容包括文字、图片、动画、声音和视频电影。用它制作的课件不仅可以在多媒体教室的大屏幕投影仪上直接演示,使教学生动、活泼和形象化,还可作为网上教材,实现教学资源的共享。

基于 PowerPoint 软件的设计原理和设置,制作课件的基本程序如下。

1.设计演示文稿为了使课件的演示条理清晰,表述明白,在制作 PowerPoint 之前,要根据教学目标、教学内容、教学的重点或难点来设计演示文稿。

2.创建演示文稿

(1)启动 PowerPoint

A. 单击"开始"按钮,指向"程序",然后单击 Microsoft PowerPoint ,进入 PowerPoint 的界面。

B. 单击"空演示文稿",然后单击"确定"。

C. 单击"标题幻灯片",单击"确定"。

D. PowerPoint 在浏览视图中显示空白的标题幻灯片。

(2)建立大纲

A. 单击"单击此处添加标题"文本框,然后输入演示文稿的标题。

B. 单击"单击此处添加副标题"文本框,然后输入副标题。

C. 在左边空白的地方单击,然后单击屏幕左下角的"大纲视图"按钮来建立大纲。

D. 如果想新建一张幻灯片,而不是在第一张幻灯片上继续输入的话,将光标置于副标题文本的最后,按"回车键",再单击"常用"工具栏上的"升级"按钮(或按 Shift+Tab)。

E. 在大纲视图中,输入第二张幻灯片的标题,按"回车键"。

F. 如果想在幻灯片的标题下输入内容而不是新建幻灯片的话,单击"降级"按钮(或 Tab)。

G. 添加适当的文本。每次按"回车键",都会创建一个新的项目符号。

(3)保存演示文稿在制作课件时,要注意经常存盘,以避免丢失文件内容。

A. 单击"文件"菜单,单击"保存"。

B. 将文件取一个便于理解和记忆的文件名。

C. 单击"保存"。PowerPoint 会自动将该文件保存成 PPT 格式。

（4）格式化演示文稿

A. 在幻灯片的背景中使用模板，单击"格式"菜单，单击"应用设计模板"。

B. 单击某个设计式样，它就会在预览窗口中显示出来。

C. 选中某个设计式样后，单击"应用"，这种模板就会在所有的幻灯片中应用。

D. 设置文字的字体、颜色、字号等。选择要改变的文字，使用"格式"工具栏或"格式"菜单中的"字体"选项来改变文字的格式。

（5）插入剪贴画

A. 单击"插入"菜单，鼠标指向"图片"，然后单击"剪贴画"。

B. 在"图片"标签中，单击一种类别。

C. 单击要在演示文稿中插入的图片，弹出快捷菜单，单击顶部按钮插入图片。

D. 单击"保存"。

E. 在演示文稿的任意位置单击，使"插入剪贴画"对话框转入后台。不用关闭它，这样就可以在需要的时候将其调入前台工作。

4. 绘制教学图形举例

（1）使用绘图工具绘制图形

A. 基本图形的绘制。单击"直线""箭头""矩形""椭圆"按钮，鼠标指针变为十字型，在幻灯片上拖动，即可画出相应的图形。拖动鼠标时，按住 Shift 键不放，可画水平线、垂直线、正方形或圆。单击"绘图"工具栏上的"线型""箭头样式"按钮，会出现一个相应的列表框，要改变被选择对象的线型粗细，在列表框中单击需要的线型即可。

B. "自选图形"的运用。单击"自选图形"按钮，会出现一个下拉菜单，其中有"线索""连接符""基本形状""箭头总汇""流程图""星与旗帜""标注""动作按钮"等多条选项。可在它们的子菜单中，选择一些图形，进行绘制。调节修改自选图形的形状：许多自选图形被选择后，在出现白色控点外，还会出现一些黄色菱形小块（调节块），拖动它可改变图形的某些特征形状。调节后，双击调节块，可恢复原来的状态。

C. 图形的颜色与填充效果。利用"填充色""线条颜色""字体颜色"按钮及其下拉列表框中的颜色列表给图形、线条及图形中的文字上色。单击有关颜色按钮右边的下拉箭头，打开颜色列表框，分别选择"其他颜色""填充效果""带图案线条"等，打开"颜色""图案""填充效果"等对话框，对图形填充的颜色、图案进行更多的选择变换。

D. 图形的旋转。单击"自由旋转"按钮，在图形的一些角上会出现绿色小圆点，鼠标指针变为环型箭头状，将其放在圆点上拖动，便可使图形旋转。

E. 图形的立体效果。在"绘图"工具栏的最右边有"阴影"和"三维效果"按钮，可用于图形的立体效果修饰。单击这两个按钮，将分别出现下拉菜单，其中提供了多种效果形式。利用里面的工具，可以对阴影和三维效果的各种要素进行细致的调整。

（2）对多个对象的选择、组合、分解、排列和叠放

A. 多个对象的选择。选择多个对象，可按住 Shift 键不放，分别单击各个待选对象。

B. 多个对象的排列和旋转。单击"绘图"按钮，在打开的下拉菜单中选择"对齐或分布""旋转或翻转"项，再从打开的子菜单中选择相应的命令，可对选择的多个对象进行排列、旋转、翻转等操作。

C. 多个对象的组合。要将被选择的多个对象组合成一个对象进行操作，可在"绘图"下拉菜单中选择"组合"命令。选择"组合"后，再选择"取消组合"命令，即可使组合对象分解。

D. 多个对象的叠放次序。图形互相重叠，后面的不透明的对象会遮住先画的图形。要改变它们的叠放顺序，可先选择对象，然后在快捷菜单或"绘图"下拉菜单中选择"叠放次序"项，再在子菜单中选择适当的命令，进行相应的操作。

第四节　选择课件编著软件的相关问题

这里要强调的是选择课件开发平台的基本原则、关于课件素材格式的问题以及可见系统的交互功能。

一、选择课件开发平台的基本原则

教师是实施计算机辅助教学的关键，但在信息技术高度发展的今天，要求教师都精通计算机是不现实的。因此，合理

地选择多媒体课件开发平台尤为重要。选用时应参考以下原则。

1. 切合实际。多媒体软件的选用应考虑自身掌握计算机技术的程度、教学对象、教学条件等实际情况。

2. 功能强大。多媒体开发工具应具有所见即所得、媒体集成度高、各种特殊效果丰富且易于实现的特点。

3. 兼容性强。课堂教学中需用的素材千变万化,开发平台必须要兼容绝大多数媒体格式,支持各种输入设备,能够采用或提供各种素材。

4. 不宜频繁更换软件。制作演示性课件的 PowerPoint 时必须掌握。根据教学需要,可进一步选取其他较为专业的软件,但因掌握选定软件并非一日之功,软件版本也不断更新,内容日益丰富,一旦选用,不宜轻易变更。

（舒白梅,2005:171）

二、课件素材格式

课件开发流程一般包括整体构思、总体设计、设计创作脚本、素材准备、课件著作和调试打包等步骤。文字、图形、图像、声频、动画、视频、电影等均作为素材元素。素材的采集和编辑依靠一些工具来完成。素材元素的格式种类繁多,不同的软件对素材元素的支持格式相异,只有符合所选的编著工具软件支持的格式,才能导入和连接。同时,还应减少文件占用空间,因此就会出现一个文件格式的转换问题。如使用超级解霸 AVI(音频视频交错格式)到 MPEG(动态图像专家组)

格式的转换;用 Microsoft PhotoEditor ACDsee(微软专业图像处理工具)软件进行图片、图像的格式转换。又如,为减少容量,Authorware 内置了波形文件转换为超级音频格式文件的转换器。(舒白梅,2005:172)

三、课件系统的交互功能

交互性课件最为明显的表现就是课件的设计和在教学中的运用。很大程度上,信息资源的收集、处理、改造,以及面向学生展现、演示等,这些过程都体现在课件的设计上面。在其不断探索发展的过程中,课件的发展趋势必然是走向具有更大、更强的交互性层面。交互性课件是现代信息技术在教学中的运用,已经深刻影响了我们的教学理念,改变了传统的教学模式,形成了在现代信息技术环境下的新型教学模式。

教学的需要决定了课件的交互功能必须强大,制作多媒体课件应充分发挥其交融性,将其做成几个模块,可随时跳转,也可顺序播放,课件应提供友好的交互界面。实现课件的交互功能,主要有两种形式,即利用软件的交互图标和使用脚本语言。如在 Authorware 中提供了 11 种交互方式,有按钮响应、热区响应、目标响应、事件响应等;如 Flash 的动作脚本语言具有丰富的语言元素,包括常量、变量、运算符、表达式、函数、属性、动作、对象和电影等。与创建交互性课件密切相关的有按钮、电影剪切和相应的事件和动作,如 OnMouthEvent 动作用于检测鼠标事件和键盘按键事件,OnClipEvent 动作用于处理电影剪切事件。(舒白梅,2005:172)

第八章　翻译教学评估与错误矫治

教学评估是翻译教学和学习过程中的重要环节,它是用以评估和检验翻译教学效果和达到教学期望值水准的手段,是对学生的翻译能力作出准确、公正的测量,是学校和教师检测教学效果,取得反馈信息的主要方法。教学与评估有着密切的关系,评估在一定程度上支配着教学。建立科学、规范、系统的翻译教学评估机制是翻译教学得以健康发展的有力保障。它不仅对学生负责,也是对教育本身负责,在评估过程中,注重评估的多元性、科学性、反馈性,以评促建,以评促改,才能真正达到评估的目的,实现教学过程和教学评估的和谐统一。

第一节　教学评估的目的与原则

教学评估是依据教学目标对教学过程及结果进行价值判断并为教学决策服务的活动,是对教学活动现实的或潜在的价值作出判断的过程。教学评价是研究教师的教和学生的学的价值的过程。教学评价一般包括对教学过程中教师、学生、教学内容、教学方法手段、教学环境、教学管理诸因素的评价，但主要是对学生学习效果的评价和教师教学工作过程的评价。教学评价的两个核心环节:对教师教学工作(教学设计、组织、实施等)的评价，即教师教学评估(课堂、课外)、对学生学习效果的评价，即考试与测验。评价的方法主要有量化评价和质性评价。

一、教学评估的目的

教学评估的目的是:①科学诊断。对教学效果进行评价，可以了解教学各方面的情况，从而判断它的质量和水平、成效和缺陷。全面客观的评价工作不仅能估计学生的成绩在多大程度上实现了教学目标，而且能解释成绩不良的原因，并找出主要原因。②监督激励。对教师和学生具有监督和强化作用。通过评价反映出教师的教学效果和学生的学习成绩。经验和研究都表明，在一定的限度内，经常进行记录成绩的测验对学生的学习动机具有很大的激发作用，可以有效地推动课堂学习。③有效调节。评估发出的信息可以使师生知道自己的教和学的情况，教师和学生可以根据反馈信息修订计划，调整教学的行为，从而有效地工作以达到所规定的目标。④推动教学。评估本身也是种教学活动。在这个活动中，学生的知识、技能将获得长进，智力和品德也有发展。

教学评价的方法:测验、征答、观察提问、作业检查、听课和评课等。

　　传统的课程评价是以纸笔测验来检验学生最终获取书本知识的多少，进而衡量课程实施的效果，多采用总结性评价（Summative Assessment）的方式。总结性评价又称终结性评价、事后评价，一般是在教学活动告一段落后，为了解教学活动的最终效果而进行的评价。学期末或学年末进行的各科考试、考核都属于这种评价，其目的是检验学生的学业是否最终达到了各科教学目标的要求。总结性评价重视的是结果，借以对被评价者作出全面鉴定，区分出等级，并对整个教学活动的效果做出评定。形成性评价（formative evaluation）是相对于传统的终结性评价而言的，是指在教学过程中为了解学生的学习情况，及时发现教学中的问题而进行的评价，即注重过程而不是结果。形成性评价常采用非正式考试或单元测验的形式来进行。测验的编制必须考虑单元教学中所有重要目标。通过形成性评价，教师可以随时了解学生在学习上的进展情况，获得教学过程中的连续反馈，为教师随时调整教学计划、改进教学方法提供参考。具体地说，形成性评价，对学生日常学习过程中的表现、所取得的成绩以及所反映出的情感、态度、策略等方面的发展作出的评价，是基于对学生学习全过程的持续观察、记录、反思而作出的发展性评价，即是为学生发展服务的。其目的是激励学生学习，帮助学生有效调控自己的学习过程，使学生获得成就感，增强自信心，培养合作精神。形成性评价使学生从被动接受评价转变成为评价的主体和积极参与者。

　　多年来，翻译测试一直以主观题为主，客观题只占全部测试的一小部分，尚处于探索阶段。而人们一般认为主观题出题、评分难度都很大,试题的效度和信度都难以得到保证,所以对各种翻译测试的系统研究都不多见。随着语言服务业和翻译职业化的发展,翻译测试不再是传统语言测试的一个种类,而是呈现出独立学科的性质,并具有跨学科的属性。(王鸣妹,2017)

二、教学评估的原则

一般来说,教学评估的原则有客观性原则、整体性原则、指导性原则、科学性原则、发展性原则等。①客观性原则是指在进行教学评价时,从测量的标准和方法到评价者所持有的态度,特别是最终的评价结果,都应该符合客观实际,不能主观臆断或加入个人情感。因为教学评价的目的在于给学生的学和教师的教以客观的价值判断,如果缺乏客观性就失去了意义,因此而导致教学决策的错误。②整体性原则是指在进行教学评价时,要对组成教学活动的各方面做多角度,全方位的评价,而不能以点带面,一概而论。由于教学系统的复杂性和教学任务的多样化,使得教学质量往往从不同的侧面反映出来,表现为一个由多因素组成的综合体。因此,为了反映真实的教学效果,必须把定性评价和定量评价综合起来,使其相互参照,以求全面准确的判断评价客体的实际效果,但同时要把握主次,区分轻重,抓住主要的矛盾,再决定教学质量的主导因素。③指导性原则是指在进行教学评价时,不能就事论事,而是要把评价和指导结合起来,要对评价的结果进行认真分析,从不同的角度找出因果关系,确认产生的原因,并通过及时的、具体的启发性的信息反馈,使被评价者明确今后的努力方向。④科学性原则是指在进行教学评价时,要从教与学相统一的角度出发,以教学目标体系为依据,确定合理的统一的评价标准,认真编制、预试、修订评价工具;在此基础上,使用先进的测量手段和统计方法,依据科学的评价程序和方法,对获得的各种数据进行严格的处理,而不是依靠经验和直觉进行主观判断。⑤发展性原则是鼓励师生、促进教学的手段,因此教学评价应着眼于学生的学习进步和动态发展,着眼于教师的教学改进和能力提高,以调动师生的积极性,提高教学质量。

第二节　总结性评价

总结性评价是事后评价,一般是在教学活动告一段落后,为了解教学活动的最终效果而进行的评价。

一、总结性评价的原则

翻译测试是检验学生综合运用语言转换能力发展程度的重要途径。舒白梅(2005:175-176)认为,好的测试一般具有五个特征,即有效性(validity)、可靠性(reliability)、区分性(discrimination)、可能性(feasibility)和教育性(educability)。

有效性(效度),指翻译测试能测出预定要测量的事务的程度,或能够引起预报作用的程度。如用语篇翻译考察翻译能力就比用词或句更有效。有效性反映在测试的不同方面,验证有效性须通过多种途径收集数据。如内容有效,即考试内容的代表性,选择内容须广泛;结构有效,即试卷结构的合理性,兼顾翻译内容和技能的各个方面;共时有效,即现行考试与以往考试的关系,与教师掌握的情况相比较;预测有效,即考试成绩与学生以后发展的关系;答题有效,即学生答题是否认真,是否作弊等。

可靠性(信度),指翻译测试的测量结果一致性的程度,包括考试的可靠性和评分的可靠性,即稳定一致的程度。

区分性(区分度),指某次翻译测试能够区分参加考试学生优劣的程度。

实用性,指实施翻译测试的难易程度,投入的人力和财力,评卷的难易程度和解释分数的难易程度。如大规模考试应考虑便于操作和试卷保密,主观题评分的可靠性方面。

教育性,即良好的反拨作用(backwash effect),指翻译测试对翻译教学和学生学习的反拨作用和影响。好的测试会对受测者和教育者起正确引导和教育作用。反之,就会引起负面的反拨作用,如题海战术,把正常的翻译教学变成枯燥的应试技巧训练,用考试、做题冲击教学,替代讲课和练习等。

二、总结性评价的形式与内容

舒白梅(2005)认为,教学评估的形式与其内容密切相关,从评价注重过程还是结果来看,有形成性评价(formative assessment)与终结性评价(summative assessment);如果按学习阶段来划分,有编班测试(placement test)、随堂测试(classroom test)、期中测试(mid-term exam)和期末测试(final exam);如按用途分类,有水平测试(proficiency test)、成绩测试(achievement test)、译能测试(translation aptitude test)和诊断测试(diagnostic test);如果按照所测得翻译项目范围分,有离散项目测试(discrete-point test)、综合性测试(integrative test)、交际性测试(communicative test)和语用测试(pragmatic test);如按评分方式的不同而论,还可分为主观性测试(subjective test)和客观性测试(objective test);从所参照的对象看,测试还可分为准则参照性测试(criterion referenced test)和常模参照性测试(norm referenced test)。

考试的内容要视其目的而定,编班测试的目的是让教师了解学生的水平,决定教材的难易、课时分配等问题。因此,这种测试题目一般设计的内容全面,从易到难的坡度较多,有一部分题目要超出教学大纲,以便把学生的档次拉开。而随堂测试、期中测试和期末测试则应以课本、教学大纲为依据,全面反映出高阶段学生应该掌握的教学内容与技能。这四种技能都属于成绩测试。

水平测试考查学生的翻译能力,其目的是了解考生对某种知识和技能是否具有所需水平,其一个重要特点是并不根据任何一个教学大纲或教材来命题,而是从整体水平了解应试者的知识和能力。水平测试一般用于选拔人才,其成绩是参照一种常模进行解释,像我国的全国翻译专业资格(水平)考试(CATTI)和上海翻译资格考试。

译能测试,也称为翻译素质测试,用来预测学生学习某两种语言间的转换能力。译能测试的性质很像智能测试,所不同的是智能测试是对一个人的智力的全面评估,而译能测试则主要预测一个人学习翻译的天赋。

离散项目测试是测量个别翻译项目知识的测试,集中考查翻译的某一个方面,如词、句子、段或篇的翻译,或只考查学生单方面的技能,如直译、意译、改译、创译、补漏、减肥、裂分、合并等。由多项选择题组成的测试一般是离散项目测试。而综合测试则是同时考查翻译的多方面知识和技能,如译写就要求学习者同时运用语法、词汇、阅读理解、写作、翻译等知识才能做好。翻译多属于综合性测试。

交际性测试的基本思想是,翻译能力不但包括词汇、语法等知识,还包括交际(语言转换)能力,即用得体的语言完成交际任务的能力。

语用能力实际上是检测语言自然性的测试,即语言在实际生活中的应用,要求在一定的语境下译文不仅要达意,还要符合译入语的表达审美习惯。语用测试的项目有两点要求,一是学生必须考虑上下文语境对语言成分的限制,二是学生要能把语言成分与外界环境结合起来。

主观性测试是按照评卷人的个人判断而评分,包括翻译、回答问题等类型的测验项目;客观性测试则是不用阅卷者个人做出判断即能评分,如正误题、多项选择等类型测验项目。

准则参照性测试是根据既定的标准考查学生成绩的测试,如何看待学生的成绩要参照这个既定标准,而不是参照其他学生的分数;常模参照性测试则用来测量特定学生的成绩与作为常模的学生的成绩相差多远。如何看待学生的成绩要参照常模的分数,而不是某一既定的标准。常模参照性测试还被用于各类选拔性考试中。由于标准参照性测试只考虑受测个人在测试中的语言行为,不考虑测试中别的受测者的表现,不做受测者个体之间的差异比较这一特点,它常常用于诸如学业考试(achievement tests)、资格考试以及各类会考和统考中。

第三节　形成性评价

　　形成性评价是相对于传统的终结性评价而言的,是指在教学过程中为了解学生的学习情况,及时发现教学中的问题而进行的评价,既注重过程而不是结果。它倡导学生自主地完成学习任务,在学习过程中体验成功和收获,培养合作精神,从而实现培养实用型、学习型翻译人才的目标。如何在翻译教学中有效地推行过程性教学法引发深思,将形成性评价引入过程性翻译教学中,以多层次、多元化的阶段性测评来调解学习过程,为教学双方提供及时、真实的诊断信息。(刘喜玲,2014)

一、形成性评价的主要原则

　　形成性评价既是一种手段,又是一种学习方式。在笔译教学中实施形成性评价的意义主要体现在以下几个方面:①激发学生学好翻译的动机,②激励学生树立学习英语的自

信心,③促进学生英语学习综合能力的发展,④为教师提供教学反馈信息。(刘喜玲,2014)

形成性评价是在教学过程中进行的,向学生和教师说明学生学习进展的测试,只包括被考的内容,说明学生是否需要增加学习量或注意力。形成性测试通常以及格或不及格表示,如不及格,学生就得加强学习并重新参加考试。

形成性评价的主要主张和特点:①重视翻译学习过程,而不是翻译学习的结果;②重视动态的进步,而不是静态的位置;③认为学习和测试是有机的整体,而不是分阶段的分离的任务;④翻译学习本身就是一个不断学习的终身教育过程,而不是考试前的阶段性任务;⑤鼓励合作性学习,而不是学生间的竞争或攀比;⑥重视学生是否达到课程标准,而不是学生的成绩在班里的位次;⑦关注学生的进步和能力,而不是学生的弱点和失败;⑧重视学生参与和进步(建立学生档案),而不是一次的考试成绩(保存试卷);⑨注重实体或评价的多种可能性答案,而不是答案的唯一性;⑩鼓励教师开发有意义的课程内容,而不是为考试、为名次教学。(舒白梅,2005:178-179)

二、形成性评价的主要方法

形成性评价的方法是多样的,下面是几种主要的形式。①课堂观察。教师通过对学生在课堂上听课、交谈、使用教材或运用语言的观察,评价学生的学习情况,观察纪录可以是表格统计的形式或日记形式。②学生成绩档案。教师可以为学生建立一个档案袋,记录学生在学习过程中所做的努力和取得的成绩,增强学生的参与意识和学习热情,并作为自我评价的依据。③学习周记。安排学生写周记总结和归纳本周的学习内容,分享喜悦,反思不足,总结经验,探讨技巧。这是师生交流的有效途径。也可安排学生写读书笔记,通过读后感思考问题,表达自己。④问卷调查。给学生发放问卷,通过问卷引导学生有效地、正确地评价自己的学习。问卷可以是自我评价,也可以是相互评价。⑤面谈。教师定期安排与学生面谈,通过面谈了解学生对自己学习情况的感受和看法,以评价学生的进展。⑥讨论。安排学生座谈,给学生提供互相交流的机会,这种互动讨论为教师提供了具体的评价机会。(舒白梅,2005:179)

进行形成性评价时要有计划地跟教学内容灵活设计,评价要有利于学生的情感投入,有利于学生的自主学习,有利于培养学生的学习策略,有利于学生生动活泼地学习。

第四节　教材的选择与评估

在学校开展教育工作的过程中,教材是十分重要的教学资料,它是教师开展相关教学活动所必须遵循的基础。伴随着我国经济和整体科技水平的提升,教材建设成为国人高度关注的话题,因此,认识和了解教材选用过程中需要遵循的相关原则,分析目前教材选用和评估过程中普遍存在的问题,有针对性地提出对策建议,是高校所必须关注的重要课题。

针对我国教材是否能够正确选用,是保障教学秩序,稳定教学质量的重要前提,因此,教材在选用过程中,必须遵循如下原则。①坚持正确的政治导向。②教材内容需要满足国家对不同层次人才的培养目标设定。③关注教材和教学工作的关联性。④教材内容需保持完整性和稳定性。⑤教材内容和结构需要满足教学客观规律(教材属性与选用者需求一致;教材难易度与选用者水平一致;全面分析与教材亮点相结合;时代性与实用性相结合;理论与实践相结合;阶段性原则,即及时修订完善;纸质教材与电子教材相结合)。⑥教材选用需要符合择优性原则。针对优秀教材的评价,主要需要遵循以下几个标准,即较高的思想水平、较高的科学水平和较强的教材适应性,较好的图文水平。上述原则,是在教材选用过程中所须遵循的,基于上述原则,可以让选用的教材质量趋于稳定,并且不会受到外界因素的影响,保障我国人才培养的质量。(张晓东,2021)

教材选用过程中面临的主要问题:①教材选用制度不完善;②现有教材版本老旧,内容雷同度高;③教材管理不到位;④教材选用部门设计不健全;⑤针对教材评价反馈渠道不顺。上述问题的客观存在,导致我国学校中所使用的教材存在诸多的问题,各科教师很难实现对教材的高效利用,因此深入分析造成这一现象的原因,并通过相关路径对这些问题进行解决,是教师必须要重视的问题。(张晓东,2021)

处理教材选用问题的对策建议:①建立健全教材准入制度;②择优进行教材选用;③教材需系统化管理;④对现有的教材选用机构进行完善;⑤对现有教材评价机制进行完善,关注使用效果反馈。整体来讲,我国在教材管理方面,必须基于时代发展背景,基于专业的技术发展变化,及时对教材内容进行变革,正确进行教材选用,提高教育水平,为我国人才培养工作作出应有的贡献。(张晓东,2021)

教材是翻译课教师最关心的问题之一。在选定教材之后,有时教师会发现,所选教材不能完全让其和学生来完成翻译课的教和学。因此,他们在教授某个内容时,把教材和其他一些参考资料结合起来,去粗取精。至于材料的选择,除了课本和参考书提供的练习外,报纸、杂志、电视节目以及教师课余从事翻译实践的一些文本等都可成为取材来源。

总之,教材应该形式新颖,题材多样,版式引人入胜,内容及安排使学生不感到紧张,能鼓励学生树立信心。教师使用起来得心应手。教材不能仅仅依靠控制性训练,应该为学生提供翻译实践的机会已经达到语言文化交流的目的。应考虑到教师的教学风格和学生的学习风格,顾及其不同的情感因素,允许学习有一个沉默期。教材应该能够最大限度地开发学生的学习潜能,并能鼓励智力、审美和情感的介入以激发大脑左右半球协调工作。教材应该提供学习成果反馈的机会等等。

第五节　翻译错误分析的理论与实践

在语言习得过程中,错误是不可避免的且常见的现象。学习者在理解和产出语言的过程中总是会出现错误。这是外语学习者内化目的语规则的必经之路。错误分析理论通过对学习者所出现的语言错误进行分析,揭示出其中存在的一些普遍规律,并可以采取相应措施加以纠正。这不仅有助于了解学习者的创造和发展自身语言系统的心理过程,也能够帮助教师了解学习者遇到的困难及在教学活动中采取相关的改进措施。

错误分析理论由语言学家科德(S. P. Corder, 1918—1990)提出。在"学习者所犯错误的意义"(The Significance of Learner's Errors)一文中,科德提出要区分错误(error)和失误(mistake)两个概念。他认为错误是由于学习者尚未完全掌握目的语语言规则,从而导致其语言偏离目的语的标准,是不可能完全避免的;而失误则是由于粗心、疲惫等因素影响出现的口误或笔误,与学习者语言能力并不相关,可以通过强化自身意识等手段得以避免。通过对错误的分类和研究,教师可以获知学习者对目的语的掌握程度,还有哪些不足需要改进,并在教学中采取相应的措施解决。对学习者而言,错误也有重要意义。学习者通过对自己错误的分析总结,可以避免今后出现类似错误,从而提升自己的翻译能力。从 20 世纪 60 年代以来,错误分析理论已作为应用语言学研究的一个重要分支迅速发展起来。然而现存的相关研究中,许多研究只是针对英语学习者写作产生的问题,或是关注英语教学中出现的广义问题,对翻译中的错误考察并不多见。(孟健,2015)

一、翻译错误类型

错误分析最早的创导者科德在《应用语言学入门》(Introducing Applied Linguistics,1973）一书中提出简化了的三种语言错误类型。第一阶段,形成系统前(pre - systematic ）阶段。形成系统前的错误是指学生在未掌握外语之前,利用已学外语语言知识表达思想、进行交际活动中所犯的语言错误,这是超越学生语言发展阶段性质的错误,学生自己不知道犯了错误,更不会自行改正错误。第二阶段,形成系统(systematic)阶段。形成系统的错误是指学生在学习语言的过程中经内化已形成所学语言的规则系统,但由于理解不确切或理解不完整而产生语言错误。例如,学生把 I went shopping yesterday 说成:I goed shopping yesterday。对这类性质的错误学生能说明 goed 是 go 的过去式,但他不知道 go 是不规则动词,有特殊的变化,所以接触正确的用法后会自行改正。第三阶段,形成系统后(post - systematic ）阶段。形成系统后的错误是指学生在学习语言过程中经内化已形成比较完整的语言规则的系统,但由于未能养成习惯达到脱口而出的熟练程度而产生的语言错误。如上例学生已知 go 是不规则动词,使用过去时态要用 went,但由于熟练程度不够,仍会出错。对这类性质的语言错误,学生知道错误的原因,能自行改正。(崔蕾,2008)

二、产生错误的原因

翻译错误的归因,学者们有不同的看法。柯平(1989)认为,翻译错误的原因错综复杂,但究其大概,似乎可以从三方面入手分析,这就是言内因素(译者对自己的工作语言掌握不够的时候,容易犯欠额翻译,即翻译不足或超额翻译,即翻译过头的错误。)、言外因素(穿凿附会,曲解原文),以及译者有意识或只无意识遵奉的翻译原则。他认为,也有兼有言内言外因素导致的翻译错误,如错解原义和使生误解(使读者对原文产生误解)。周玉红(2004)将其归类为语序翻译错误、语法翻译错误、上下文理解歧义导致的翻译错误、由于采用逐字死译的形式主义翻译方法导致翻译错误、对英语习语的不了解而致使句子翻译错误和分离结构的翻译错误。王爱琴(2004)将翻译错误归因为望文生义、主观臆断,混淆语法结构,缺乏逻辑分析,任意增删、不能熟练运用翻译技巧和表达不到位。

总之,翻译错误的原因可归为理解原文错误、译文表达错误、逻辑语法错误、语境错误、语序错误、文化错误、未正确使用翻译方法和技巧而导致的错误等。

第六节　分析纠正翻译错误的方法

知错就改。既然获知了翻译错误的类型以及翻译错误的发生原因,那在本节就谈谈如何纠错的问题了。

一、步骤和方法

根据科德(Corder)的错误分析理论,错误分析主要包括下面五个步骤。①收集资料。用来进行错误分析的语言材料主要是外语学习者口头或书面的表达材料。②识别错误。识别或判断错误的标准主要有两条：一是根据目的语的语法规则，二是目的语的使用规则。③错误分类。将收集到的错误按一定的标准进行分类，确定错误类别。④分析原因。分析产生错误的原因并改正，才能达到学习的目的。⑤评价错误。分析评价错误的严重程度，为制定有效的外语教学计划和教学策略提供科学依据。下面我们就举例说明。

　　下例根据错误分析理论和学生翻译的实例，从词汇、语法、句法、篇章、思维和习惯表达的掌握程度层面剖析母语和翻译的关系问题，分析学生的种种错误，找到错误原因，并提出相应的改进办法。以下所选语料为当代散文家石洪涛和胡文的散文作品《相携》。作品歌颂了一对衣衫褴褛、饱经沧桑、艰难地相携向前的夫妇。字里行间流露出作者对简单幸福的认可和渴望。散文以自由灵活的方式，书写了作家的感悟和情感。因此，对其的翻译不仅要满足翻译过程中基本要求，即"意义相符、功能相似"，最重要的是要满足读者的审美需要和情感要求。下面以学生的翻译错误实践为例，进行识别、解析和评估。

　　第一步，收集资料。

During this period – and since the industrial revolution began – the physical science has in general been in the forefront of the scientific movement. Man has exerted much greater efforts to control the forces of inanimate nature than to understand himself and the world of life of which he is a part. This situation is not, however, likely to endure much longer. It really begins to look as if the biological sciences are now surging ahead.

原译:在这一段时间里,也可以说从工业革命开始以来,**物理科学**总的来说一直处于科学运动的前列。人类为了控制无生命的自然力所花去的精力比为了了解本身和包括人类在内的生命世界的精力大得多。不过,这种状况不可能延续太久。事实上,目前状况已经开始表明,似乎生物科学正在蓬勃向前发展。

（赵振才例句）

第二步,识别错误。

读了这段译文,总感觉有地方逻辑不通。怎么能拿物理科学跟生物科学进行对比呢? 物理科学不是照样可以应用到生物科学中(如生物物理学)吗? 而且,"物理科学总的来说一直处于科学运动的前列"怎么跟"人类为了控制无生命的自然力所花去的精力比为了了解本身和包括人类在内的生命世界的精力大得多"不搭配,不搭界呢? 显然,这里的 the physical science 的理解和翻译肯定有问题。

第三步,解释错误,分析原因。

鉴别出错误,并作描述和分类后,对学习者为什么会犯这些错误做出解释,以进一步改进研究和教学。原来,国外关于科学的分类跟我国是有些区别的。国外的自然科学(natural science)还可细分为生物科学(biological science)和非生物科学(physical science)。如下例句:

The fields of inquiry to which the general designation science may be appropriately applied are broadly divided into social science and natural science. The latter is further subdivided into biology and physical science. Physical science is generally considered to include astronomy, chemistry, geology, mineralogy, meteorology and physics. (*Mc-Graw-Hill Encyclopedia of Science and Technology*)

第四步,评估错误。

评估学习者的错误主要是从听话者或读者的角度来看错误对理解的影响程度。上述错误对交际影响较大,严重妨碍思想交流,会使交际渠道不畅,易引起误解。探讨错误根源使我们理解了学习者产生错误的来龙去脉,同时对探究学习者学习语言的认知过程也有启发。认识错误还不够,还需要对错误进行纠正。

改译:在这一段时间里,也可以说从工业革命开始以来,**非生物科学**总的来说一直处于科学运动的前列。人类为了控制无生命的自然力所花去的精力比为了了解本身和包括人类在内的生命世界的精力大得多。不过,这种状况不可能延续太久。事实上,目前状况已经开始表明,似乎生物科学正在蓬勃向前发展。

这样一调整,译文通顺了,不仅上下文有了密切的联系,而且也跟整篇文章的主题思想挂上了钩。关键是,保证了译文安全畅通地传递给译语读者,避免了译语读者对原文的误解,取得翻译的最佳效果。

综上所述,学习者的翻译实践中随处可见母语痕迹,母语的负迁移问题严重。因此,学习者在翻译过程中应努力克服母语语言、思维、文化的负迁移,积极促进母语语言、思维、文化在翻译过程中的正迁移。

二、批改作业的技巧

教师要善于从作业中抓住学生的思想动态,主动介入其学习生活乃至心灵世界。当学生将辛苦写好的作业交给老师时,有些老师通常是在作业本上打上对错,对于完成好的作业再简单地写上一个字的评语,最后写上批改日期,就算完事了。有些老师常常有意无意地将自己一些不满情绪带进对学生作业的惩罚中。所以,很多学生认为写作业是一件费力不讨好的事情,写了作业之后又要提心吊胆地看教师的神色行事。怎样让学生改变这种境况,喜欢上作业的批改呢?应实施趣动式作业批改模式,这一模式的核心就是"沟通",让作业作为媒介,在教师和学生之间展开平等的交流与对话。教师在批改作业的时候,要善于从作业中抓住学生的思想动态,主动介入其学习生活乃至心灵世界。除了趣动式的批改外,对学生作业情况的统计和分析也是非常重要的。统计数据可以给我们提供多样化的分析视角,让我们反思作业编制是否合理,作业难度是否恰当,课堂教学的目标达成度是否高。这对改进教学,提高教学效果的针对性很有帮助。

教师批改作业时,完全正确的题,打上一个红"√";而在做错的地方,老师要给予画上一条红线,再在旁边画上一个小小的红"?",必要时还可以写上旁批,即指出错在哪里?造成错误的原因是什么?应如何纠正?

一个小小的红"?",它是一个提示,是老师对学生的一种期待,是给学生一个再思考、再分析、再挑战的机会,它能引起学生的注意,让学生知道只要越过了这个红"?",就可以达到胜利的彼岸,也就能得到一个红"√"了。这为激发学生学习兴趣,提升学生学习质量起到一个重要的推动作用。

学生拿到作业本后,一旦看到作业中的红"?",就知道这个地方有问题,就会自觉地去检查、去重新思考它,从而纠正它,即使自己不能独立地解决,还可以和同学讨论或请教老师,以最终达到弄懂的目的。

应将教师的批改与讲评紧密结合,让学生向老师和同学展示自己的才华,和大家分享思考的乐趣。作业的讲评,老师们普遍重视。但关注点多在解题思路的引领和对学生错误的纠正上。由此形成了学生"做"、教师"评"的一种任务模式。做作业是完成教师布置的任务,等待教师对作业完成的情况给予评价。由于学生始终处于被动的地位,因此做起来没有兴趣,讲评的时候也不关注。要让学生爱上作业,关键要让学生明白作业是学生赋予自己的一项责任。在讲评的时候,更要让学生向老师和同学展示自己的才华,和大家分享思考的乐趣。换句话说,就是要创造"展示与分享"为核心思想的作业讲评方式,让作业讲评成为师生学识、情感交流的纽带,体验到民主的氛围、平等的交往、纯真的情趣、进步的快乐。其实,学生也可相互点评或小组轮改。学生就是在点评与被点评的交往中,逐渐学会创造精品和赏识鼓励,提高了习作练习的价值追求。

第九章　翻译教育的历史与发展

翻译与传播有利于促进世界各国、各民族的相互了解,消除隔阂;有利于维护世界和平,促进世界各族人民和谐相处,共同发展。探索翻译教育,就不能不论其发展历史,知其来龙去脉。只有回顾历史,面对现实,才能开创未来。

第一节　翻译教育的历史

不同国家和民族之间的语言交流从古至今都是存在的,翻译就是其交流中的桥梁。也就是说,翻译教学在历史上一直都是存在的,要么是自然形成的,要么是师傅带徒弟模式的。一般在边境地区居住的人们由于受其优越的地理环境影响,从小就习得了两种或多种语言,最早从事翻译的人就是这些人。后来随着国家和民族交往越来越多,翻译的需求量也就越来越大,慢慢就形成了一种职业。这时,翻译教育就开始了。下面就回顾一下世界翻译教育史和中国翻译教育史。

一、西方翻译教育史

翻译教育是同人类的生存、交往和发展几乎是同时存在的,只是有史可查的时间并不长。维瓦里乌姆修道院是历史学家、政治家,并在东哥特王国朝廷内任过执行官、首席行政官等要职的卡西奥多罗斯(Cassiodorus,480—575)于 555 年创立的。他对翻译的主要贡献在于大量收集手稿,组织修士抄写各种神学作品和世俗作品,并进行研究和翻译,从而保护和发扬了古罗马的文化遗产。最早组织官方翻译机构的是格列高利一世(Gregorius I,540—604)590 年登基后所设立的官方翻译机构,隶属于教廷图书馆,主要从事东西欧之间的宗教和行政管理文件的翻译。这种为处理官方日常事务而建立的翻译机构本身就具有相当重要的历史意义。它是后世各种翻译机构的先驱。

阿尔弗列的国王(King Alfred,849—899)是英国早期的一位有学问的君主。他在国内建立教堂,引进教师、学者,组织一批人把大量的拉丁语作品翻译成英语。他主张有时逐词译,有时意译,尽量做到明白易懂。

在七、八世纪,阿拉伯人向外扩张,征服了希腊。大批叙利亚学者来到雅典,把希腊作品译成古叙利亚语,带回巴格达,使得巴格达获得阿拉伯"翻译院"的称号,成为阿拉伯人的学术中心。阿拉伯语作品于 11 世纪中叶大量涌向西班牙,托莱多代替了巴格达的地位,成为欧洲的"翻译院",从阿拉伯语把大量的希腊作品译成拉丁语。托莱多大规模翻译的历史意义在于:①标志着基督教和穆斯林教之间友好的接触;②带来了东方人的思维,传播了古希腊文化,活跃了西方的学术空气,推动了西方文化的发展;③由于许多译者同时也是学者,在托莱多讲授各门知识,托莱多便成为当时西班牙以至欧洲的教育中心,并在某种意义上成为西班牙中北地区第一所大学的前身。托莱多的翻译活动代表了西方翻译时尚一个重要的发展阶段。(谭载喜,2004:38-40)

17世纪,英法两国的国势遥遥领先于欧洲其他国家,两国迅速发展,经济日益繁荣,受教育的人数不断增加,越来越多的人有了阅读、写作与翻译的要求。这就为翻译实践的进一步开展和翻译理论的深入研究创造了有利条件。17和18世纪统治法国大部分学校的是耶稣会和詹森派这两个宗教派别的成员。在这些学校里,翻译成为一门必修课程。耶稣会极力推崇古人的文学风格,并讲究译作风格的优美,而不注重原作的精神实质。詹森派虽然不像耶稣会那样讲究语言风格,但他们站在厚今薄古的立场上,也往往任意增删原作的内容。由于相当多的翻译家都曾就读于耶稣会和詹森派开办的学校,所以当时的翻译流派在很大程度上受到这两个派别的影响。就翻译理论而言,18世纪是西方翻译史上重要的发展时期,尤其是泰特勒的《论翻译的原则》,可视为西方翻译史上首部较为完善的翻译理论专著。

17世纪以至整个英国翻译史上最杰出的译作,是1611年出版的《钦定圣经译本》(Authorized Version)。它是由47名学者分别在西敏寺、牛津大学和剑桥大学三地承担任务完成的。这是由官方支持的大规模集体翻译。这些译者比古代译者自然更讲究科学性,他们制定了一套详细的翻译规则,不允许译者按个人好恶做不当的增减,以确保译本的正确性和权威性。钦定本的最大特点是,译文语言通俗纯朴。译本获得了在所有《圣经》英译本中的统治地位。

20 世纪被称为"翻译时代",一方面是这一时期的翻译已扩大到各个领域,另一方面是翻译教学的普遍展开。随着联合国及其各专门机构的建立,翻译人员的需求日益迫切。为了满足这一需要,一些专门培养翻译人员的学校相继成立。其中最著名的是巴黎第三大学的高等翻译学院和渥太华大学的翻译学校。巴黎第三大学的高等翻译学院为一所公立学院,是世界顶尖的高翻殿堂之一。其会议同声翻译硕士(Master professionnel：Interprétation de conférence)的入学要求非常高,除了母语,还要求极其熟练地掌握二至三种外语,其毕业生能够在大型国际会议中担任同声传译的工作。可授予翻译本科、硕士和博士学位。渥太华大学的文学院的口笔译分院(School of Translation and Interpretation，Faculty of Arts，University of Ottawa)自 1936 年起便在全加率先开设职业翻译课程。可授予翻译学士、硕士和博士学位。

欧美的许多大学也于高年级开设翻译班或翻译课。现在,不少大学都在招翻译学士、硕士和博士。

二、中国翻译教育史

我国的外语教学源远流长,这源于中华民族在漫长的历史发展中开创的辉煌文明。远在秦汉时期,中国就已经成为东亚的中心,并同周边国家开展了频繁的外贸往来和文化交流。这种密切的交往少不了专业的外语人才。

我国初期翻译佛经,纯粹是私人活动。翻译程序大致这样:由某个外僧背诵经文,另一人将经文口译成汉语,叫作"传言"或"度语";再由一人或数人把口译的汉语记录下来,做一番整理和修饰,称为"笔受"。到了前秦苻坚和后秦姚兴时期,才开始组织译场,由私译转入官译,译经有了比较细的分工。除了原来的"口授""传言""笔授"外,又增加了"录梵文""正义"(或考正)和"校对"三道手续。除了由译主担任的"口授",其他手续都可以由几个人共同担任。当时参加的人数非常多,动辄千百人。据僧睿《大品经序》说,鸠摩罗什于弘始五年(403)重订《大品经》,整整花了一年时间,其中"校正检括"就用了四个月零八天。当时有五百多人在场,姚兴参加。先由鸠摩罗什将梵文口译成汉语,讲出义旨,经五百多人详细讨论后,才写成初稿。译文用字,极为审慎,胡本(西域诸国文本)有误,用梵文校正,汉言有疑,用训诂来定字。全书译成,再经过总勘,即复校一遍,首尾通畅,才作为定本。唐代玄奘主持译场,组织更为健全。当时翻译的职司就有十一种:①译主,为译场主脑,具有最高权威,精通汉文和梵文,深谙佛理,遇到疑难能判断解决;②证义,为译主的助手,凡已译的意义与梵文有差异,由他与译主商量解决;③征文,或称证梵文,译主诵梵文时,由他留心原文有无讹误;④度语,依照梵文字音改记成汉字;⑤笔受,将录下的梵文字音译成汉文;⑥缀文,整理译文,使它符合汉语习惯;⑦参译,校勘原文是否讹误,又用译文回证原文有无歧义;⑧刊定,由于汉文梵文的文体不一样,要去芜删冗,以使译文简洁;⑨润文,从修辞上对译文加以润饰;⑩梵呗,翻译完成后,用梵音唱念,检查音调是否和谐协调,便于僧侣诵读;⑪监护大使,为钦命大臣,监阅译经。在这十一个职司中,"缀文""证义"等往往由多人分担。这些人都是由朝廷从全国各地大寺院的名僧中遴选出来的。这样,每译一经,都是集众人才智,经反复勘修,译文就更加完善了。玄奘主持译场期间,培养了一批翻译人才,著名的如嘉尚、薄尘、灵辩等。玄奘的译场组织制度,也为后代的一些译经院所因袭继承。

根据已经发现的史料,我国最早的正规培训译员的机构应该是元朝于公元1289年在大都(今北京)设立的国子学,这是为了适应中国与西域各国经济文化交流日臻频繁和中西海陆交通逐年发达的需求而设立。它是元朝掌管教习"亦思替非"文字(波斯文)的学校。收官吏、富人子弟入学受教。延佑元年(1314),设监官,授学士之职,教习"亦思替非"文字。生员学成后,多充任各官府译史。学者益福的哈鲁丁,精通"亦思替非"文字,也在专门机构任职,教授该文字。

明代永乐五年(1407),因四周邻国纷纷前来朝贡,十分需要懂得邻国语言文字的翻译人员,于是朝廷决定设立翻译学校。当年三月,设立四夷馆,隶属礼部翰林院。四夷馆培养了批量外交外事人员,为国家的社会经济发展做出了应有的贡献。另外,四夷馆制定规章制度,纪律严明,是后世语言学校的典范。

京师同文馆(School of Combined Learning)是清末官办的外语专门学校,由恭亲王奕䜣和文祥于1862年8月24日正式开办,初以培养外语翻译、洋务人才为目的,以外国人为教习,专门培养外文译员,属总理事务衙门。京师同文馆后,还建立有上海广方言馆,还有广州同文馆、新疆俄文馆,再后来兴办近代新式学堂,出现了京师大学堂、湖北自强学堂等。以京师同文馆为例,分为学习洋文与不学习洋文两大类,对于学习洋文者而言,馆中有英法德俄四种洋文,规定第一年认字写字,粗识词句,讲解浅显易懂的书籍。第二年练习文法,翻译句子。第三年讲授各国地图,阅读各国历史,翻译选编。第四年学习代数学,翻译公文。第五年研究格物即物理学、几何原本、平三角、弧三角、翻译书籍练习。第六年学研机器、微分积分、航海测算、练习译书。第七年学研化学、天文测算、万国公法、练习译书。第八年学习天文测算、地理金石、富国策、练习译书。1900 年,京师同文馆并入京师大学堂即北京大学前身。上海广方言馆内设英文、法文和算学三馆,于 1869 年并入新设的江南制造总局翻译馆,改订教学课程,扩大教学内容,中西科目一起学习。中学科目有经学、史学和时艺。西学分为上下两班,初学者入下班,学习外国公理公法,如算学、代数学、几何学、重学、天文、地理、绘图等科目,都是初级。上班学习地质炼金,选用材料铸造机器,制造木铁各类器具,拟定机器图样,学习海法及水陆攻战,外国语言文字,风俗国政。题目中所列选项,近代物理(即当时的格致)、近代化学、近代数学(即当时的算学)、近代天文、近代地理都有了,之所以表明近代字样,原因在于设立了翻译机构,增设或改进了从国外引进的相关科目,中西并修,使传统的中学科目得以焕然一新,近代教育科目出现。

　　我国近代第一所高校翻译兼出版机构"南洋公学译书院"，它曾在中国翻译事业留下了浓墨重彩的篇章。"变法之端在兴学，兴学之要在译书"，南洋公学译书院在其运作期间，不仅解决了当时南洋公学教材匮乏问题，还影响了中国一代学人的思想观念。从 1898 年建立到 1904 年因经费紧张被迫裁撤，短短四年多，南洋公学译书院共翻译出版东西方各种书籍 69 种，囊括兵书、政书及教材等。其中最为知名的译著正是严复翻译的英国政治经济学家亚当·斯密《原富》。南洋公学译书院出版的《原富》一书，既作为公学学生的必读教材，在校内使用，又作为一般的学术著作，在校外发行，一经出版，立即引起巨大社会反响，一时洛阳纸贵。南洋公学译书院是作为南洋公学的附属机构而设立的。19 世纪后期，中国近代实业巨子盛宣怀在其兴办实业的过程中，痛感人才匮乏、能人奇缺。在其同乡何梅生、美籍文化人士福开森等人的大力鼎助、具体操办下，南洋公学在 1896 年诞生。1897 年春天，南洋公学亦即后来的交通大学迎来第一批学生。当时有关中国经史大义的书籍，随处可见；但有关西方科学技艺的书籍却无处可觅，只能直接采用进口英文原版教科书进行教学。作为国人自己创办的新式高等学校，岂可无中文教材？盛宣怀曾再三强调"近日东西人士观光中夏者，靡不以兴学为自强之急图，而译书尤为兴学之基础"。在李鸿章推荐下，盛宣怀聘请后来主持商务印书馆的张元济为南洋公学译书院院长。张元济主持译书事务长达四年之久，向院外通晓西学的知名人士约稿，如严复、吴文聪、王鸿章等，使著译选本的题材得到了拓宽及开掘，提高了译书院的著译水平。随着译书院翻译出版图书增多和学习风气高涨,一些唯利是图分子纷纷盗版翻印,使译书院蒙受巨大损失。张元济及时上书盛宣怀,后来译书院又上书江苏省江南分巡苏松太兵备道袁海观,请求颁布出版特许权保护文告,明确提出了"保版权"概念,首开我国版权保护之先河。(许旸,2018)

1941 年,为满足外语人才的需要,中国共产党在延安成立中国人民抗日军政大学三分校俄文队。俄文队历经军委俄文学校、延安外国语学校、华北联大外国语学院、中央外事学校等主要阶段。至 1949 年,发展成为北京外国语学校(北京外国语大学前身)。

1949 年后,国内外语教学大发展。1949—1978 年这一时期因为国家建设需要大量懂外语的人才,语言学习是学界、业界的主要任务,翻译教学被视为强化外语能力提升的一种手段,人们普遍认为"学外语就能够做翻译"。这一时期学校均设有外语课程或外语专业课程,培养的是听、说、读、写、译五大能力,是翻译学科及翻译专业发展的萌芽期。1979—1986 是翻译学科建设与翻译人才培养探索期。1978 年改革开放,翻译学科建设与专业人才培养探索也随之拉开序幕。这一时期诸多标志性事件对中国的翻译学科建设及专业发展带来深远的影响。1979 年北京外国语大学创办"联合国译员培训班",开中国专业化翻译人才培养之先河;同年,对外经济贸易大学和上海海事大学开始招收"翻译理论与实践"方向硕士研究生,标志着我国开始高层次翻译人才培养的探索;1982 年,我国翻译领域唯一的全国性社会团体——中国翻译工作者协会成立。此外,1986 年,国务院学位委员会批准北京外国语大学和上海海事大学设立"翻译理论与实践"硕士学位授权点,开始招收硕士研究生。就学科地位而言,这一阶段的翻译学科仍附属于外国语言文学之下的三级研究方向,但是翻译教学与语言教学的分野逐渐清晰。1987—1996 是翻译学科争鸣期。焦点是翻译学能否成为一门学科。1993 年起,国家社会科学基金等各类基金出现翻译研究立项;同年,广东外语外贸大学(简称广外)和厦门大学与英国文化委员会合作设立了"高级翻译人才培训项目";1994 年北京外国语大学成立了高级翻译学院;1994 中国文学学会成立"翻译研究会";1995 年中国译协成立"翻译理论与翻译教学委员会"。就翻译学科地位而言,该阶段翻译学科仍处在外国语言文学学科下的研究方向,但是翻译学科研究对象领域和边界逐渐清晰,学科内外交流更为活跃,中国译论体系初步建立,教学单位和研究共同体正式成立,学科建设和讨论热情高涨。1997— 2010 年是翻译学科与翻译专业发展期。1997 年,广东外语外贸大学率先成立了我国大陆第一个翻译系,把翻译作为一门专业进行教学,标志着中国翻译学科和翻译专业教育真正走上了发展的正轨。此后数十年,翻译学科和翻译专业虽经质疑和辩论,但学科概念愈发清晰,专业性质愈加鲜明,研究对象领域更为宽广。2003 年和 2005 年,广外和上外分别成立了高级翻译学院;2003 年,人事部翻译专业资格(水平)考试首次开考;2004 年,上外获准设立独立的翻译学学位点,招收翻译学硕、博士研究生,中国翻译学学科建设进入了新阶段;2005 年,中国翻译协会发布了《翻译服务译文质量要求》;2006 年,教育部批准广外等三所高校试办翻译本科专业(BTI);2007 年,国务院学位委员会批准设置翻译硕士专业学位（MTI）。2010 年，中国译协举办了首届"中国国际语言服务行业大会"，"语言服务"概念正式推出，从语言学习到语言服务的过渡条件逐渐成熟，为翻译学科建设和人才培养树立了新航标。（仲伟合、赵田园，2020）

第二节　翻译教学法

在历史长河的翻译教学的过程中，学者一直进行着坚持不懈的努力和探索，寻求翻译教学的最佳方法。因而不同的时代，都会推出其各具特色的翻译教学方法。但由于时间和空间的限制，每一种翻译教学法都无法达到人们所期望的完美标准。国外的教学法流派主要分为结构派、功能派和人文派。结构派教学法的主要特点是以语言解构为主要教学内容，且教师是课堂的中心，如语法翻译法、认知法等；功能派的主要特点是以语言功能项目为纲，以培养交际能力为目的，其主要教学思想是内容决定形式，语言是交际的工具，如交际法等；而人文派主张以人为本，教师的教要为学生的学服务，且情感因素在翻译教学中与认知能力同样重要，如沉默法和暗示法等。

其实，不管何法，都是学者对翻译教学的有益探索，各有其利弊。学习有法、学无定法、贵在得法。下面就介绍十二种常见的翻译教学法，供大家参考。

一、语法翻译法

语法翻译法(Grammar Translation Method),也叫翻译法,它的最简单的定义是:用母语教授外语的一种方法。它的特点是在外语教学过程中母语与所学外语经常并用,如老师说"apple",学生马上说出"苹果"。语法翻译法是外语教学的原始方法,它是历史的产物,它的产生是外语教学发展的必然。它培养了大批符合当时社会需要掌握阅读外语能力的人才。它在外语教学法方面的主要成就:①创建了外语教学中利用母语的理论,在教学实践中把翻译既当成教学目的,又当成教学手段。②主张讲授语法知识,重视理性,注意磨炼学生的智慧,强调在教学中发展学生的智力。③主张通过阅读外语名著学习外语,进而培养学生阅读外语的能力。

语法翻译法所遵循的教学基础原则:①语音、语法、词汇教学相结合。②阅读领先,着重培养阅读与翻译能力,兼顾听说训练。③以语法为主,在语法理论指导下读译课文。④依靠母语,把翻译既当成教学手段,又当作教学目的。

在课堂教学中,使用语法翻译法教学的教师,不必有流畅的外语口语,一般只要按照课文,逐词逐句地进行翻译讲解,用母语解释清楚所学语言的准确意思即可。课堂教学过程比较好控制,选择对学生的测试方法也比较容易。

语法翻译法的优点:①在外语教学里利用文法,利用学生的理解力,以提高外语教学的效果。②重视阅读、翻译能力的培养,重视语法知识的传授以及对学生智慧的磨炼。③使用方便。只要教师掌握了外语的基本知识,就可以拿着外语课本教外语。不需要什么教具和设备。④在外语教学里创建了翻译的教学形式,对建立外语教学法体系作出了重大的贡献。缺点:①未能恰当地发挥母语在外语教学中的积极作用和过分强调语言知识的传授,忽视语言技能的培养,语音、语法、词汇与课文的阅读教学脱节。②过分强调用翻译法进行教学,容易养成学生在使用外语时依靠翻译的习惯,不利于培养学生用外语进行交际的能力。③强调死记硬背,教学方式单一,课堂教学气氛沉闷,不易引起学生的兴趣。

随着科学的进步,教学经验的不断丰富,翻译法吸取了其他教学法的一些优点,不断修正和完善自己,在以阅读为主的情况下,兼顾听说和写作能力的培养。因而教学形式也变得多样,方法较为灵活,活跃了课堂教学。

二、案例法

案例法(Case-Based Teaching)。案例教学法(简称案例法)由哈佛法学院院长蓝得尔(C. C. Landale)在 1870 年首倡,并于 1919 年受到哈佛企管研究所所长郑汉姆(W. B. Doham)的推广。哈佛商学院 20 世纪 20 年代"运用来自商业管理的真实情境或事件进行教学、培养和发展学生主动参与课堂讨论"。实施之后,颇具绩效,为社会培养了大量杰出的工商界骄子。由此,案例法成为一种风靡全球的、被认为是代表未来教育方向的成功教育模式。案例法是指在教师的精心策划和指导下,根据教学目的和教学内容的需要,运用真实案例,将学生带入特定的情境进行研究讨论,形成自己对这些问题的见解或解决方案,从而激活学生的创造性思维,培养他们的创新意识和事件能力的一种方法。简而言之,就是通过一个具体教育情景的描述,引导学生对这些特殊情景进行讨论的一种教学方法。案例法强调以学习者为中心的合作学习,在教学活动中,教师是引导者、协助者,而学生是学习的主导者。教师的角色是在讨论过程中降低学生的困难度,避免学生因知识不足或缺乏人生经验而无法进行讨论,其核心理念是学生是学习的主导者。(李富春、刘宁,2010)

案例法与其他教学方法不同,主要具有以下特点:①案例法的教学目的思想很明确,适合于一些实践性较强的学科,案例教学法主要是培养学生学以致用为目的;②案例法与其他教学方法不同,是在实际中检测学生掌握知识的能力;③在课堂上采用案例法时,几乎所有的教学都是围绕案例教学发展,对于实际的案例进行分析讨论,然后根据所学知识解决问题;④案例法能够提升教师的教学水平,主要是由于案例法中寻找的案例都是与实际生活有关的,能够使学生和教师都能够更深入地接触行业的发展现况。

案例法实施时应遵守的原则:①培养能力。传统的教学方法主要是为了让学生更好地掌握理论知识,实践教学法主要是让学生知道如何进行操作。而案例法是将传统的教学方法和实践教学法有机地结合在一起,注重学生将所学知识运用到实际生活,培养学生解决实际问题的能力。能力的培养是作为案例法进行的主要目标,案例法能够培养学生的学习能力、创新能力以及学以致用的能力。②理论和实践相结合。

案例法主要是引导学生从实际情况出发,结合所学习的理论知识对实际问题做出分析和判断,引导学生对实际的案例找出相应的解决方案。利用理论知识指导实践活动,同时还增加了学生对实际问题的思考,并且有利于学生对所学知识的理解和掌握。③教学双向的积极参与。师生的积极参与是进行案例教学的主要原则,由于是以学生为主体,教师和学生在教学活动中积极参与,才能够使案例教学达到预期的效果。

三、交际法

交际法(Communicative Approach)在 20 世纪 70 年代起源于欧洲,社会背景是欧共体的成立,并且有了学习语言的需求;语言学背景是英国语言学传统。这两点背景就产生了意念功能大纲,由此交际法开始产生。这种教学法又可以称为功能教学法、意念教学法或者功能—意念教学法。因为它注重的是语言的功能和语言的意念,它有一个核心,就是交际能力。交际法的语言观:语言是用来交流的。相应的学习原则有如下几个:有意义原则、任务原则和交际原则。有意义原则是说教学材料、教学活动要有意义,并且教学活动要是真实性的;任务原则是说语言是用来完成任务的,并且通过任务来进行语言的学习;交际原则是说在课堂中要有一个真正的交际。这意味着教师应该在课堂教学中创设一些信息空间,并要求学生在课堂上用必要的信息来填充这些信息空间。交际教学法以语言为交际工具组织教、学、用,它的目的是使学生掌握使用语言知识与他人沟通,以及获得信息和习得的交际能力。

在这一过程中,语言是一种交流方式,获得外语知识和交际能力依赖于听、说、读、写等具体的交际活动。

交际法的基本原则:①学生应被视为教学的中心。在整个教学过程中,学生是否掌握了语言,最有效的方式就是要求学生使用语言描述真实的场景,并在这方面进行真正的对话。因此,在课堂教学活动中教师应将学生带进各种语言技能活动,以学生为主体。②根据学生资质差异调整教学策略。众所周知,学生有资质差异,但有一点是绝对的,那就是每个人都有愿望。只要教师重视学生学习的特点,运用先进的教育理论和心理学理论,不断地提高自身的教学方法,激发学生的兴趣,就一定能在短时间内取得巨大进步。③利用不同的活动培养学生的交际能力。英语教师应尽可能多地在课堂上建立一些有趣的、真实的对话场景,设想一些能组成学生和语言的游戏。同时,教师要重视课外活动的设计和检查。这不仅为学生提供了锻炼语言的机会,也提高了学生克服困难和解决问题的能力。

交际法的优势:①强调语言的社会性功能。该教学法认为,语言是人们交际的需要,其目的就是交际双方达到理解和沟通。②强调语言交际的社会场合。语言使用的目的是信息交流通畅,进而促进经济发展和文化交流。交际教学法是在真实或者仿真的环境中进行语言操练的。只有这样才能体现语言的交际功能和实用性。③强调了以学生为重心的语言教学过程。语言学习应使学生积极主动地参与。④强调文化的社会规则属性。语言学习是一种文化的社会规则的学习。这种学习不同于句法的学习,可以跨越时空。而是必须要依靠学习者自身的参与和体验,没有这种体验,对该文化包含的内涵理解就会残缺。

交际教学法的劣势:①以功能为主实施教学内容,很难保障语法教学的体系性。交际教学法在实施教学过程中,以强调语言输出为重。教师在使用该教学法实施教学过程中,关注的是学习者参与教学活动的兴趣,以及组织课堂教学活动的实施。教学时间的限制以及教学重点的偏移导致教师无法系统地讲授相关语法信息。②交际教学法教学评估困难。交际教学法指导的课堂教学活动是线性及过程性的。督导看到和听到的是学生参与语言活动的兴致以及教师组织课堂活动的能力。交际教学法实施的教学过程中,学习者的语言感知能力是不断调整的过程,教师评估学习者学习效果是很难把握的一件事情。③教师主导作用减弱,教材依赖度降低,对教师提出更高的要求。④在该教学法使用初期学生适应性差。

使用该法时应注意:①交际教学法并不是一种单一的,固定的教学模式,它的核心是"用语言去学"(using language to learn)和"学会用语言"(learning to use language),而不是单纯的"学语言"(learning language),更不是仅仅"学习关于语言的知识"(learning about language)。②交际教学法以培养学生的交际能力为出发点,通过设计交际性的活动,以达到提高学生交际能力的目标。③交际法作为众多教学法的一种,并不是提高教学效率的唯一有效方法,其本身也接纳了其他教学方法中的不少合理而有效的技巧。交际教学法并不是一成不变的,它的特点之一就是根据具体的学生和其学习需求,灵活使用各种方法。④因此,我们应该深入研究交际教学法,并与其他教学法对比,结合具体情况,根据我国的实际情况和学生的现实需求,灵活的运用。

四、认知法

认知法(Cognitive Approach),也叫认知—符号法(Cognitive-code Approach),是关于在外语教学中发挥学生智力作用,重视对语言规则的理解,着眼于培养实际而又全面地运用语言能力的一种教学法体系或学习理论,因而也称为认知—符号学习理论。由于这种主张落实到教学活动上主要是语法先行,并用演绎法教语法,认知法又被称为经过改造的现代语法翻译法。

认知法是美国心理学家卡鲁尔(J. B. Carrol)在1964年提出来的,他认为语言活动和认知活动的结合是取得语言交际能力的必由之路。20世纪60年代,科技迅猛发展带来的日益频繁的国际交往和竞争引发了大量高级外语人才需求的缺口,由于听说法实现不了这一目标,认知法因此而产生。认知法认为语言复杂、繁多,外语学习者很难学到每一个句子,但是由于智力和语法所起的作用,外语学习者在学习中能理解、使用没学过、没见过的句子。认知派认为,学生在学习和运用语言特别是在学习语法的过程中,要充分发挥积极性和主动性。因此认知法强调理解,强调学习语法,反对单纯依靠机械操练来培养语言习惯,不反对使用母语和翻译手段。认知法认为,语言的习得是按"假设(hypothesis)——验证(testing 或check)——纠正(correction)"的过程进行的,因此,出现错误在所难免。

认知法认为,要达到掌握外语的目的,教学中要遵循一些基本原则:①以学生为中心。认知法要求在研究学的基础上研究教。而学的中心问题是学生的内在因素,尤其是心理活动。要培养学生的信心,发挥其积极性和主动性,教以方法。在操练中要以学生为中心,在理解语言知识和规则的基础上操练外语,强调有意义的学习(meaningful learning)和有意义的操练(meaning practice)。②听、说、读、写齐头并进,全面发展。对成年人来说学外语最好是多种感觉器官综合运用,声音和文字相结合。因此一开始就应进行听、说、读、写的全面训练。③恰当地利用母语。母语是学生已有的语言经验,因而也是学习外语的基础。要利用母语促进外语学习,但不可过分强调母语的作用。④要容忍学生的语言错误。不能一律有错必纠,而应分析、疏导,只改主要错误。⑤广泛运用直观教具和多媒体教学手段,使外语教学情景化、交际化。(舒白梅,195—196)

认知法的教学过程可概括为"理解(句子结构和所学内容)→形成(语言能力)→运用(语言,即语言行为)"三大阶段,也就是理解语言、培养语言能力和运用语言。即在教学中,发挥智力的作用让学生理解学习的内容、掌握语言规律、强调必要的句型训练是认知法强调的内容。这种方法既能提高学生的创造性思维,又能激发学生的学习兴趣,使学生在理解语言知识的基础上,提高语言的使用效率,做到准确、得体。但是该方法由于不严格要求学生的语音、语调的训练,并不利于学生的外语交际能力的提高。

五、语境化法和去语境化法

关联理论(Theory of Relevance)主张语言交际是明示—推理的过程,交流双方所获得的信息往往与各自头脑中所能构成的最大关联相吻合。翻译即言语交际,其基本原则就是关联,只是翻译过程中所涉及的交流对象不是双方,而是三方,原语作者(说话人)、译者、目的语读者(听话人)。译者既要正确理解原语作者的意思,又要以得体的语言将意思明白无误地传达给目的语读者。这中间需要复杂的认知转换,是一个十分艰难的心理活动过程。在翻译的过程中,译者必须具有语篇意识,从已有的认知框架中寻求最佳关联,努力将原文信息语境化(contextualization),尽量以最小的认知努力获得最大的认知效果,从而找到文本的正确意义,完成关联构建。然而,一味地语境化又会导致某些文本文化信息过载,因此,适当采用去语境化(decontextualization)翻译既可保留原文的异质感,又能让初涉译事的学生因可直接传播异域文化而兴奋。如今,多元文化的相互融合已大势所趋,文化归一或者文化同质将招致诟病,而文化糅合这一使命谁来完成? 当然是翻译!翻译的使命就是传递本土文化,并借助外来文化丰富本土文化,促使本土文化与外来文化在世界平台上共享,保存文化的异质性,即使异质总让人不舒服,不习惯,译者也要力求让此种文化的异质感被他者文化所接受。因此,译者的角色很难充当,他既是一个文化传递者又是一个接受文化传递的对象,既是实践过程中的协商者又是整个过程的主导者,既是文化的传播者又是文化的改造者……翻译者的身份极其复杂。但不管译者的身份如何多变,他的使命只有一个,就是让世界文化走进来,让中国文化传出去。因此,为培育将来有可能合格的译者,在关联理论的指导下,尝试探讨翻译教学方法,从以下两方面着手,一是引导学生进入文本语境,重构原文图像,努力寻求最佳关联,进而达到最佳表达效果;二是去语境化教学法,引导学生直接描绘原文语境,学会适当保留文本的陌生感,将异质留给目的语读者去体会。(邓江雪,2017)

翻译教学主要应培养学生以下三个方面的能力:分析能力、想象与重构原文图像的能力以及翻译过程中自我约束的能力。当然,培养这些能力是要以扎实的双语能力为前提的。学生做翻译练习时常常眼高手低,认为翻译是一件很简单的事情,可翻译出来的文字却让人瞠目结舌,不是字对字的死译,就是天马行空地乱译。针对这一情形,必须培养并且规范学生的翻译能力。要规范学生的翻译能力就必须强化以上三种能力,而上述三种能力无一例外地会运用在对原文语境化的过程中,因此,语境化翻译教学就是进一步培养学生的这三种能力。因此,翻译教学应引导学生构建完整的上下文,立足于句,放眼语篇,从语境分析中对各名寻求最佳关联。(邓江雪,2017)

在翻译实践中,并不是所有原文语境都能在译者头脑中重构,语境缺失的情况也是常有的。况且,一味强调语境重构势必会导致原文文化意义遭到损害,为了保持文化的异质性,实现文化间的相互糅合,促使本土文化与外来文化在世界的平台上共享,去语境化翻译亦不失为促进文化多元的有效方法。去语境化就是消除语境重构,与语境化相反。即不要把原文的语境中国化,保留其陌生化色彩,在翻译时采用异化策略。如把"Children are what the mothers are."译成"有其母,必有其子。"而不是译成"耳濡目染,身教言传。"(邓江雪,2017)

　　语境化与去语境化教学法两者看似矛盾,却能在翻译教学中共存。在关联理论的指导下,语境化教学能帮助学生找到源语文本的确切含义,能激发他们对翻译学习的兴趣,而去语境化则要求译者或学习者以文化共享为核心,在世界主义的翻译大背景下输出或输入文化。这两种教学方法还需不断丰富和完善。但两者皆以语境为基础,以寻求最大关联为核心探讨翻译教学理应侧重的方向,在语境化和去语境化的教学实践中引导学生尊重源语文本,促使本土文化与外来文化间的相互糅合,实现多元文化共享。(邓江雪,2017)

六、交互法

　　交互法是在网络平台的大环境下,交互式翻译教学方法。网络交互式翻译教学法是在传统教学方法的基础上,将交互式的教学方法,通过网络平台实现,从而提高翻译教学质量的一种复合式教学方法。交互式语言教学兴起于 20 世纪 70 年代,提倡教师是课堂的帮助者、促进者与顾问。学生应成为课堂的主人。其中多极主体间的互动包括师生之间、生生之间、人机之间等,给学习者更多的参与机会来实践语言的实际应用,在应用中习得语言。网络交互式教学法的理论基础有建构主义理论、交际能力理论以及网络理论基础等。其中,建构主义认为学习是一个交流与合作的互动过程,交互式理论认为交往活动在课堂交际情景中占有重要地位。交际能力理论认为语言教学应重视学生交际能力培养。网络交互式翻译教学法就是将目前已经成熟的交互式教学方法与网络教学法融合,是提高翻译教学质量的有效手段之一。(于晓欢,2014)

计算机网络既能为学习者提供大量的共享资源,还能够很好地支持师生和学生间的教学交互、学习交互。一般情况下,网络教学交互依据发生时间可以分为异步交互和同步交互。异步交互的实现工具包括公告栏、讨论区和电子邮箱等。同步交互工具包括 QQ 聊天、微博、微信等。基于计算机网络的交互式教学具有以下特点:①即时性、灵活性:同步交互和异步交互相结合,不受时间、地点的限制。②丰富的信息资源:通过网络平台资源共享,丰富了信息资源,使大量教育、教学相关资料超越传统的课本,以电子的形式出现在网络中,使大范围、多模态的教学资源选择成为可能。③范围可调控:通过网络交互可一对一、一对多、多对一、多对多进行交互,范围根据需要进行调控,灵活性较强。④对称性可选择:既可完全对称,也可完全不对称,由教师主导,或由某个学生控制。⑤信息保存时间久:网络可以长久记录保存,能够满足反复查阅、使用等需求。(于晓欢,2014)

此种交互教学法可体现在课前准备、课中实施,课后实践三大块。

在网络交互式翻译教学中,可采取以下方法:①翻译理论研究知识的提前渗入。通过网络平台让学生了解翻译学的理论、翻译发展,最新研究方向、成果,翻译名家等。②学生课程的自我掌握。学生根据个人情况,制定学习计划,并在教师的指导下进行翻译学习。③全员参与翻译实践。每名同学在各自翻译的基础上进行小组翻译,培养学生的团队意识,锻炼学生的协作能力。④审美意识的提高。通过佳译赏析等方式,教师或学生推荐名家名译,从欣赏角度给予点评分析,提高文学素养。⑤答疑解惑、疑译解析。学生把自己在翻译中碰到的疑难问题放到网络平台,学生、老师对此讨论并进行答疑,对常犯错误、长难句进行解析,提高翻译水平。⑥竞争意识的提升。学生把自己的译作传上去,大家自由发表意见。对译文、译作进行比较,通过竞争激发学生学习的积极性。⑦服务社会意识的提升。通过大量的网络实践,使学生参与社会活动中,提高服务意识。(于晓欢,2014)

基于网络的交互式翻译教学法在实际的教学当中,可发挥的空间较大,教师应积极参与学生的课外活动,一方面可以积极利用网络资源、提高教学效果,另一方面学生真正成为学习的主体,使各个水平层次的学生都可以找到适合自己的语言实践机会,增强其自信心,调动学习的积极性和主动性,从而达到提高翻译教学水平,培养优秀的翻译应用人才的目的。(于晓欢,2014)

七、比较法

一名优秀的翻译者,除具备扎实的外语、母语语言能力之外,还应具备较强的非语言文化意识。运用跨文化比较方法指导翻译课程教学实践,是任课教师应具备的知识结构和教学技能。语言翻译的实质在于不同文化之间的传播与交融，它不仅仅是符号编码的语际翻译，更是源语与目的语文化之间的冲突和接纳；译者在作者和读者之间恰如其分地体现"自我"和"他者"的平衡，从而使译文在不失源语品质的同时，更加贴近读者，升华其艺术之美感。那么，在翻译课程教学中，教师应采用比较的教学方法，行之有效地帮助学生攻克翻译实践中遇到的问题。（王亚伦，2021）

比较法是人类学家在对世界上不同民族或两个以上社会获得的经验材料进行比较的基础上，验证理论假设，发现人类行为的共性与差异，以宏观理论的研究与论证发现某种普遍规律的研究方法。广义上是指对两个以上的社会或文化所作的比较研究。跨文化比较可以选择不同的内容对象、从不同的研究视角对两个不同社会进行比较，确定其共性和差异，发现共同的和各自的规律。良好的翻译水平必须具备坚实的语言基础和非语言文化基础。前者包括作为源语的外语和作为目的语的母语，后者包括双语各自所在国家的政治、经济、科技、价值观、意识形态等社会文化因素。（王亚伦，2021）

根据翻译的特点，可以进行的比较研究大体上分为两类，一是英语和母语各自产生发展基础的比较；二是语言要素本身的比较。比较过程中所发现的相互联系和作用经常带有明显的规律性。以英汉翻译为例，具体的比较内容主要包括以下几个方面：①英语国家和中国社会经济发展的基本条件和社会类型。如果做进一步划分，英语国家又包括英国及其在世界各大洲的原殖民地和事实上以英语为官方语言的国家。从纵向看，不同历史时期的社会经济发展条件对语言的发展变化都会产生相应的影响。②文化类型。英语和汉语分别孕育于盎格鲁撒克逊文化和华夏文化。文化的各个构成要素以及作为其灵魂的价值观和意识形态系统与语言之间的关系,不仅密不可分而且呈双向影响。③语言要素。包括词汇、语法、句型、修辞等。例如,英语以字母组成的单词作为基本单位,由若干单词构成句子,进而发展为段落以至文章;汉语则是以单声发音的方块儿字作为基本单位,进而构成词和词组,再进一步形成句子以至文章。英语中经常出现倒装句式,以疑问句为典型。汉语中则鲜有此类现象。然而,主语、谓语、宾语、定语、状语的称谓和基本用法则是英汉两种语言的共性。通过比较研究,我们发现两种语言的共性和差异及其规律,在两种语言的互译过程中,就可以有效地达到或接近准确无误,精益求精。④语言发展线索。如果能够通过研究有效地了解和掌握英汉两种语言的各自发展线索,进而通过对比发现两者发展轨迹的共性和差异,对英语翻译将会有较大帮助。发展线索是一种纵向逻辑,是有规律可循的。例如,古英语或古汉语在词汇、语法、句式、语言风格上是如何一步一步发展进化到现代语言的? 在各自发展过程中的若干次实质性变革,又是在什么社会历史背景下发生的? 导致这些质变的直接因素和间接因素主要有哪些? 在上述纵向研究的基础上进行两种语言发展线索的横向比较。找出其共性和个性规律,从而形成一种全方位的、透视的图景。(王亚伦,2021)

只有做到认真比较,才能掌握英汉两种语言文化的异同,进而学好翻译,做好翻译。

八、任务法

任务教学法(Task-based Language Teaching),顾名思义就是把任务作为教学的中心,教师通过引导学习者在课堂上完成任务来进行教学。它专注于过程,而不是产出。学习者通过从事有意义的任务和活动来学会交流。教师设计的任务必须是学习者真实生活中需要的任务,一个任务型教学大纲应根据学习的难易度来制定。任务教学法是20世纪80年代兴起的一种强调"在做中学"(learning by doing)的语言教学方法,是交际教学法的发展,在世界语言教育界引起了人们的广泛注意。该方法的优势十分显著。依据该方法,教师设置多种多样的任务活动,通常为小组或双人活动,每个学生都有自己需要完成的任务。同时这些活动内容广泛、信息量大,学生的知识面得以极大的拓展。在完成任务的过程中,教师可以更好地面向全体学生进行教学,鼓励、指导学生积极参与语言交流、发挥学生的学习的主体作用,培养学生的创造思维、想象力;在教师的启发下,学生在活动中学习知识,学习兴趣得以激发,思考、决策、应变能力得以提高,学生的语言知识、技能得以综合运用,既培养了学生良好的学习习惯,又培养了学生的综合语言运用能力。下面就介绍著名翻译家金隄先生推崇的一种任务教学法:"基于出版教学法"(publication-oriented approach),即将教翻译与出版任务紧密结合。

金隄先生受托担负着翻译西方文学作品的繁重任

务,便将教授翻译与完成翻译任务紧密结合在一起,将翻译任务分派到学生身上,每人一篇,学生完成初稿,金先生负责批改、润色、定稿。记得我们翻译的是英国作家阿道司·赫胥黎(Aldous Huxley)的短篇小说集。我分到的是《小阿基米德》(Young Archimedes)。金老师拿到学生初稿之后,逐字逐句认真批改,并将批改中发现的带有普遍性的问题拿到课堂上讨论。这种结合出版任务的翻译教学能够极大地激发起学生的学习积极性,特别是对于还从来没有公开发表过作品的学生来说,机会十分难得,人人都格外珍惜。金老师教翻译的另一个显著特点是理论与实践紧密结合。我们在跟着金老师学习翻译的同时,还在认真学习奈达与卡特福德的语言学翻译理论,金老师自己也在酝酿创建"等效翻译理论",这就为理论联系实践的翻译教学模式提供了得天独厚的条件与基础。另外,从大师的精心批改中,我们学生能够深刻体会到金老师用以指导翻译实践的理论,从金老师自己的翻译实践与学生习作批改中不难见到等效翻译论的雏形。比如,他的"等效论"强调"主要精神、具体事实、意境气氛",非常重视原文的表达方式。这里,举一个小例子。《小阿基米德》中有这么一个句子:And our landlord is a liar and a cheat. 笔者根据当时时髦的"好的翻译读起来不像翻译"的理论,信手翻译成"房东太太又是吹牛又是骗人"。译完之后,还觉得不错。金老师改成:"再加上房东太太不是个老实人,是个骗子"。对照原文,发现改译更加忠实于原文,比如 and 补译了出来,成了"再加上",

而且,原文的名词 liar 与 cheat 也都译成了名词。当然,金老师的译法也不是如有些人理解的那样过度的直译。译界有人以为金老师是个所谓的"直译派",这是个天大的误解。跟着金老师学习翻译,觉得金老师译笔有时候也是非常灵活的,并不是一味地直译:究竟是直译还是意译,完全是根据翻译文章的体裁、对象与目的而决定的。应该坦率地承认,如果没有这段跟着金老师学习翻译的经历,特别是自己的习作没有经过金老师批改,我是无法真切地体会到金老师等效翻译论的真谛的。笔者最大的体会是,凡是经金老师之手修改过的译文,不仅读起来朗朗上口,如果将译文同原文放在一起对读,不难发现,译文与原文在形式上也更加贴近。金老师的等效翻译理论在后来翻译《尤利西斯》中发挥了重要的指导作用,也符合他在课上反复强调的观点:为了等效,忠实于原文,译文"允许有点儿不顺,但是绝对不允许不通"。

(林克难,2021)

九、TP 法

TP 教学法是在教学实践中提出和摸索的一种教学方法,是任务型教学法和分组讨论教学法的有机结合。任务型教学法(Task- based Language Teaching)是指在教学活动中,教师应当围绕特定的交际和语言项目,设计出具体的、可操作的任务,学生通过表达、沟通、交涉、解释、询问等各种语言活动形式来完成任务,以达到学习和掌握语言的目的。P(Presentation)是学生将本组的翻译成品,做成 PPT 进行展示,不同的翻译任务要呈现的内容各有不同,比如有的任务,像商标翻译,学生就要摆上相关的实物;而有的任务,如合同翻译,就只需将本组的翻译报告呈上即可。上述两个环节,Task 和 Presentation 是紧密结合、相辅相成的。教师先将任务布置下去,这一环节可视为前期的准备,后一环节可视作小组成果展示。

（易蔚,2018）

　　TP 教学法的实践步骤。①Task 的布置。首先是任务选取。比如,教师根据国际贸易过程中商务英语翻译涉及的重要场景,把商务翻译分为商务信函、商务广告、商务说明书、商务合同、商标、名片、企业宣传材料、商务旅游翻译若干个任务模块。其次是任务前期准备,在每一次任务下达前,先给同学们介绍每一个商务语篇特有的商务语言特点和与之相适应的翻译技巧和方法。老师把任务布置给一组同学之后,需要学生把要翻译的内容理解清楚,把要做的译文分成若干任务由组内同学完成,同时给出 Presentation 的体例,老师的作用主要是引导。然后再进行分组,根据学生性别、兴趣、学习水平、交际能力等合理搭配,由小组长负责整个小组的任务完成情况。最为关键的一环,小组成员之间要分工合作,向学习委员汇报小组的分工情况,并背靠背互相打分。②Presentation 的实施步骤。在各小组合作、讨论完成翻译任务后,要把本组的翻译做成 PPT,在规定的时间内在课堂上完成陈述和展示。每一组派出一至两名发言人陈述本组的翻译成品,给出不同译文,并对不同译文给出本组意见。其他组成员可以就他们的译文,提出看法,并可质疑其合理部分或不合理部分,而且每组必须提一个问题,发言人给出回答。其他组要对参加展示的小组给出分数,并给出具体的评语。老师也对每一组的表现给出点评意见,多鼓励,提出各组翻译的闪亮之处和不足之处,以提高翻译水平和技巧。(易蔚,2018)

如果合理运用 TP 教学法,可以激发学生主动探索的学习热情。以"任务完成"为导向,"结果驱动"为助推力的模式,发挥学生的语境翻译创造力,进而提升翻译课的教学效率。更为重要的是,在交流展示的过程中,学生的理解能力、表达能力以及思辨能力得到了提高,敢于质疑并发现问题。通过小组分工合作,充分利用课余时间以及互联网技术搜索资料,增进了合作协同能力。TP 教学法有助于提升学生翻译水平和翻译技巧,提高其合作能力、交际能力、思辨能力等,发挥学生的语境翻译创造力,进而提升翻译课的教学效率。(易蔚,2018)

十、引文法

引导文(Lead Text)教学法是在德国诞生的一种教学方法,在德国职业教育和培训中广为采用。该方法强调学生的自主学习过程,旨在提高学生的独立工作能力,由于它能培养和发展学生的学习能力,提高学习活动的效率和教学质量,受到了德国职业教育界的一致推崇。引导文教学法又称引导课文教学法,是借助预先设计好的引导文等教学文件引导学生独立学习和工作的教学方法。其特点有:①体现了学生为主体以及教师为主导的教学理念;②培养和提高学生的自主学

习和独立工作能力;③培养学生的职业素养和团队精神。(赵继荣,2015)

引导文教学法重在让学生在获取知识和技能的过程中学会学习和研究的思路和方法,在应用过程中分为七个行为步骤。每个步骤既是一个独立的行为或活动,又是一个互为连接的完整的行为单元。任何一个中间环节都不能缺少。七个步骤共同培养学生独立学习、计划、实施和检查的工作方法和能力。这七个步骤是:①布置任务。根据教师课前撰写的带有启发性和指导性问题的引导文来布置翻译任务。②收集资料。学生根据引导文进行信息的查找和收集,在组内讨论、整理信息,为翻译做好准备。③制定计划。各组在组内进行任务细化和分工,确定组员的工作内容和进度。④作出决策。教师与学生共同对小组所做的工作计划进行可行性分析和修订,确定最终方案。⑤实施计划。组员按最终方案进行翻译讨论和实践,教师答疑解惑。⑥检查成果。学生独立评价和检查翻译成果,在翻译中不断进行检查并及时纠正错误改善翻译质量。检查成果一般先由学生自我检查,然后,组员之间交换检查,教师再参与检查。⑦评估反馈。形式主要包括学生自评、小组互评、教师评价。学生评价以小组课堂汇报和展示为主。评估反馈的内容可包括翻译任务的完成质量和效果、各个教学步骤和学生的参与度。(赵继荣,2015)

引导文教学法强调工作过程。在翻译教学中,工作过程不仅仅是动手翻译的过程,而且还包括对文本语言特征的认识,对相关语境和现实情况的了解及对翻译方法的体会和总结。尝试引导文教学法,就是为了学生能真切体会到翻译的

前、中、后三个阶段包含的工作任务并通过完成这些任务来提高翻译能力。(赵继荣,2015)

总之,引导教学法能教学生学会学习,让教师学会引导,促进教师不断学习。

十一、多模态法

将语言学与科技英语语篇理论相结合,即基于文本修辞功能和认知的科技英语翻译理论;以多模态、实践教学为途径,帮助学生提高科技认知知识、理解科技英语翻译文本的功能与结构,探索出科技英语翻译课堂学习与课外实践相结合的多模态教学途径,设计了以基于档案袋的学习为纽带的教学方法,形成了比较系统、有效的科技英语翻译教学体系。此法被称为多模态教学法。(高巍、范波,2020)

多模态教学课堂使用多模态方式,即使用语言与图像、视频等视觉文本相结合的方式,使学生学习科技知识原理。教师指导学生采用不同的文本体裁形式,可以是文字文本,做笔译训练;也可以是视频,进行口译,提倡采用口笔译一体化的教学模式。口译中体现科技文本的副语言特征(如科技人员的音高、语速、声调)以及身体特征(如科技人员在讲解时的手势、身势、面部表情),提高学生数字媒介语境下的修辞能力。(高巍、范波,2020)

虚拟情境是实现多模态教学的有效途径之一。虚拟情景通过对科普知识与工程环境中的具体物体以及加工过程的再现,让学生直观理解科技与工程内容,在短时间内提高科技与工程知识的认知能力。此外,教师引入机器翻译和机助翻译,指导学生学习操作相关翻译软件,如 TRADOS、火云译客等,建立机械、化工、建筑、通信等工程专业的术语库和文本。(高巍、范波,2020)实践教学的做法是:首先,实验中心参观。根据所授的科技工程主题,按照教学计划,教师带领学生参观学校工程实验中心,包括机械、化工、建筑、生物、计算机与通信实验中心,请工程教师讲解,学生做笔记,随后学生查阅资料,用英语写成总结报告。其次,机械车间实习。教师带领学生到机械加工车间实习两周,每天 4 小时。在工程师指导下完成实习任务,直接体验机械加工的各环节,包括设计、模型、铸造、加工以及装配环节。最后,学生查阅资料,用英语写成总结报告。(高巍、范波,2020)

多模态教学法操作过程如下:口译课开始前,教师将课堂口译主题——"空调"通知给学生。口译课堂上,教师通过提问问题唤起学生的情景和语义记忆,激活主题概念之间的关系。例如,空调的工作原理是什么? 空调是如何制冷或制热的? 空调制热或制冷需要哪些部件? 这些部件之间的传动关系是什么? 在问答问题的过程中,教师借助视频和图示介绍空调的零部件术语,并说明其作用和相互运作的关系。以交替传译的形式进行口译。播放视频,时长 6 分钟,每个语段暂停,让学生口译。学生用语音软件系统录音。课后,学生总结口译训练,并将其以反思报告的形式记录在口译训练记录本中。反思记录要求学生将自己的口译过程转换成文字,并做标注,在并行口译语料的基础上,以有声思维报告法分析和反思口译过程。教师定期检查学生的训练记录本,检查教学效

果。(高巍、范波,2020)

十二、生态法

生态法,指在具体的教学课堂中,将教学环境作为一种生态环境,并且在教学实践中更好地处理学生和教师之间的主体性关系,使教学过程中的每一个环节都处于一种平衡的状态,从而促进学生更好地学习。在翻译课堂中,生态法的运用可以有效地改变翻译课堂的单一性,使翻译课堂在具体的实践过程中更加贴近自然,这样可以使学生根据实际发生的事件、感觉以及生态环境来进行翻译,有效地实现翻译同生态环境的结合,从而使学生对翻译内容有更加清晰的了解和认识,提升学生学习翻译的兴趣,有效地提高翻译教学的质量。

现实课堂教学存在以下两个问题:① 翻译教学中存在"反生态"教学的现象。反生态教学又被称作"花盆效应",是指在对学生进行翻译教学时只是单纯地将学生放在一个特定的环境中,没有让学生接触整个社会,这样就会严重限制学生将来的发展,不利于学生各项综合能力以及适应能力的培养。②具体的翻译教学中存在生态失衡现象。在一个科学的生态环境中,教师和学生都应该充分发挥其主体性,教师和学生相互配合促进翻译教学有效地展开,然而在实际的翻译教学过程中,学生并没有发挥主体性的作用,而是更多地由教师掌握着整个课堂的话语权,不利于翻译课堂和谐生态环境的建立。

生态法主张:①教学方式要开放,避免单一的教学方式。生态法认为,外部信息和能量的交流需要有开放的系统来支持,这样才能促进生态环境的平衡,因此生态环境下翻译的教学方式也需要具有一定的开放性。翻译专业教师需要不断地学习新的知识,增加自己的经历,提高自己的综合素养。要求翻译专业的学生同时学习机械制造类、法学、商务以及计算机等一些其他课程,从而使学生可以充分地掌握各类语言之间的转化,提升他们的综合翻译能力。②采用现代化技术进行翻译教学。教师可以采用现代化的教学技术进行翻译教学,即在具体的翻译教学中,可以充分运用网络技术使翻译资源可以得到最大程度的共享,丰富学生的各项翻译知识。在生态环境下,将现代翻译技术与学生的翻译相结合,从而大大提高翻译的效率。③理论和实践教学之间的平衡。翻译实践是翻译理论的基础,翻译理论对翻译实践有反作用,科学的翻译理论对翻译实践具有积极的指导作用。翻译理论和翻译实践是相辅相成的,缺一不可的,不能任意割裂两者的辩证关系,孤立地强调一个方面。在翻译教学过程中,应避免轻理论重实践的情况发生,反之亦然。同时,翻译教学是一门实践性比较强的课程,如果在封闭的环境进行教学会非常不利于翻译教学的开展,因此教师应该经常带领学生参加各种实践活动,让学生在真实的社会环境中进行翻译学习,在了解市场需求的基础上不断完善自己的翻译能力。教师也应该充分了解翻译行业的需求,在课堂上渗透行业中的一些翻译知识。④多种教学法优势互补。常言道,学习有法、学无定法、贵在得法。要学有所获、学有所成,必须掌握和运用科学有效的教学方法,达到事半功倍的学习效果。到目前为止,还未出现过完美无缺的教学法,即每种教学法都各有利弊,只有在教学生态平衡的基础上,取长补短,优势互补,才能满足多元的教学要求,才能达到多元的教学效果,才能满足社会多元化的需求。⑤营造和谐的教学环境。在具体的翻译教学中,教师和学生都是生态环境中非常重要的因子,因此教师和学生应该处于一个协调平衡的环境中,实现各种翻译知识的转化和交流,从而促进翻译教学的有效展开。因此教师需要明确自己课堂中的引导者地位,充分尊重学生的意见,发挥学生的主体地位,调动学生的积极创造性,使学生在和谐的自然翻译课堂氛围中展开学习。

第三节　翻译教学研究发展的趋势与展望

从近二十多年的翻译教学研究来看,未来的发展趋势愈发明显。这主要反映在翻译教学模式和翻译教育研究上。

一、以学生为主体的教学模式

几个世纪以来,学者一直在探索翻译教学的最佳途径,提炼出了一些教学法,但至今也没有出现公认的最有效方法。相反,却发现不论用何法,什么教材,也不管是在何种环境下学习,学生的学习效果总有上中下之分。为何?学者将注意力开始从寻求最佳教学法专项研究"个人差异"。外因是变化的条件,内因是变化的依据。教材、教法、大纲、课程、教师等都是外因,是影响学生学习的外因,而学生的智力、语言能力、认知风格、个性特点、学习策略、动机,以及对待目的语及使用目的语的人的态度等才是内因,是学生影响学生学习效果的内因。

在研究成功的语言翻译学习者时,内曼(Neimen)等人认为,由于学习风格上可能存在巨大差异,学者对"以学生为中心"的教育有了更复杂的认识。以学生为中心的教育包括学习目的、学习速度、学习方法或风格、学习内容等方面的选择。随着"一法教万人"概念的消失,教师的中心作用也变得越来越模糊了,翻译教学研究者们开始关注翻译学习的主体。

以学生为主体的教学模式的理论基础:①行为导向教学理念。行为导向的教学理念起源于德国,职业教育是这个国家的教育特色。按照德国教育专家特拉姆的解析,行为导向对培养学习者的自我判断能力以及懂行、负责的行为具有指导性的作用。使得学习具有可持续性,换言之,这是一种理论与实践相结合的学习模式。②建构主义理论。建构主义认为学习过程不是机械地由老师把知识灌输给学生,而是学生自身的自我构建的过程。在这个过程中,学生不应是被动接受而应该主动重组,而这种知识的重组不能由他人越俎代庖,包括老师在内。构建主义理论涉及教育教学的诸多方面,它所蕴含的教育教学思想也是当下翻译专业以学生为主体的教学模式的重要的理论依据 。

以学生为主体教学模式的原则是,翻译教学要突出学生的中心地位,要把翻译作为一个整体。教学重点是有意义的整体翻译活动;翻译知识和技能应通过自然的翻译环境来培养;学生之间、师生之间应保持和谐的合作、伙伴关系;教材要突出翻译材料的真实性、趣味性和实用性;学生要进行大量的接触和使用翻译语言的活动;主张整体的、形成式的评估和测试方法,整体着眼,综合评价,使学生从情感、智力和能力各方面得到整体发展。

以学生为主体的教学模式的优势:①以学生为主体的教学模式,可以有效地突出学生在教学中的主体地位,调动起学生学习的主动性和积极性,激发学生自主进行学习的兴趣,为学生更好地学习提供宽松、和谐的氛围。②可以将教学活动转变为师生之间的活动,保持双向互动,互相合作的开放式的交流活动。

以学生为中心,就是做到:①强调学生的积极参与,鼓励学生大胆实践,不怕犯错,通过学生的体验、参与、合作,实现学习目标,形成积极的学习态度,促进翻译实际运用能力的提高。②确认教师的指导、咨询、顾问作用。这对教师的发展也提出了新的要求,即需将"培训"的观念转换到向"教育"的观念看齐。

总之,翻译教学领域需全面地认识到,成功的翻译教与学在教育环境下是如何设计和完成的,不应以教学方法来决定课程,相反,学校与课堂应成为一个进行教学设计、发展和辅助性活动的环境。

二、翻译教育研究的趋势

笔者认为,翻译教育的研究发展趋势可归纳为以下几个主要方面。

1. 研究对象从客体逐渐过渡到主题

客体就是翻译本身、教材、教法等；而主体则是学习者。一百多年来，学者研究最多的是翻译本身和教学法。统治翻译教学法近千余年来的方法是语法翻译法，其根据是传统语法对语言的概括和描述；20 世纪四五十年代的听说法与美国的结构主义语言学有关；60 年代的交际法与欧洲功能主义语言学有关；美国的集体学习法等则更多的与心理学和行为理论有关。学者们普遍认为，只要把语言描写好了，教和学就不成问题了。但实践证明，其实不然，因为他们忽略了翻译学习者的心理过程以及其个体差异研究。也就是说，他们只关注到了影响翻译教和学的外因（语言翻译和教学方法），而忽略了学习者这个内因。外因只有通过内因才能起作用。因此，对客体的解释最终离不开对主体的解释。

2. 从单科理论支持到多学科理论支持

从 20 世纪 50 年代前，翻译学习的理论只受普通语言学的支持，到 50 年代以后受逐渐出现的心理语言学、语用学等学科的支持，到 70 年代后的社会语言学、教育生态学、翻译生态学的支持，翻译教学研究也完成了如下转变：从单纯的语言教学发展到关注学习翻译的心理过程、翻译与社会、翻译与文化等之间的关系，也开始注意双语的使用规则，再发展到关注翻译与社会生态各因素的密切关系。此后，教材、教法、课堂活动、师生关系等都出现了明显的变化。这对翻译教师的素养也提出了新的要求，即教师需对心理语言学、社会语言学、文化语言学、应用语言学、翻译生态学、翻译地理学、翻译经济学、翻译安全学、语言测试理论等都有所了解。

3. 从侧重翻译的形式到侧重教翻译的意义和功能

很长一段时间内,对翻译的描写限于对形式的描写,因此翻译教学也多注重形式的教授。社会语言学出现以后,学者才越来越重视翻译的功能、意义和交际性,把翻译作为一个生态系统来描写,即翻译教学是一个生态系统。在这个系统内审视并创建和谐共生的师生关系和生生关系、翻译与自然、社会、规范环境,以及其心理和生理等教学环境的关系,翻译及其生产功能和社会功能等。教师应该懂得,在实际翻译中,语境、人际关系、所译的内容、所用的代码等,对话语的正确理解和翻译都有较大影响。翻译的交际教学法和生态教学法当数此类。

4. 从劳动密集型教学到科技密集型教学,从过程管理教学到目标管理教学

现代高科技和翻译技术的发展,替代了教师的许多劳动,提高了翻译教学的质量。所有这些高科技的使用,给教师教学手段带来了前所未有的挑战,同时也给学生提供了丰富的资料来源,给学生的自主学习提供了方便。教师应该顺应科学技术发展的要求,应做好目标管理,如明确确定教学目标、设计出行之有效的检测手段,以及定期评价、及时反馈,并及时提升自己的课堂科技应用能力等。

5. 从翻译技能教学到翻译内容教学

技能是手段,内容是灵魂。翻译学习到了一定阶段就要实现从技能到内容的转换,如从一般的翻译学习到特殊的翻译学习(如工程、外交、商贸等专业翻译学习以及翻译管理方面的学习),从翻译实务到翻译语言服务,以达到翻译教学的

目的,服务于社会的多元人才需求,完成翻译教学的升华。

6. 科研方法的定性研究与定量研究相结合

总之,翻译教学建设和研究既要面向未来发展又要立足当前生存,多元化或生态化教学模式是其发展的必然趋势,而其最为关键的一个条件就是定位必须清晰,教学导向必须明确。以此为出发点,努力探索翻译教学的成功模式,朝着翻译研究的重要发展方向,即建立严谨的翻译教学体系大步前进。

第十章　教师教育与自我发展

　　教师教育是对教师培养和培训的统称,就是在终身教育思想指导下,按照教师专业发展的不同阶段,对教师实施职前培养、入职培训和在职研修等连续的、可发展的、一体化的教育过程。从概念的含义上讲,"教师教育"可以作两种解释:一是"对教师进行教育",二是"关于教师的教育"。前者主要是指教师的职后培训或教师继续教育,后者包括教师的职后培训和职前培养。

第一节　教师发展的由来

　　长期以来,不管国内还是国外,在职教师培训都采用"教师培训"(teacher training)模式,即把接受培训的教师作为训练对象或受训者,进行传、帮、带式的实训,把培训的示范作为参照点。显然,这种模式把接受培训者置于被动地位。这实际上就是"师傅带徒弟"的方式。这种传统模式的特点是以学科知识为中心、以学校课堂为中心、以学校教师为中心。此种传授模式存在的最大问题是,重学历,轻学力;重大德,轻师德;重知识,轻能力;重讲授,轻反思;重形式统一,轻形式多样。其结果是,施教教师感到课难上,因而焦虑万分;受教教师则抱怨理论脱离实际、学而无用;学校领导则声称干扰学校里正常的教育教学工作;教育行政部门虽以行政手段要求教师参加教育,但对教育没有达到预期的效果这一现状,则感到束手无策。简单地说,这种培训方式只能培训出教书工匠,对教师综合素质的提高和其智力的开发难以发挥作用。

后来,师资培训采用了"教师教育"(teacher education)的模式。这种培训不仅讲教师如何教翻译,而且开设一系列与翻译教学相关的理论课程,以提高教师的理论素养,扩展他们的思维空间,期望教师能自觉地把所学理论用于指导、改进自身教学。然而此种把现成的理论传授给教师的"教育"模式也难以促进教师的专业发展。究其原因,乃是根据建构主义理论,知识是由个人构建的,而不是由他人传递的,真正有效的教育是建立在学生主动理解基础上的。再有,教师个人获得的教育实践的途径是个人对复杂的教学过程的认识和处理,仅靠被动的理论学习是难以奏效的。简单地说,教师教育模式仍没有赋予受教者以主体地位,只不过是传授内容比教师培训模式更广泛了一些。

基于以上认识,加上终身学习的需要,"教师发展"(teacher development)概念提出了。它强调在终身教育的前提下,由教师主动去发展自己。除了在传统的教师教育中充分发挥教师的主体性外,还帮助教师去反思自己的教学,观察自己的课堂行为,评估自己的教学效果,开展教学行动研究,在教学实践中验证别人的理论,提高自己的教学认识,在反思性的教学实践中求得不断发展。简单地说,教师教育应从传授模式转向反思模式。

要实现教师的发展,必须以教师职业的专业化为前提。早在 1996 年联合国教科文组织就指出,应当把教师职业作为专门职业来看待,并且要随着社会变革和发展对教育的要求而不断充实、发展、完善。据此,一种包含职前教育、在职教育、集中教育和自我教育的教师发展模式就形成了。

第二节　翻译教师发展的内容

教师发展的内容自然是提高教师的专业素质,主要反映在翻译教学信念、与翻译教学相关的知识和翻译教师应具备的能力三大部分。

一、建立翻译教学信念

从翻译教学活动的视角,提出翻译教师的教学信念由语言观、教学观、学习观、师生角色观和翻译教学专业观五个核心维度构成,依据定量和定性分析的结果描述了各维度及其子维度的构成特征。由此揭示出翻译教师发展机制中教学信念与教学行为循环发展的关系。可以说,教师的信念制约着教师的行为,而且比教师的知识更能影响其教学行为。

教师信念(teacher's belief)是指教师对教育、教学、学习及学生相关问题的看法。翻译教师是课堂的实践者、决策者和改革者,他们对教学各因素的认知与信念直接影响着他们的知觉、判断,支配着教学行为,并对教学效果、学生的思想和行为产生不同程度的影响。①教师的教学信念对课堂教学产生直接的影响,它决定着课堂教学的内容、教学方法的采用、课堂活动的设计及师生在课堂中的角色。②教师在教学实践中不能完全充分地贯彻自己的教学信念,两者之间有脱节现象。③教师个人因素和各种外部环境因素是造成教师信念和课堂教学不一致的一个重要原因,翻译教师应经常反思自己的教学信念和教学实践。比如,如教师把学生看作"知识接受者",他就会在教学中单纯地给学生灌输翻译知识;若把学生看作"合作伙伴",就会引导学生参与学习内容与学习活动的决策和活动。同时教学信念对自己的学习核心成长也有重大影响。如由于有老观念的束缚,就会影响其对新观念的接受,从而对自己的成长产生不利影响。因此,以翻译教师发展观为指导,树立翻译教学信念,主要是教师要通过经常性的翻译教学反思,审视自己与当前翻译教学新观念不符的信念,以调整自己的翻译教学行为。

二、与翻译教学相关的知识

翻译教学相关知识是教师专业结构中的一个重要组成部分。教学工作的动态发展要求教师的知识体系应含多元内容并且不断发展。这个知识体系分为以下五个部分。①通识知识。通识性知识是指教师拥有的有利于开展有效教育教学工作的普通文化知识,也有叫"杂学"的。教师作为"传道、授业、解惑"者,应具有比较宽泛的文化知识。特别是当代翻译课涉及中西文化、科学技术、古今名人、政治经济、文艺体育等无所不包,这就要求翻译教学应博览群书,注重各类知识的积累。②学科知识。在涉及学科专业知识时,翻译教师应具备三方面的知识,即翻译专业知识、语言学基础知识和外汉双语知识。翻译专业知识是教师的根本;语言学知识能帮助教师理解和认识人类语言及其学习的一些共同规律和相关理论,从而发现和认识双语学习规律,选择和使用符合翻译学习规律的教学方法;双语知识能使自己在教学中进行适当的中外语言和文化的相关知识对比,以帮助学生更好地掌握和运用所学语言之间的转换。③教学法知识。同其他学科一样,翻译课也受到教育学、心理学和教学论原理的制约,因此,教师必须熟悉这些学科,了解其教育规律、普通教学原则和教学法,以及不同学习阶段学生的学习特点、心理生理特点,不同个性的学习风格等,使自己的教学能切合这些特点和风格。④翻译教学论知识。与其他学科不同,翻译学科在教学上有其自身的特殊性,如翻译课具有实践性和交际性,因此要求课堂气氛活跃,情感交流充分。为此,翻译教师应学一些翻译教学论知识,了解教学史上一些主要的教学法流派,合情合理地借鉴前人或外人的教学经验;还要深入了解我国翻译教学的国情特点(如双向翻译)和实践经验。因此,应学好"翻译教学论"或"翻译教学法"这门课。⑤个人实践知识。这里包含两方面的内容:通过实践研究,把外来知识内化,即深化为自己的认识,根据自己的实际创造性地运用这些知识;通过反思、行为研究等方法,把自己的经验提升到理论认识的高度。
(舒白梅,2005)

三、翻译教师应具备的能力

作为一名翻译教师,除了应具备完成各种正常活动所需要的一般能力外,还需要具备从事翻译教学活动所必需的特殊能力。这种特殊能力既包括与教师教学实践直接相联系的,也包括有利于深化教师对教学实践认识的教育科研能力。

1.翻译教育能力,即应具备实施素质教育的翻译教育能力。

2.良好的双语表达能力,即双语既是教学内容,同时也是教学手段。

3.课堂教学能力和教材处理能力,采取开放的教学方式和创造性地使用教材(可作适当增减、添加等),做课堂的引导者和教材的主人,培养学生的创造力和翻译能力。

4.创造、鉴别、运用翻译教学方法和手段的能力,尤其关注翻译技术的发展给翻译教学给来的影响。

5.洞察、协调能力和科研能力,即教学和科研相辅相成。

第三节　教师自我专业发展的途径

教师专业的发展包括专业理念、专业知识、研究学习三个方面。所谓"专业理念",指教师对教育工作和对教师职业的认识,以及教师在对自身发展方向及目标等方面的理想。"专业知能",指教师专业知识和专业技能的综合表现。"研究学习",指教师一方面应该具备终身学习的能力,另一方面对自身的专业知识、教学能力有反思和研究的能力。教师专业发展是教师通过职前、职后主动或被动的培养和培训,使自己成为一个具有坚定职业信念、渊博专业知识、娴熟职业技能、高尚道德情操以及不断研究学习能力的专业人员的成长过程。教师发展会涉及反思性翻译教学、教学行动研究、同事互助停课等,这里只谈前两个。

一、反思性翻译教学

美国波斯纳认为:教师成长 = 经验+反思。我国心理学家林崇德认为,优秀教师 = 教学过程+反思。袁蓉指出,教学成功 = 教学过程+反思。本质上来说,反思性教学是教师的一种经常的、贯穿始终地对教育活动的各种现象,包括教师自身的行为进行检查、分析、反馈和调节。它和传统的教学法有着本质的区别,它不是某种具体的教学方法,而是教师立足于自我之外批判地考察自己的行动及情境的方式,它不以某个概念化的、静态的教学法去规范具体的、动态的教学实践,它贴近教师专业生活,注重解决教学实践中的实际问题。反思性教学的三个特征:①反思活动主体的主动性与开放性反思不是纯粹和简单的认知过程;②反思性教学以问题解决为导向;③反思性教学以追求实践合理性及提升专业知识为目的。(龙玉梅,2011)

反思性教学的运作模式。在理解了反思性教学的基本内涵和本质特征及其对教师专业发展的作用之后,如何将它落实到教师专业发展的具体实践中,这就需要将对反思性教学内涵的理解转变为可操作的工作模式。笔者尝试从反思性教学的内容、活动过程和方法三个方面来探讨反思性教学的工作模式与运作机制。

反思性教学内容包括:①技术层面的分析。即课堂教学内容、策略、途径等的反思。具体如教学内容呈现方式分析、教学策略有效性分析、教学目标实现情况分析、学生课堂行为分析、教师课堂行为分析、学生回答问题准确率分析、学生活动情况分析等。②解释层面的反思。即师生课堂情感沟通、人际理解、自我理解的反思。具体如课堂教学氛围分析、师生关系分析、对待优秀生和后进生态度的分析、教师个人品质分析等。

反思性教学活动过程就是问题解决的实际过程。根据反思性教学的概念和特征,反思过程可分为四个环节:①发现和确定问题。这是反思活动过程的起点,具体讲就是产生问题和困惑;②提出解决策略;③实践验证;④反思。

反思性教学方法包括:①教学日记 (diary keeping) ;②课堂观察 (class observation) ;③问卷调查 (investigation) ;④课堂录音录像 (class video) ;⑤行动研究 (action research)。

要适应新时代改革的需要,不断提高翻译教师的专业能力从而提高教育教学质量,广大翻译教师要立足岗位,养成反思的良好习惯,善于思考善于总结,善于自我批评,正视自己,直面自己的教育教学行为,以反思促发展,以反思促提高,才能真正在业务能力上与时俱进,不断成熟和成长。

二、教学行动研究

如何通过教学活动促进专业能力的提升不仅是年轻教师经常要考虑的问题,而且是有经验的老教师需要考虑的问题。在教学过程中,如果教师不注意发现问题、解决问题、及时总结经验和改掉缺点,教学就会产生"断流"、缺乏后劲,教师也由此容易因循守旧、停滞不前。教师不仅是教育教学活动的主导者,而且还可以是教育教学过程的研究者。教师如果长期只凭着自己的经验,按照固定不变的教学模式授课,对自己的教学活动不进行研究总结,那么一旦教学对象、教学内容发生变化,便会处于难以适应的困境。相应的,教师如果不从事具体的教学实践,那么,其研究就容易脱离实际。因此,寻找理论与实践的切入点是当务之急。20 世纪 80 年代,教师参与教学研究这种新型方式进入教育领域,课堂教学研究成为教育领域的主流之一。其中,行动研究作为课堂教学研究的方式之一,很快被广大教师所接受,教学和课程改革的重心由对目标和方法的研究转移到以教师为研究者的课堂教学和学生学习过程的研究。教师通过对自身教学实践的反思,达到提升专业能力的目的。(张若兰,2017)

"行动研究"(action research)这一概念最早出现在美国,起初由柯利尔(J. Collier)创造,后由社会心理学家勒温(Kurt Lewin,1890—1947)进一步发展完善。它是一种自我反思(self-reflection)的探究方式,它的结果是改进实践(impro-

ving practice），它注重改革和专业化发展（professional develop-
ment）。教学行动研究是在行动研究的应用基础上产生的。
它强调教师在教学的过程中对自己的教学观念、教学方法、教
学效果进行不断的质疑，追求不断的变革，以达到教学效率的
不断提升。教师基于自身的需要，结合所处的环境进行这种
探索性的活动，从课堂教学入手，在教学中体现"没有无研究
的行动，也没有无行动的研究"。研究过程中，教师主动寻求
理论的指导，去解决不断变化着的实践性问题，使研究更加切
合自己的课程实际，并在与实践的密切结合中体验、感悟，实
现专业能力的提升。同时，教师经过对经验的深层反思，建立
审视、批判、构建等职业思维习惯。教师如果长期只凭着自己
的经验、按照固定不变的教学模式授课，那么一旦教学对象、
教学内容发生变化，他便处于难以适应的困境。因此，教师有
必要进行知识的更新和教学技艺的提高，而教学行动研究正
好为此提供了实践的可能。（张若兰，2017）

　　教学行动研究具有以下特点：①行动与研究同步发生，具
有参与性特点。在教学行动研究中，教师根据教学实践进行
研究方案设计，寻找解决问题的办法，教师是课题的主持者和
参与者。②教师针对要变革的课题制定相应的研究计划，具
有系统性特点。③教师以所处的教学环境为研究对象，采用
观察、记录、调查等手段，对教学环境和对象进行研究，具有实
验性特点。④教师之间共同参与研究，具有合作性特点。合
作研究有助于教师之间的理解和支持，使研究课题更具普遍
性，其结果更具推广价值。总之，教学行动研究强调理论的完
善和实际问题的解决，并致力于二者的有机结合。教师通过

不断地和有意识地参与自我教育的发展过程,使自己的专业化发展与个人的品格和性格的发展达到统一。它所具有的参与性、系统性、实验性、合作性等一系列特点,使它备受教育工作者的青睐。(张若兰,2017)

教学行动研究与教师专业能力培养。从教学行动研究的定义及其特点可以看出,教师始终以一个研究者、从一个研究者的角度来审视自己的教学,能有效提升自己的教学研究能力。根据麦克尼夫(Jean McNiff)(1988)的观点,教学行动研究一般要经历五个步骤:①发现问题;②针对所存在的问题,设计出解决问题的行动方案;③将行动计划付诸实施;④在实践中不断地调整和改进方案;⑤不断对教学进行评估。("I have a concern or problem""I imagine a solution to the problem""I put it into action""I evaluate the action""I modify my action in the light of the evaluation")如此循环反复,不断地继续发现新问题,启动新一轮的行动研究。教师如果发现所采用的方法还存在问题,则再次拟定行动计划,再次将行动计划付诸实施,直到获得满意的结果为止。(张若兰,2017)

英语教师专业能力培养的有效途径。教学行动研究既注重"行动",更关注"研究"。这种"有的放矢"的教学实践具有良好的反思性特征:发现问题→提出假设→调查研究→重新确认问题→制定行动计划→实施计划→根据实际情况调整计划→分析、反思与评价效果→制定新一轮行动计划。它使教师超越过去,产生发展个人职业的潜力,同时也增进教师对课程实施行为意义的理解,使课程实施效率不断提高。(张若兰,2017)

教育教学中的教师是教学指导,学生是主体。教学过程中,要使学生心灵获得概念,头脑产生领悟,教师就应该充分发挥其作用,对教学行动进行反思、研究。在教学行动研究中,课堂这个"黑匣子"是教师探讨理论与实践结合的有效途径。最重要的是,通过教学行动研究,教师的教研意识得到了强化,专业能力得到了培养。

第四节　翻译教学科研方法

翻译教学科研兼有应用语言学研究和教学科学研究的性质。翻译教学科研之所以必要,是因为:①翻译教学的学科特性决定了翻译教师有必要开展本学科学术研究;②翻译教学的性质和目标决定了必须开展教学研究;③科研活动是教师提高自身素质、实现翻译教师专业发展的必然途径。④翻译教学科研是高校特定使命的迫切要求,尤其在"一带一路"的大背景下。当然,要搞好翻译教学科研,既要有强烈的责任感和使命感,强烈的忧患意识和科研意识,又要埋头苦干注重积累。

翻译教学科研从类别上大致分为基础研究、应用研究和实用研究。基础研究属于建立理论模式的科研,应用研究即是对已建立的模式的运用,而实用研究是把基础研究和应用研究的成果运用到翻译教学。

从模式上看,翻译教学与科研有四个参数,即综合法或"分析法""归纳法或演绎法""因素控制程度"与"数据收集和分析"。前两项在认识层次上,后两项在操作层次上。第一项关乎如何看待所研究的对象,即翻译是整体不可分割的,还是可以分成若干成分的? 第二项涉及科研目的,即是从各种因素归纳一种规律或关系,还是检验一个预示因素之间某些规律的假设? 第三项关乎因素控制程度,即是对变量不加控制观察其自然变化,还是控制某些变量使之朝着某个方向发展,以观察他们对变量的影响? 第四项就是如何收集并分析材料。作为研究者,明确了研究所采用的模式,实际上就明确了自己的科研属于什么性质、应采用什么方法、收集分析数据应注意哪些问题。(杨安良,2013)

从方法上看,翻译教学科研大致分为两类:定性研究和定量研究。前者是指对研究对象及环境进行全面深入的描写,会产生大量的文字性数据,再通过逻辑思维程序对这些数据进行文本分析,从中归纳出有规律的模式,定性式的调查研究手段有内省法、个案研究、记日记、实地观察、开放式访谈等;而后者则是通过规范化的统计程序对收集的数值性数据进行处理和分析,常用的定量式研究手段有实验、准实验、调查问卷、结构访谈等。在过去几十年里,社会科学研究领域中对于定性分析和定量分析孰优孰劣的争论从未停止过。(张铭涧、车晓军,2006)其实,最理想的是定性和定量相结合进行研究,尽可能避免定性研究的主观性和定量研究的不自然性(artificiality)。

明确了所研究领域的分类性质和方法后,接下来就可以具体实施某项研究了。其基本步骤是提出问题、形成假设、验证假设、评估和交流合作。

提出问题:在问题的思考上,进行初始化的提问,力求问题得到最原始的提问。

认识问题:找到问题后就必须去认识他,了解它是否有价值,是否是重复研究,其研究内容是什么,以及怎样研究。

形成假设:对于一个未知事物进行理论性上的猜想,以便于接下来进行情景的假设。

验证假设:在符合一定科学依据的基础上,进行猜想与假设的实施,帮助这些猜想得到证明。

评估:对自己成果中的不足,进行一定的误差分析,判断自己的数据是不是可以严谨地验证猜想。

交流合作:把这一实验结果与大众交流,让更多人来分析自己的猜想与论证。

把这几个步骤连接起来就是:教学科研探究的一般过程是从发现问题、提出问题开始的;发现问题后,认识该问题的价值和有效性,根据自己已有的知识和生活经验对问题的答案作出假设;设计探究的方案,包括选择材料、设计方法步骤等,按照探究方案进行探究,得到结果,再分析所得的结果与假设是否相符,从而得出结论。并不是所有的问题都一次探究就能得到正确的结论。有时,由于探究的方法不够完善,也可能得出错误的结论。因此,在得出结论后,还需要对整个探究过程进行反思。

在本章最后,笔者将教师专业发展简单概括如下。

终身学习——教师专业发展的前提保证。

行动研究——教师专业发展的基本途径。

教学反思——教师专业成长的必经之路。

同伴互助——教师专业成长的有效方法。

专业引领——教师专业成长的重要条件。

课题研究——教师专业成长的有效载体。

附录Ⅰ　北京外国语大学翻译学硕士培养方案

一、培养目标

1. 具有高尚健全的人格；有事业心、社会责任感和奉献精神；身心健康；积极为社会主义现代化建设服务。

2. 系统地掌握本学科的基础理论、专门知识和研究方法；系统地了解本学科的知识结构和发展历史；了解本学科在国内外的最新研究成果；培养关注热点问题、独立分析问题的能力。

3. 能够在导师指导下对理论和具体研究领域进行有一定新意的独立研究。学位论文有一定的独立见解，有一定的理论或现实意义。

4. 具有开拓精神、创新意识、国际视野、较强的综合实践能力和科学研究能力。具有良好的学风和学术道德，诚实守信，遵守学术规范。

5. 能用第二外国语阅读与本专业有关的文献资料，有一定的口语和书面语应用能力；能熟练运用计算机和其他现代技术手段进行科研工作。

6. 具有在高校、科研单位、国家机关、企事业单位、国际和跨国组织从事教学、科研、外事、管理以及其他相关的工作能力。

二、学习年限

学习年限为3年。包括课程学习、论文撰写两个阶段。

申请提前论文答辩、提前毕业者须满足以下条件：①修满培养方案规定的学分,②专业必修课程成绩优秀,③有公开发表的研究成果,④已完成学位论文。

三、课程体系与学分要求

在课程学习期间(中期考核前),按要求修学校统一开设的公共课、本培养单位开设的专业必修课和专业选修课。每门专业 课一般要求阅读量不少于 500 页,要求口头报告或撰写书面读书报告 1 至 4 次(篇),考核方式一般为撰写约 2500 字的论文 1—2 篇;每门专业课程成绩要求达到 70 分以上(含70 分)。

课程类别	课程名称	学分	备注
学位公共课	政治理论	3	共 7 学分
	第二外语	4	
一级通开课	文学研究方法论	2	要求选两门课程,共 4 学分
	语言学通论	2	
	国际政治	2	
	国际经济	2	
	其他课程目录见"管理信息系统"		
二级通开课	中西文化对比	2	共 4 学分
	学术前沿	2	
专业必修课	见"课程设置"	6	共 24 学分
专业选修课	见"课程设置"	18	
社会实践	"三助"、暑期实习	1	共 1 学分
总计		40	共 40 学分

四、科研创新、科研成果和学术交流

1. 在学期间发表学术论文必须署名"北京外国语大学"。学校按《北京外国语大学博士、硕士研究生在校期间发表学术

论文的奖励办法》给予奖励。

2. 参加学术讲座 2 次或全国或国际学术会议 1 次,参加重要会议可申请资助。

五、论文指导、中期考核、论文开题和答辩

1. 论文指导。共同招生、共同培养;第一学期末双向选择学习指导教师,第四学期选择论文指导教师。

2. 中期考核。第四学期进行中期考核,综合审查研究生的基础理论、专业知识和综合能力。中期考核不合格者可按规定申请再次考核。第二次考核仍未通过者按结业处理。

3. 开题报告。包括论文选题、选题意义、文献综述、论文结构、主要论点等方面的论述以及参考书目。开题委员会由 3 人组成。开题报告未通过者可按有关规定再次开题,第二次开题仍未通过者按结业处理。

4. 论文资格。修满规定的学分;通过中期考核;通过论文开题。

5. 论文答辩。答辩小组由 3 名专家组成,其中 1 名为校外专家。学校研究生处将随机组织一定数量的匿名评审。

六、学位论文

1. 学位论文使用英文撰写。如选题需要,经导师或导师小组同意和英语学院批准可用中文撰写。

2. 硕士论文长度为至少 1.5 万字(英文);或至少 2 万字(中文)。

3. 学位论文的格式可遵循下列两种学术规范系统的一种:《MLA 科研论文写作规范(第五版)》(英文)和《APA 科研论文写作规范》(英文)。

4. 中文学术规范遵循《外国文学》《外语教学与研究》和《美国研究》三种中文核心期刊中的一种,同时也应遵循《北京外国语大学研究生教育规章制度与文件汇编》中的其他规定。

5. 学位论文必须附有"诚信申明"。学校研究生处将抽查学位论文,一经发现剽窃行为,将按照学校有关规定严肃处理。

七、课程设置

课程类别	课程代码	课程名称	学期	周学时	学分	考核方式
二级学科通开课	01100010	中西文化比较	1	2	2	论文
	01100020	学术前沿	1	2	2	论文
专业必修课		学术写作(翻译学)	1	2	2	论文
		综合翻译实践	2	2	2	笔试
		当代翻译研究	3	2	2	论文
		翻译研究方法与设计	4	2	2	论文
专业选修课		英汉双向笔译实践	1	2	2	笔试
		翻译评论:理论与实践	1	2	2	论文
		汉英文化比较与翻译	2	2	2	论文
		交替口译	2	2	2	口试
		语料库翻译研究	2	2	2	论文
		综合口译实践	3	2	2	口试
		文体学	3	2	2	论文
		翻译与权力关系	3	2	2	论文
		翻译能力与测试	4	2	2	论文
		英汉语言对比与翻译	4	2	2	论文
		比较文学与翻译研究	4	2	2	论文

(https://seis.bfsu.edu.cn/info/1077/1489.htm)[2021-07-20]

附录Ⅱ　北京外国语大学翻译硕士专业学位（MTI 笔译）培养方案

一、培养目标

1. 身心健康，诚实守信，遵纪守法，具有良好的道德品质、严谨扎实的学风，恪守学术道德与学术规范。

2. 有较强的事业心、社会责任感、创新能力和奉献精神，愿为社会主义现代化建设服务的高层次、高素质的专门人才。

3. 能适应全球经济一体化及提高国家国际竞争力的需要，适应国家经济、文化、社会建设需要的高层次应用型专业笔译人才。

二、招生对象及入学考试

招生对象一般为学士学位获得者，具有良好的双语基础，有口笔译实践经验者优先考虑。

入学考试采取全国统考（或联考）与招生单位自行组织的专业复试相结合的方式。

三、学习方式及年限

全脱产学制为两年。包括课程学习、专业实习和论文撰写三个阶段。

四、培养方式

1. 实行学分制。学生必须通过规定课程的考试，成绩合格者获得相应的学分。修满规定的学分者获得撰写学位论文的资格。学位论文通过答辩者获得翻译硕士专业学位。

2. 采用课堂教学与项目翻译相结合的培养模式。重视实践环节,强调翻译实践能力的培养和翻译案例的分析,要求学生有 10 万字以上的笔译实践。

3. 成立导师组,发挥集体培养的作用。导师组以具有指导硕士研究生资格的导师为主,吸收翻译实践领域具有高级专业技术职务的人员参加。试行双导师制,即学校教师与有实际工作经验的资深译员或编审共同指导。

五、学分要求与课程设置

1. 学分要求。翻译硕士专业学位(笔译)课程设置包括公共必修课、专业必修课、方向必修课、选修课和专业实习五大板块,总学分不低于 30 学分。每门必修课成绩要求达到 70 分以上(含 70 分)。

2. 课程设置

课程类别	课程名称	学期	周学时	学分	考核方式
1. 公共必修课	中国语言文化	1	2	3	笔试
	科学社会主义	1	2	3	笔试
2. 专业必修课	基础笔译	1	2	2	笔试
	基础口译	2	2	2	口试
	翻译概论	3	2	2	论文
3. 方向必修课	文学翻译	1	2	2	笔试
	文件翻译	2	2	2	笔试
	经贸翻译	3	2	2	笔试

续表

课程类别	课程名称	学期	周学时	学分	考核方式
4.选修课	计算机辅助翻译	1	2	2	笔试
	中外翻译简史	1	2	2	论文
	影视翻译	1	2	2	论文
	国粹文化英译	2	2	2	笔试
	翻译项目管理	2	2	2	论文
	传媒翻译	2	2	2	笔试
	文化与翻译	3	2	2	论文
	翻译研究与写作	3	2	2	论文
	国际政治与经济	3	2	2	笔试
	跨文化交际学	3	2	2	论文
5.专业实习	专业实习	4		2	实习报告

注:专业实习统一安排在第四学期,学生自主联系或由学院推荐到符合资质要求的政府部门和企事业单位实习,获得规范、有效的培训和实践,提高翻译技能和职业操守。实习结束后,学生需向学院提交实习报告和单位鉴定申请实习学分。

六、中期考核

对研究生的思想品德、课程学习、专业素养、实践技能等进行考核,填写《北京外国语大学中期考核表》(应用型)。

七、学位论文撰写

学位论文写作时间一般为一个学期。学位论文可以采用以下形式(学生任选一种,字数均以汉字计算)。

1. 翻译实践报告。学生在导师的指导下选择中外文本进行翻译,字数不少于10000字,并根据译文就翻译问题写出不少于5000字的研究报告。

2. 翻译实验报告。学生在导师的指导下就笔译的某个环节展开实验,并就实验结果进行分析,写出不少于 10000 字的实验报告。

3. 翻译实习报告。学生在导师的指导下参加笔译实习,并就实习的过程写出不少于 15000 词的实习报告;

4. 翻译研究论文。学生在导师的指导下撰写翻译研究论文,字数不少于 15000 字。

学位论文采用匿名评审。答辩委员会成员中必须至少有一位具有丰富的笔译实践经验且具有高级专业技术职称的专家。论文格式参照《北京外国语大学研究生学位论文与书写格式的基本要求》,与论文答辩相关的其他事宜,按国家和学校的相关规定执行。

八、学位授予

完成规定的课程学习,修满至少 30 学分;按规定完成学位论文并通过学位论文答辩者,授予翻译硕士专业学位。

(https://seis.bfsu.edu.cn/info/1077/1490.htm)[2021-07-20]

附录Ⅲ　北京外国语大学翻译学博士研究生
培养方案

一、培养目标

1. 掌握本学科宽广的基础理论、系统的专门知识和扎实的研究方法；能用英语阅读与本专业有关的文献资料，具有专业英语写作和听说能力；能用第二外语阅读与本专业有关的文献资料，有一定的口语和书面语应用能力；能熟练运用计算机和其他现代技术手段进行科研工作。

2. 学位论文有独特见解或创新性，能反映学术前沿动态，对学术研究有一定的理论意义，或者对我国社会、文化、经济发展有一定的现实意义。

3. 具有广阔的学术视野、较强的开拓精神；具有独立从事研究工作的能力；在本学科做出有原创性的成果。

4. 具有在高校、科研单位、国家机关、企事业单位、国际和跨国组织从事教学、科研、外事、管理以及其他与本学科相关的工作的能力。

二、学习年限

全日制博士研究生学习年限为 3 年，最长不超过 5 年。在职博士研究生学习年限 4 年，最长不超过 6 年。如提前修满培养方案规定的学分，专业课程成绩优秀，发表两篇学术论文（一篇在核心刊物上发表），按规定时间和要求完成学位论文，可按程序申请提前进行论文答辩、提前毕业。

三、课程体系、科研创新与学分要求

（一）学分要求

应修满 15~19 学分。具体分配如下。

1. 学位公共课：3 学分

2. 学位基础课：4~6 学分

3. 学位核心课：4~6 学分

4. 学术活动：2 学分 参加本学科或与本学科相关的学术讲座 4 次，计 1 学分。参加国内或国际学术研讨会 1 次以上，并宣读论文，计 1 学分。

5. 科学研究：2 学分 公开发表署名"北京外国语大学"的学术论文 2 篇，计 2 学分。

（二）课程设置

课程类别	研究方向	研究领域	课程代码	课程名称	学期	周学时	学分	考核方式
学位基础课	翻译理论与实践	翻译学	01001010	翻译史	1	2	2	论文
			01001020	翻译理论与研究方法	1	2	2	论文
			01001030	语言学专题研究	1	2	2	论文
	中外语言文化比较与翻译	翻译学		翻译史	1	2	2	论文
				翻译理论与研究方法	1	2	2	论文
				语言学专题研究	1	2	2	论文
	口译研究	翻译学		当代口译研究	1	2	2	论文
				翻译理论与研究方法	1	2	2	论文
				语言学专题研究	1	2	2	论文

续表

课程类别	研究方向	研究领域	课程代码	课程名称	学期	周学时	学分	考核方式
学位核心课	翻译理论与实践	翻译学	01001110	学术前沿	1	2	2	论文
			01001120	翻译专题研究	1	2	2	论文
			01001130	学术文献阅读	2	2	2	论文
	中外语言文化比较与翻译	翻译学		学术前沿	1	2	2	论文
				指导阅读(1)	1	2	2	论文
				学术文献阅读	2	2	2	论文
	口译研究	翻译学		学术前沿	1	2	2	论文
				指导阅读(1)	1	2	2	论文
				学术文献阅读	2	2	2	论文

四、学位论文

博士论文原则上用中文撰写。博士学位论文字数:博士学位论文用中文撰写,字数为 10~15 万字;用外文撰写,字数为 6~8 万词。

(https://seis. bfsu. edu. cn/info/1078/1511. htm) [2021-07-20]

附录Ⅳ　北京外国语大学 MTI 笔译—博士研究生
培养方案

一、培养目标

掌握本学科宽广的基础理论、系统的专门知识和扎实的研究方法;能用英语阅读与本专业有关的文献资料,具有专业英语写作和听说能力;能用第二外语阅读与本专业有关的文献资料,有一定的口语和书面语应用能力;能熟练运用计算机和其他现代技术手段进行科研工作。

学位论文有独特见解或创新性,能反映学术前沿动态,对学术研究有一定的理论意义,或者对我国社会、文化、经济发展有一定的现实意义。

具有广阔的学术视野、较强的开拓精神;具有独立从事研究工作的能力;在本学科做出有原创性的成果。

具有在高校、科研单位、国家机关、企事业单位、国际和跨国组织从事教学、科研、外事、管理以及其他与本学科相关的工作的能力。

二、学习年限

全日制博士研究生学习年限为 3 年,最长不超过 5 年。在职博士研究生学习年限 4 年,最长不超过 6 年。如提前修满培养方案规定的学分,专业课程成绩优秀,发表两篇学术论文(一篇在核心刊物上发表),按规定时间和要求完成学位论文,可按程序申请提前进行论文答辩、提前毕业。

三、课程体系、科研创新与学分要求

(一)学分要求

应修满 15~19 学分。具体分配如下。

学位公共课:3 学分

学位基础课:4~6 学分

学位核心课:4~6 学分

学术活动:2 学分 参加本学科或与本学科相关的学术讲座 4 次,计 1 学分。参加国内或国际学术研讨会 1 次以上,并宣读论文,计 1 学分。

科学研究:2 学分 公开发表署名"北京外国语大学"的学术论文 2 篇,计 2 学分。

(二)课程设置

课程类别	研究方向	研究领域	课程代码	课程名称	学期	周学时	学分	考核方式
学位基础课	翻译理论与实践	翻译学	01001010	翻译史	1	2	2	论文
			01001020	翻译理论与研究方法	1	2	2	论文
			01001030	语言学专题研究	1	2	2	论文
	中外语言文化比较与翻译	翻译学		翻译史	1	2	2	论文
				翻译理论与研究方法	1	2	2	论文
				语言学专题研究	1	2	2	论文
	口译研究	翻译学		当代口译研究	1	2	2	论文
				翻译理论与研究方法	1	2	2	论文
				语言学专题研究	1	2	2	论文

续表

课程类别	研究方向	研究领域	课程代码	课程名称	学期	周学时	学分	考核方式
学位核心课	翻译理论与实践	翻译学	01001110	学术前沿	1	2	2	论文
			01001120	翻译专题研究	1	2	2	论文
			01001130	学术文献阅读	2	2	2	论文
	中外语言文化比较与翻译	翻译学		学术前沿	1	2	2	论文
				指导阅读(1)	1	2	2	论文
				学术文献阅读	2	2	2	论文
	口译研究	翻译学		学术前沿	1	2	2	论文
				指导阅读(1)	1	2	2	论文
				学术文献阅读	2	2	2	论文

　　博士论文原则上用中文撰写。博士学位论文字数:博士学位论文用中文撰写,字数为10~15万字;用外文撰写,字数为6~8万词。

(https://seis.bfsu.edu.cn/info/1078/1512.htm)［2021-07-20］

附录 V　天津理工大学《科技翻译理论与实践》（本科）课程教学大纲

《科技翻译理论与实践》课程教学大纲
第一部分　课程简介

课程代码:1066553

课程名称:科技翻译理论与实践 Theory and Practice of Science and Technology Translation

课程类别:选修课

总 学 分:2 学分

总学时/实验学时:32 学时(其中理论 16 学时,实验 16 学时)

开课学期:6

适用专业:英语

先修课程:本课程是一门专业选修课,旨在培养和提高学生的科技翻译能力,是培养学生总体翻译能力模块的一门主干课。上本门课前需具备较扎实的英汉双语知识和翻译基本功,既具备基本的听说读写译能力。因此必须修完基础阶段凡与英语专业有关的课程,尤其是有关翻译的课程。

后续课程:工程翻译基础、工程技术翻译学概论。这是我院翻译专业硕士的必修课,理论和实践并重,目的是培养更高层次工程翻译人才。

课程描述:

《科技翻译理论与实践》从翻译的一般规律与原则出发,结合科技英语文体的特点,从英汉两种语言对比差异的角度,分析科技英语翻译成汉语过程中存在的各种语言障碍及其成因,并通过精选的大量典型例句探讨了克服这些障碍的一些行之有效的原则和技巧。所选译例内容涉及通信、电子、计算机、环境、能源、生物技术与农业、遗传工程与医学、宇宙等多个科技领域,充分体现当代科学技术的发展,语言地道、内容实用,不仅有利于研学科技英语翻译,也有益于习得科技英语词汇、语法、句法,同时传播了科学技术知识。

This course is based on general rules and principle and combined with the stylistic characteristics of EST. It analyzes the various language barriers and their causes in the process of translating EST into Chinese from the perspective of contrastive differences between English and Chinese, and explores some effective principles and techniques to overcome these obstacles through a large number of selected typical examples. The content of selected translation cases involves communication, electronics, computer, environment, energy, biotechnology and agriculture, genetic engineering and medicine, universe and other fields of science and technology. It fully reflects the development of contemporary science and technology. The language is authentic and the content is practical. It is not only conducive to the study of scientific and technological English Translation, but also conducive to the acquisition of scientific and technological English vocabulary, grammar and syntax, as well as the dissemination of science and technology.

课程目标：

课程目标1：具备较扎实的兼顾工程翻译理论与实践业务能力的全方位人才，即培养"运用英汉翻译理论进行英汉口笔互译的能力，特别是科技翻译的能力"的高层次人才。

课程目标2：具有继续学习的能力，即"具备思考和探求相关专业领域知识的能力；具备课外自主学习能力；具备终身学习能力"。

课程目标3：具有良好的思想修养，即"具有良好的工程翻译职业道德及行为规范""具有中国情怀与国际视野""爱岗敬业，具有认真工作态度和较强职业责任心、社会责任感、合作精神和创新精神"。

课程目标	知识	能力	素质
课程目标1	H	H	
课程目标2		M	
课程目标3			H

教学基本要求：

本课程在教学过程中，不但要较好地遵循因材施教、循序渐进的教学基本原则，充分贯彻启发式、互动式教学方法，而且充分利用多媒体生动活泼，声、图、文并茂和省时快捷的优点组织和实施教学。教学中重视实践、重视篇章教学、重视实践与理论相结合。

教学方法和教学手段建议：

本课程以本科教学大纲为纲领性文件，根据教学大纲要求，制定教学内容；并根据学生学习规律和特点，采取循序渐进的教学方法与方式，合理安排教学环节与内容。课程主要以任务教学法、启发互动式教学法为基本原则，强调课堂内外大量的实践练习和学生的充分参与。通过该课程学习，学习者可基本了解科技文体的文本特点和特征及各主要工程文体的翻译原则、标准、方法与技巧，具体包括科技、商务、旅游、经贸、广告等。此外，在注重实践的基础上，还将在科技翻译讲解过程中穿插相应的翻译理论知识，旨在全面提升学生的转换意识，并最终培养真正的工程语言转换能力。

教材及主要参考书：

教材：

何其莘：《科技翻译》，外语教学与研究出版社，2012 年。

主要参考书：

谢小苑、王珺琳、徐智鑫、王秀文、刘长江等：《科技英语翻译实用教程》，清华大学出版社，2020 年。

赵萱、郑仰成：《科技英语翻译》，外语教学与研究出版社，2018 年。

第二部分　课程大纲正文

第一章　总论

总学时:2 学时(理论 2 学时,实验 0 学时)

本章教学基本要求:了解何为科技翻译,科技翻译的现状,科技翻译的特点、标准。

教学重点:科技翻译过程,及其类型。科技文体与文学文体之语言或表述上的差异性,各类应用文体本身的语篇特点及功能特征;译者的角色、译者修养;工程翻译概述。

教学难点:科技翻译的评判标准。科技翻译与其他翻译的练习与区别。

教学内容:

1. 讲解何为科技翻译。

2. 科技翻译文本的产生过程及其类型。

3. 探讨科技翻译的评判标准。

第二章　科技文体特征与功能

3 学时(理论 2 学时,实验 1 学时)

本节教学基本要求:了解科技英语问题的类型与特征,及其功能和语境。

教学重点:掌握词汇的译法,如:"壮举,载人航天飞机",正确理解和翻译英汉互译中的话语。

教学难点:掌握词汇中的特殊语句的译法。如"抗击非典疫症""UNICEF"等,对英译汉中的主题思想的应当正确理解,注意语法结构的调整,用词的选择,准确的翻译。

教学内容:针对科技文本的特点,讲解实用文体翻译的基本特点及要求;

根据委托人提供的材料,确定翻译策略或方法,提供符合客户要求的翻译产品;准确无误地再现原文所反映的客观现实或事实,做到意义连贯、语言准确、避免歧义、逻辑严密。

第三章　科技文体与其他文体的比较
3 学时(理论 2 学时,实验 1 学时)

本节教学基本要求:了解科技英语文体与英语文学文体的对比,了解科技英语文体与英语口语体的对比。

教学重点:掌握词汇中的重点词的译法,如"契机文化多元化",以及英汉互译句子的译法。

教学难点:掌握词汇的译法。注意正文"美国友人访华"的汉译英与"广电国际会议"的英译汉文本的正确理解和准确翻译。

教学内容:介绍科技文体转换过程中的艺术或美学标准。介绍功能目的论等当代西方翻译理论之于应用文体翻译的借鉴意义。

第四章　科技文体的正式程度
3 学时(理论 2 学时,实验 1 学时)

本节教学基本要求:了解科技英语文体的正式程度。

教学重点:学习顺应目的语语境的翻译。

教学难点:理解科技英语翻译的标准:忠实准确、通顺流畅、规范专业。

教学内容:介绍不同科技问题的正式程度,理解科技英语翻译的标准,并学习根据文体的正式程度选择用词。

第五章　科技翻译中用词的准确性
3 学时(理论 1 学时,实验 2 学时)

本节教学基本要求:了解科技英语词汇的来源、分类和特征。

教学重点:掌握科技英语词汇的来源、分类和构词特征。正确理解和翻译对话的英汉互译。

教学难点:成语的翻译,如"欣欣向荣,万向景观,日臻完美""creeping clouds"的翻译技巧。对"深圳"的汉译英与"Cape Town in South Africa"的英译汉的主题思想应理解正确,并准确翻译。

教学内容:讲解科技文体的用词,分析科技英语词汇的来源和构词特征;区别英汉科技文体之间的差异性。

第六章　科技文体的语用特征
4 学时(理论 1 学时,实验 3 学时)

本节教学基本要求:了解科技英语词汇语义的确定及翻译。

教学重点:掌握重点词语,如"恒久魅力",并正确理解这些话语,确保英汉互译的准确。

教学难点:掌握该部分词汇中成语的译法,如"中央集权""浩如烟海""历史嬗变""风光迥异"。"bequeath, cuneiform"。掌握介绍类讲话的翻译技巧,对文章"中国的文化遗产"的汉译英与 British Museum 的英译汉主题思想应当理解透彻,选词应当精确,优美,翻译准确。

教学内容:介绍科技英语词汇的语义及翻译,确保英汉互译的准确性。

第七章　科技翻译中的隐喻

4 学时(理论 1 学时,实验 3 学时)

本节教学基本要求:了解隐喻是创造科技词汇的重要手段。

教学重点:掌握词汇中的汉译英方法,如"基因""引人注目""少年体校""draft pick". 正确理解这些话语,做到准确的英汉互译。

教学难点:掌握词汇中词语的正确翻译,如"协调会议","the Olympic torch""Chariot race""the national anthem"对"东亚运动会"的汉译英与 the Olympic Games 的英译汉的文本的正确理解,准确用词和翻译是该部分的关键所在。

教学内容:分析隐喻在科技词汇创立中的重要性,掌握词汇中汉译英的方法,讲授英汉科技文本行文上的差异性及转换策略、标准、原则与方法。

第八章　科技翻译的客观性

4 学时(理论 1 学时,实验 3 学时)

本节教学基本要求:了解科技英语术语与隐喻。

教学重点:掌握词汇中的短语的翻译。如"安理会""多边主义""UNGA",正确理解英汉互译的话语,并准确翻译。

教学难点:掌握该部分词汇中的关键词。"派生权""伯尔尼公约""Logo""cognitive science"对正文"版权"的汉译英和 The MIT Press 的英译汉的主题思想应当正确理解。选词正确,才能准确翻译。

教学内容:讲解科技英语翻译的客观性,掌握隐喻性词汇的翻译方法和技巧。

第九章　科技翻译中的情态

4 学时(理论 2 学时,实验 2 学时)

本节教学基本要求:了解科技英语翻译中情态的对比及翻译。

教学重点:掌握词汇中的词语的翻译,如"Sage""Sanskrit",正确理解英汉互译中句子的含义,并准确的翻译。

教学难点:掌握本单元词汇中词语的正确翻译,如"病情反复""开诚布公","Pre-packaged""genetics"以及课文"健康讲话"的汉译英与 International Symposium on Obesity 的英译汉的主题思想的正确理解。

教学内容:介绍科技英语翻译重情态的对比,以及其中的翻译技巧和方法。

第十章　科技翻译的句法结构

4 学时(理论 2 学时,实验 2 学时)

本节教学基本要求:了解英汉语气对比及其翻译。

教学重点:译好词汇中的重点词语,如"潜在参观者""Win the bid""Osaka",并正确理解句子的内涵。

教学难点:掌握词汇中词语的正确翻译,如"Inaugurate""Goodwill""Ambassador",对课文"博览会"的汉译英与"UNESCO World Heritage Convention"的英译汉的主题思想,应当正确理解,注意语法结构的转换,正确选词,运用翻译技巧,做出准确的翻译。

教学内容:介绍科技翻译的句法结构,译好句子中的词汇和结构。

作业布置与要求:

根据具体教学要求布置作业,一般是各类题材的科技短文翻译,要求学生课下翻译,批改后,课上讲评。教师在每一章节后布置一定数量的练习题/思考题,供学生课后练习。学期四次,以短文为主,要求根据所学内容,完成一定数量的练习题/思考题。

本课程对学生自学的要求:

要求学生课外多读一些英汉、汉英科技翻译对照读本,并多做科技翻译练习。

教 学 课 时 分 配 表

章 节	具体内容	学 时
第一章	总论	2 学时
第二章	科技文体特征与功能	3 学时
第三章	科技文体与其他文体的比较	3 学时
第四章	科技文体的正式程度	3 学时
第五章	科技翻译中用词的准确性	3 学时
第六章	科技文体的语用特征	4 学时
第七章	科技翻译中的隐喻	4 学时
第八章	科技翻译的客观性	4 学时
第九章	科技翻译中的情态	4 学时
第十章	科技翻译中的句法结构	4 学时
合 计	32 学时	

思政类德育内容融入讲授计划:

章 节	具体内容
第一章	翻译应具有国家情怀
第二章	科技翻译与国家建设

章　节	具体内容
第三章	实践与认识的关系
第四章	科技翻译中的具体问题具体分析
第五章	科技翻译是生产力
第十一章	科技翻译也要讲政治

参考书目：

（1）何其莘：《科技翻译》，外语教学与研究出版社，2012年版。

（2）李长栓.：非文学翻译理论与实践\中国对外翻译出版公司，2005年版。

（3）谢小苑、王珺琳、徐智鑫、王秀文、刘长江等：《科技英语翻译实用教程》，清华大学出版社，2020年版。

（4）赵萱、郑仰成：《科技英语翻译》，外语教学与研究出版社，2018年版。

（5）Nord，Christiane. *Translating as a Purposeful Activity*[M].上海外语教育出版社，2001年版。

第三部分　本课程各教学环节评价结果对课程目标的支撑度

课程考核方式与要求：采用过程性考核与结果性考核相结合的考评制度，其中过程性考核成绩占40%，结果性考核成绩占60%。

过程性考核成绩可以包含但不限于如下方面：课堂讨论（40%）、作业（40%）、自学（10%）、线上（10%）。

结果性考核以闭卷的形式进行,主要考核学生的工程翻译能力,英译汉和汉译英各占50%。

课程目标	结果性考核占60%	过程性考核占40%			
	期末考试	讨论40%	作业40%	自学10%	线上10%
课程目标1	0.5	0.6	0.4		
课程目标2	0.5	0.4	0.4		0.1
课程目标3			0.2	1	0.9

撰写人： （签名）　　　　审定人：　　　　　（签名）

教学院长：　（签名）

编写系(部):英语系

2020 年 10 月

附录Ⅵ　《中级口译》中单节课(45 分钟)设计

一、教材分析

(一)本节内容的地位和作用

本节课选自上海外语教育出版社出版的《中级口译教程》第一单元第二节,《中级口译教程》是上海紧缺人才培训工程教学系列丛书之一,本节主要讲述如何向外商介绍投资环境及投资方式等,它是第一节 1-1 欢迎光临(Welcome)的后续和第三节 1-3 合资企业(Joint Venture)的铺垫,起了一个承上启下的作用。这些实践性很强的专业知识对于将要参加工作的学生更好地适应社会是很有帮助的。

(二)教学目标

根据本节课教学内容及教学大纲要求,结合学生专业的特点,确立本节课教学目标如下。

1. 知识目标。接待外国投资者时会话口译的常用句型;口译人员的身体语言及站立姿势和站位。

2. 能力目标。通过对本篇课文口译的学习,培养学生的会话口译技巧以及双向口译实践的熟练程度,提高学生在实际环境中的应变能力。

3. 思想目标。通过小组合作学习,增强学生的团队精神和组织协调能力。

(三)教学重点、难点

重点:听懂发言人的语意并迅速果断运用所学内容进行中英文口译。

难点:中英文口译中运用恰当的口译技巧。

二、教法分析

教学过程是教师和学生共同参与的过程,我采取在实践中讲授理论的方法,让学生积极、主动参与实践,学生置于现实的口译环境中,结合讨论、测验,最能提高学生解决实际问题的能力,从而达到较好的教学效果。

三、学法分析

(一)小组合作学习。把接待外宾投资的对话分为几个实际场景,通过各小组成员扮演不同的角色来展现实际的现场口译环境,在表演中学会记忆和创新。

(二)主动参与英语社团的各项活动,特别是英语角的互动交流,不断培养自己的双语表达能力。

四、教学过程设计

(一)复习旧课,提问(3分钟)

与外商初次见面的各种寒暄语举例

1. I'm very happy that you have come all the way from……

2. I sincerely hope that your visit will be worthwhile and meaningful.

3. You must be very tired after a long flight.

(二)导入新课(5分钟)

按照教师为主导,学生为主体的原则,以互动活动开始新课的导入。

具体采取让学生大胆设想在接待外商投资时中方发言人会有哪些常见语言并讨论归纳和总结学生的发言。

1. I'll be very happy if I can help you with anything . (如能

为您效劳,我将很高兴)

2. Massive land (幅员辽阔)

3. Attractive investment policies(诱人的投资政策)

(三)讲授新课(32 分钟)

1. 词汇预习(Vocabulary Work):投资活动的基本词汇。
比如:

洗耳恭听 glad to hear them

投资热 investment fever

外企 foreign firm

有利可图 profitable

2. 课文口译

Step 1. Play the tape one by one and ask the students to interpret it alternatively into English or Chinese：

Step 2. Invite several volunteers to read one paragraph by one paragraph and invite some other students to interpret it.

Step 3. Divide the whole class into several groups to practice the text for interpretation and then give their performance.

(四)归纳总结(3 分钟)

引导学生对本次课学习的知识进行回顾,使学生对本次课的知识有一个整体的把握。

(五)课外作业(2 分钟)

三人一组,分别扮演中方经理、外商代表及译员,将课文口译中介绍投资方式的段落(P34-35)在下次课进行表演。

(刘洋、居珈璇,2007)

附录Ⅶ　四川大学《同声传译》课程设计

四川大学外国语学院英文系的同传课程在研究生二年级开设,是本科阶段"英汉口译课"(省级精品课)和研究生一年级"口译理论与实践"课的延伸和拓展。口译课题组共八人,分工合作,负责全院所有口译课程教学大纲、教学方法、授课计划、教材教案的制定和实施,网上授课资源的管理和答疑,采取集体备课、统一教法、统一考试的形式。同传课一般开设一学年 64 学时,人数控制在 20 人左右,要求有较好的交传基础。教师自备教学讲义、教案、视频音频资料,所有课程均在多媒体教室和同传教室进行。

1. 课程设计原则及教学方法

在总结和吸收国内外最新口译教学成果的基础上,并结合自身在口译教学与研究中的经验,我们主要采取了以下同传课程的设计原则。

同声传译是学生在掌握了一定交传技能和良好的双语双文化功底基础上的高端口译课程,是典型的技能训练型和素质培养型课程,不仅要训练听说同步的口译技巧,还要培养包括跨文化意识、心理素质、交际技能、道德修养在内的多重素养与能力。因此,在设计同传练习的内容时,既要考虑技能的复杂性、知识的广博性、题材的丰富性,也要考虑文化的多样性;在设计训练方法时,既要强调对学生"一心多用"、合理分配注意力的方法的培养以及心理素质和应变能力的考验,也要融入对职业道德和跨文化意识的培养。在教学方法上主要坚持以下几点。

①技能培训与专题培训相结合。目前国内高校的口译教学主要有两种模式,一是以技能训练为主(skill-based),一是以专题训练为主(topic-based)。我们认为两种模式各有所长,不应此顾失彼。因此我们在教学过程中将两种方法有机地融为一体,例如,将数字同传训练融入数字出现频繁的经济类、外贸类题材的练习中,将简译、解释性传译技巧融入成语、习语出现频率较高的文化类、政论类专题的练习中,取得了较好的效果。

②技能培养与素质培养相结合。同传教学的目的不仅仅只是教给学生各种同传技巧,还应着眼于培养他们的心理承受能力,适应复杂环境、处变不惊的能力,承受脑力与体力超负荷运转的能力,团队精神以及遵守职业操守的素养。

③英译汉与汉译英同时进行。在国内某些高校里英译汉与汉译英是分阶段进行的,如一学期英译汉,一学期汉译英。但在实际工作中,中国的译员是不可能只译入自己的母语,或是在某段时间只做单向传译,通常是在同一场会议中英汉互译同时进行。因此,我们在教学中对每个专题的练习是一周英译汉,一周汉译英,使学生的双向传译能力同步得到训练和提高。

④训练学生适应不同口音和环境的能力。国内现有的口译练习磁带几乎都是在专门的录音室录制,语音标准无任何变化,声音清楚无任何杂音,这与真实的同传环境相去甚远。我们特地邀请了来自不同国家、有不同口音和讲话特点的人录制磁带,有时有嘈杂的背景声、音量语速各不相同,有未加

修正的口误等;同时,老师还把自己在同传实践中的真实材料带回课堂给学生练习,使学生能更多地接触到真实的环境与语料。

2. 教学内容和课堂组织

川大同声传译课包括一学年和一学期两个模块,但学年模块教学效果明显好于学期模块,大体分为三个阶段,即前期,中期和后期。前期为第一学期的1~5周,主要内容包括介绍同传的基本知识,如历史、定义、过程、构成要素(发言者、译员、听众、同传设备等)、标准、译员素质(双语双文化能力、公众演讲技能、心理素质、反应能力、记忆能力、百科知识、专业知识、团队精神和职业道德),并进入学习同传的初期练习阶段,主要包括影子练习和视译。影子练习要循序渐进、由易到难:原语跟读(滞后一句话)→原语跟读加倒写数字→原语跟读加回答与原文内容有关的问题→原语跟读加原语概述→原语跟读加目的语概述,旨在使学生适应"一脑多用"(即边听,边记,边思考,边翻译)的同传工作模式。这个阶段所采用的练习材料不涉及太多专业知识,语速方面以自然为宜。视译练习主要训练在语义尚不完整的情况下就开始翻译的能力,通过不断切分长句、调整句式、补充意义等手段使内容得到完整准确的表达。同时,视译也是以后带稿同传练习的前期铺垫。

中期大致为6~15周及第二学期的前5周,主要练习内容包括演练英/汉同传的常用技巧(断句,等待,转换,重复,增补,省略,反说,归纳,语气),提出英汉同传的基本规律,即顺句驱动,酌情调整,进退适度和整体等值。同时,老师还会时常把自己在同传实践中遇到的一些实例及处理技巧介绍给学生,如在某些具体语境下的简译和省略(比如,由于听众已有了相关背景知识,可直接将"including three cultural heritage sites, two natural heritage sites and two cultural and natural mixed heritage sites…"译为"包括三个文化、两个自然和两个混合遗址";又如,笔者曾在同传时遇到短语 Himachal Pradesh,是指印度的喜马偕尔邦。由于中文很拗口,笔者在第一次将此地名译出后,迅速补充一句:"下面一律简称 HP 地区",使后面的翻译容易了许多)。经过一段时间的训练,学生们开始普遍觉得英汉同传比汉英同传容易,这个时候老师就提出一些汉英同传的技巧和原则(增加主语、补充连接词、省略汉语的语义重复、重意义对等,而非字面死译等)。AIIC 和巴黎释意派的译员培训理念都主张同传应该由 B 语到 A 语,但鉴于中国同传市场的特殊性,我们必须培养学生从 A 到 B 和从 B 到 A 的双向传译能力。学生在译入汉语时比较容易做到自然和地道,但在译入英语时,不少学生会发现自己的英语基本功还不到家,表达欠流畅准确。因此,要鼓励学生多听、多读、多说、多练,进一步提高自己的英语水平。

在这个阶段,我们较多使用带稿同传,并穿插一些无稿同传。在有稿同传方面,要向学生强调一定要边听边译,而不是只顾埋头照稿翻译,因为即使有稿,翻译的速度也不能快过讲话的速度,而应适当滞后;同时,讲话人也很有可能会临时增减一些内容或是跟现场观众做一些互动。有稿同传的训练也要循序渐进,给学生的准备时间由几天减短到几小时或是十几分钟,根据所拥有的准备时间的长短,教会学生采用不同的策略。对一些相对容易的文章或讲话可进行无稿同传练习，给学生增加一些新鲜和刺激的感觉，让他们慢慢感到无稿同传也并非"mission impossible"。

在第一学期的第 16 周和第二学期的第 6 周，我们让学生选用已经练习过的某一话题，如"环保与可持续发展"，"中国的外交与国际关系"等，模拟国际会议场景，让学生分别扮演发言人、译员和听众的角色。"发言人"需课前自己准备讲稿及 PPT，PPT 要图文并茂，但只写出要点。"译员"只知道发言人的题目，但不知晓具体内容，必须在课前预习相关素材。实践证明，这是一项深受学生欢迎的授课方式，除了同传技巧可以在较为真实的环境中得到训练和提高外，还可以锻炼学生的调研能力和演讲能力。这种模拟练习必须在模拟会议室和同传间去上，这样可以增加学生的现场感，并且使其熟悉同传设备的使用。

后期则为第二学期的 7~15 周，除了通过更多的话题练习使学生更加熟练地运用各种技巧外，练习段子的长度应有所加长，增加学生的耐力，同时话题也更为专业，含有更多的术语、数字、成语、引语和列举。在难度和长度增加的同时，可以让学生逐渐从有稿同传和电子幻灯片同传过渡到无稿同传。现在的国际会议，有时由于发言人不能提前完成讲话稿的写作，或是不愿提前公布讲话的内容，或是决定即席发言，译员往往不能提前拿到全部讲稿。但多数情况下译员可以拿到部分讲稿或是 PPT，在这种背景下，在处理此类同传方面的培训就尤显重要。在幻灯片同传方面，首先要向学生强调准备的重要性，因为幻灯片上的信息大多只是提纲或要点，要调研了解幻灯片上所涉及的专业知识、术语、专有名词以及数字和图表代表的意义等。其次，可建议学生打印一套纸质的 PPT 放在面前，并在翻译时与演示出来的 PPT 页码同步，并提醒学生要将更多的精力分配到信息接收上。还有，可向学生建议在一页纸上打印 4 张左右的幻灯，这样既可避免频繁的翻页，幻灯片上的信息也比较清晰。对学生来说无稿同传往往是最难的，课前要做的准备也最多，但只要灵活使用学过的同传技巧，有扎实的语言功底、较全面的专业知识和百科知识，以及良好的心理素质，便会慢慢地越练越好。

在这一阶段，还要向学生讲解同传中的应急应对策略和纠错方法。同传中难免出现没有译准或是译错的情况，除非是严重误译，否则一般不必说"对不起，我译错了"，可采取加强语气重复正确的译语和增加像"我指的是""确切地说""也就是说""or rather""I mean"之类的短语来纠正翻译的不当之处。一些主要的应对策略包括推迟译出、根据背景知识重新建构信息、队友的帮助、查看词汇表和文献、调整从接收到译出的时间间隔、调整列举的顺序、用一些概括性的表达来替代等。此外，在第 10 周和 16 周，我们还会再安排两次"模拟国际会议"同传练习。

上述的课堂安排只是总体和框架性的，可以根据学生的程度及可用课时的数量进行适当调整，也可根据各阶段所占时间的比例设计出一学期的课程模块，其宗旨是技巧训练与相关话题相结合，以教师为主导，学生为主体，训练为主线，保证学生足够的练习时间。如果课堂教学时间不足，可利用各种教学资源在课外进行补充练习。

3. 教学资源和课外练习

合格的同传师资是开设同传课程的首要条件,是比同传设备、教学材料更为重要的教学资源。AIIC 培训委员会规定,同传教学应当由现役同传译员并具有丰富口译教学经验的老师来承担。在我们的八人口译课题组中,六人为 40 岁以下的青年骨干教师,其中三人具有丰富的同传实战经验,两人有一定的同传经历。我们重视教学梯队的建设,加强交传和同传教学科研,并增加对教师的培训投入,使我们的同传教学过程不断得到改进。

在教学材料方面,除了部分借鉴国内外现有教材之长,我们也在不断利用网上资源、广播、电视资源和国际会议的录音录像和文字材料来丰富培训内容,增强培训效果。培训的材料应具有时效性、相关性和真实性。在教学设备方面,我们采用的是语言实验室与模拟同传室相结合的办法。由于条件的限制,我们现在的模拟同传教室只能进行英汉两种语言的同传,暂时无法进行多语种同传的模拟。

我们认为学生的课外练习十分重要,原因有五:第一,课时有限;第二,主动地学习才是有效的学习;第三,有利于培养学生终身学习的习惯;第四,可使学生进步更为迅速和培养团队合作精神;第五、为学生迈入职场做好心理和技能方面的准备。课外练习大致可以分为三种:个人练习、小组练习和实战练习。

在个人练习和小组练习的时候,比较受学生欢迎的方法包括影子练习、视译练习、磁带练习,以及利用广播电视和网上资源的同传练习。老师可以帮助学生设计一些练习方法,例如,视译练习就可以有以下三种方式:①学生手持讲稿,边默读边连贯地大声说出译文,做到看到哪儿说到哪儿,中间不得有过多的犹豫和停顿。②两个学生各执一份讲稿,前者朗读文稿,后者根据前者的朗读速度和节奏,对照着文稿译出讲话人已说出的内容。③待上述练习做得比较熟练后,朗读的学生故意偏离讲稿并适度临场发挥,为翻译的学生的听辨和阅读过程设置障碍,学员则需随机应变悉数译出。在利用广播电视和网上资源进行练习的时候,建议学生尝试一些难度适当的访谈、新闻发布会和纪录片类的节目,从易到难,量力而行,即使一时还无法成功进行同传,这样的练习也会有助于语言的提高和知识的积累。若是小组练习,制定一个小组成员都合适的时间表和进度表也很重要。

可能对学生影响最大的还是实战练习。四川大学一个良好的传统就是学校所有重要外事活动的翻译几乎都由外国语学院的师生担任(包括笔译,交传和同传);而且,在西部大开发的背景下,各级各领域的国际会议和交流活动接二连三,学生在校内外有很多参加交传和同传的观摩和实践机会。老师有时会让已经过半年以上培训、成绩优异、心理素质好的少数学生参与真实同传中一些辅助性或相对简单的工作,如选择一些较短、专业性较小、且提前获得讲稿的讲话让其翻译,其他同学可在会场观摩。在翻译前,带队的老师通常会召集所有译员包括学生召开准备会(briefing),讲解注意事项,解释并统一重要术语,必要时还需制作术语表,并分配任务。在翻译结束后,还要开一个总结会,总结经验教训,回答学生疑问,这样才能让学生有更大的收获。

〔任文,胡敏霞. 同声传译课程设计的评价与再设计[J].
广东外语外贸大学学报,2007,(3):15−19,62〕

参考文献

[1]白靖宇.文化与翻译[M].北京:中国社会科学出版社,2010.

[2]包惠南.文化语境与语言翻译[M].北京:中国对外翻译出版公司,2001.

[3]白晋荣.关于迁移理论的几点思考[J].心理科学,2007,(6):1442-1444.

[4]蔡进,夏宏钟.从功能翻译视角谈大陆、港、台英语影片名汉译之比较[J].电影评介,2008,(21):55-56.

[5]曹月英.浅谈现代多媒体的使用及其原则[J].大同职业技术学院学报,2002,(2):96.

[6]陈德鸿,张南峰编.西方翻译理论精选[M].香港:香港城市大学出版社,2000.

[7]陈桂芳.计算机辅助教学与课件制作技术[M].北京:人民邮电出版社,2011.

[8]陈浪,柴明颖.多元化:翻译教学的必然发展趋势——以英国高校的翻译教学为例[J].外语界,2008,(2):60-64.

[9]陈颖.本地化翻译的基本原则研究[J].长春工程学院学报(社会科学版),2017,(4):98-101.

[10]迟韧.翻译生态对翻译教育的影响研究[J].现代教育科学,2013,(6):173-175.

[11]褚东伟. 商业翻译导论[M]. 武汉:湖北教育出版社,2003.

[12]促进学习迁移的教学策略[EB-OL]. (2012-05-26)[2021-07-26]. http://blog. sina. com. cn/s/blog_69230b2901013um1. html.

[13]崔蕾. 错误分析理论在汉译英翻译教学中的应用[J]. 和田师范专科学校学报(汉文综合版),2008,(1):136-137.

[14]邓江雪. 关联理论视阈下高校翻译教学方法研究——以川北医学院学生为例[J]. 2017,(29):60-61.

[15]方梦之. 译者就是译者[A]. 许钧. 翻译思考录[C]. 武汉:湖北教育出版社,1998.83-89.

[16]方梦之. 中国译学大辞典[Z]. 上海:上海外语教育出版社,2011.

[17]甘露. 葛浩文的翻译诗学研究——以《红高粱家族》英译本为例[J]. 上海翻译,2017,(1):21-26.

[18]高凤江. 归化与异化翻译策略选择的理性和习性原则[J].语言与翻译(汉文),2005,(4):55-58.

[19]高巍,范波. 科技英语翻译教学再思考:理论、途径和方法[J]. 外语电化教学,2020,(5):65-71.

[20]给力. 启发式教学的二十种方式[EB-OL]. (2013-05-30)[2021-08-04]. http://blog. sina. com. cn/s/blog_9d834eee0101d84e. html.

[21]贵阳老王. 课程教学大纲编写与使用要求[EB-OL]. (2016-08-31)[2021-07-20]. http://blog. sina. com.

cn/s/blog_e5314d410102wi89.html

[22]郭超英. 提高翻译水平的关键—扎实的双语功底——2003年英语专业八级考试英译汉试卷评析[J]. 山东外语教学,2004,(1):74-76.

[23]郝运丰. 浅议语言学对翻译的指导作用[J]. 湖北函授大学学报,2014,(9):150+152.

[24]阚燕. 试论风格对教育的影响[J]. 咸宁学院学报,2011,(5):42-43.

[25]柯文礼. 文学翻译与哲学[J]. 南开学报,1999,(4):76-81.

[26]孔燕平. 二语习得与翻译能力关系之探讨[J]. 2008,(3):54-57.

[27]龚光明. 翻译思维学[M]. 上海:上海社会科学出版社,2004.

[28]龚海燕. "中华学术外译项目"助力中国学术"走出去"[N]. 中华读书报,2017-08-23.

[29]辜正坤. 翻译标准多元互补论[J]. 中国翻译,1989,(1):16-20.

[30]洪明玉. 英语课堂组织教学艺术探微[J]. 英语广场(学术研究),2012,(12):116.

[31]胡作友,张丁慧. 《文心雕龙》英译：一个意识形态的考察[J]. 学术界,2018,(7):120-129.

[32]黄明娟. 从操纵论看《茶馆》翻译[J]. 青年文学家,2020,(4):144-145.

[33]黄慰愿. 翻译者的责任心[EB-OL]. (2016-03-12)

[2021 - 07 - 25]. http://blog. sina. com. cn/s/blog _ ee3adcfb0102wakp. html.

[34]黄忠廉. 变译理论[M].北京:中国对外翻译出版公司,2002.

[35]康琦. 英语文学的语言特点及翻译技巧[J]. 海外英语,2021,(6):46-47.

[36]柯平. 翻译错误分析[J]. 中国翻译,1989,(6):20-25.

[37]教学课件制作方法有哪些[EB-OL]. (2017-01-07)[2021 - 08 - 08]. https://wenda. so. com/q/1483987360722382? src = 140&q =% E6% 95% 99% E5% AD% A6% E8% AF% BE% E4% BB% B6% E5% 88% B6% E4% BD% 9C% E5% BA% 94% E6% B3% A8% E6% 84% 8F% E7% 9A% 84% E9% 97% AE% E9% A2% 98

[38]夸(Quah. C. K.). 翻译与技术[M]. 上海:上海外语教育出版社,2008.

[39]老杜茶坊博客. 组织课堂教学是一门艺术[EB-OL]. (2017-12-30)[2021-07-25]. http://blog. sina. com. cn/s/blog_67741bd90102x4ep. html

[40]黎劲飞. 文化语言学和翻译研究的关系探讨[J]. 海外英语,2017,(9):102-193,217.

[41]李炳军. 探析二语习得在大学英语翻译教学上的应用[J]. 中外企业家,2018,(3):156.

[42]李道胜. 译者的抉择[J]. 湖北广播电视大学学报,2008,(11):109-111.

［43］李富春,刘宁.案例教学法在商务英语翻译教学中的应用探索［J］.重庆电子工程职业学院学报,2010,(5):121－122.

［44］李靖民.英汉翻译实践要略［M］.天津:天津社会科学院出版社,2013.

［45］李枚珍.我国翻译教学方法研究回顾与展望——基于30年CNKI期刊论文统计［J］.成都师范学院学报,2013,(5):78-82.

［46］李瑞林.从翻译能力到译者素养:翻译教学的目标转向［J］.中国翻译,2011,(1):46-51.

［47］李永安.英汉语言差异在中医翻译中的应用［J］.中国中西医结合杂志,2011,(7):991-993.

［48］李永红.认知翻译理论视角下的翻译能力及翻译能力培养初探［J］.文化创新比较研究.2019,(08):131－132＋135.

［49］李照国.论中医名词术语英译国际标准化的概念、原则与方法［J］.中国翻译,2008,(4):63-70+96.

［50］李振营.英汉语言文化差异下论茶文化思维在政论英语翻译中的实践［J］.福建茶叶,2008,(4):273-274.

［51］梁志坚.翻译课课程设置、教材选用及翻译作坊在教学中的应用［J］.中国翻译,2006,(5):27-28.

［52］林克难,跟随大师学翻译——兼及翻译教与学方法探讨［J］.英语世界,2021,(3):4-6.

［53］刘邦凡.论翻译哲学［J］.探索,1999,(6):14-16.

［54］刘军平.西方翻译理论通史［M］.武汉:武汉大学

出版社,2009.

[55]刘宓庆. 文体与翻译[M]. 北京:中国对外翻译出版公司,2012.

[56]刘明玉. 多模态话语分析视角下的《花木兰》字幕翻译[J]. 宜春学院学报,2021,(4):84-88.

[57]刘树森. 编译：外语专业高年级学生应当掌握的一种能力[J]. 中国翻译,1991,(3):54-56.

[58]刘喜玲. 形成性评估在过程性翻译教学模式的应用研究[J]. 湖北函授大学学报, 2014,(16):122-123.

[59]刘亚芬,张岳州. 翻译教育学七论[J]. 现代大学教育,2006,(5):30-35.

[60]刘洋,居珈璇.《中级口译》说课稿[J]. 安徽文学(下半月),2007,(8):92.

[61]龙艳,陈惠. 合作学习理论在英语口译课堂的应用[J]. 西南政法大学学报,2005,(1):116-119.

[62]龙玉梅. 反思性教学是英语教师专业发展的有效途径[J]. 山西广播电视大学学报,2011,(1):75-77.

[63]lulu 的博客. 学习风格的定义与类型[EB-OL]. (2012-12-27)[2021-07-25]. http://blog. sina. com. cn/s/blog_b30a19fa010198em. html

[64]卢欣. 功能目的论视角下的电影片名翻译原则及策略研究[J]. 湖北科技学院学报,2015,(1):91-92.

[65]麻争旗. 修辞重构—影视剧翻译的艺术手段[Z]. 武汉:2019 影视翻译高层论坛,2019.

[66]马驰. 学习风格理论与英语教学策略研究[J]. 才

智,2018,(4):60-61.

[67]马会娟. 汉英翻译能力研究[M]. 北京:北京师范大学出版社,2013.

[68]马丽群. 教育生态学视阈下英语翻译教学策略探析[J]. 广西教育,2014,(19):135-136+149.

[69]马晓梅. 谈地理环境对语言文化的影响[J]. 西安外国语大学学报,2005,(1):35-36.

[70]马义莉. 翻译硕士专业教材选用现状、问题及对策[J]. 东方翻译,2015,(4):22-26.

[71]蒙兴灿. 论英汉互译过程的改写特质[J]. 外语与外语教学,2007,(4):57-59.

[72]孟健. 错误分析理论在汉英笔译中的应用研究[J]. 语文学刊,2015,(4):17-18.

[73]苗菊. 翻译教学与翻译能力发展[M]. 天津:天津人民出版社,2006.

[74]穆雷. 建设完整的翻译教学体系[J]. 中国翻译,2008,(1):41-45+96.

[75]穆雷. 中国翻译教学研究[M]. 上海:上海外语教育出版社,1999.

[76]穆雷. 中国翻译硕士教育研究[J]. 杭州:浙江大学出版社,2019.

[77]你可能不知道的五大翻译技术[EB-OL]. (2019-02-19)[2021-05-21]. http://www.talkingchina.com/info/info_95.html

[78]彭雁萍. 合作学习理论视阈下英语专业翻译教学研

究[J]. 兴义民族师范学院学报,2011,(5):58-62.

[79]皮雅馨. 建构主义视角下国际新闻翻译策略研究—以《参考消息》为例[D]. 西南民族大学,2017.

[80]钱春花. 翻译能力构成要素及其驱动关系分析[J]. 外国语,2012,(3):59-65.

[81]清华副教授著书有谬误蒋介石被改名"常凯申"[EB-OL]. (2009-06-10)[2020-12-21]. http://news. sohu. com/20090610/n264435720. shtml

[82]任文、胡敏霞. 同声传译课程设计的评价与再设计[J]. 广东外语外贸大学学报,2007,(3):15-19+62.

[83]赛口中学檀速兵的博客. 课堂提问的意义、原则以及类型[EB-OL]. (2010-04-22)[2021-08-01]. http://blog. sina. com. cn/s/blog_5ee40f1e0100i6ig. html

[84]舒白梅. 外语教育学纲要[M]. 武汉:华中师范大学出版社,2005.

[85]孙雁. 二语习得理论对翻译教学的启示[J]. 沈阳农业大学学报(社会科学版),2018,(4):474-479.

[86]孙迎春. 第二次大水—归、异翻译策略辩证[M]. 天津:天津教育出版社,2008.

[87]石易良. 从操控理论看意识形态对我国翻译活动的影响[J]. 海外英语,2018,(23):151-152.

[88]谭顶良. 学习风格的研究及其在教学实践中的应用[J]. 江苏高教,1998,(5):56-58.

[89]谭业升. 翻译教学的认知语言学观[J]. 外语界,2012,(3):66-73+88.

[90]陶友兰. 我国翻译专业教材建设:生态翻译学视角[J]. 外语界,2012,(3):81-88.

[91]田茂. 基于网络平台的互评式翻译教学方法研究[J]. 辽宁经济管理干部学院,2015,(4):128-130.

[92]田传茂,黄忠廉. 浅论缩译的原则与方法[J]. 中国科技翻译,2006,(1):43-46.

[93]谭载喜. 西方翻译简史(修订版)[M]. 北京:商务印书馆,2004.

[94]提升教师课堂组织管理能力的三个基本策略是什么?[EB-OL].(2019-05-19)[2021-08-21]. https://wen-da.so.com/q/1558236580212292

[95]王爱琴. 学生翻译作业错误分析[J]. 绥化师专学报,2004,(2):126-127.

[96]王传英,卢蕊. 经济全球化背景下的创译[J]. 中国翻译,2015,(2):72-76.

[97]王涵. 计算机辅助翻译在翻译教学中的应用[J]. 无线互联科技,2018,(5):86-87.

[98]王华树. Blackboard 教学平台在计算机辅助翻译教学中的应用研究[J]. 大学教育,2005,(2):17-20.

[99]王华树. 新时代我国翻译技术教学研究:问题与对策[J]. 外语界,2021,(3):13-21

[100]王华树主编. 翻译技术教程(上下册)[M]. 北京:商务印书馆/上海:上海外语教育出版社,2017.

[101]王华树、李莹主编. 翻译术简明教程[M]. 北京:世界图书出版公司,2019.

[102]王克非. 新中国翻译学科发展历程[J]. 外语教学与研究,2019,(6):819-824.

[103]王鸣妹. 国内翻译测试研究(1996—2016):回眸及前瞻[J]. 外语教育研究,2017,(4):47-51.

[104]王少爽,覃江华. 大数据背景下译者技术能力体系建构——《翻译技术教程》评析[J]. 外语电化教学,2018,(2):90-96.

[105]王向远. 从"归化／洋化"走向"融化"——中国翻译文学译文风格的取向与走向[J]. 人文杂志,2015,(10):54-60.

[106]王秀娟. 从功能翻译理论角度看科普翻译的原则与策略[J]. 边疆经济与文化,2016,(6):71-72.

[107]王亚伦. 跨文化比较方法在英语翻译课程教学中的应用[J].济南职业学院学报,2021,(3):39-41+44.

[108]王燕. 教育生态学环境下英语翻译教学的有效途径和方法[J].英语广场,2017,(05):102-103.

[109]魏令查. 翻译理论与翻译教学[J]. 外语教学,2001,(3):63-66.

[110]文军. 论翻译能力及其培养[J]. 上海科技翻译,2004,(3):1-5.

[111]习近平. 全面提高中央和国家机关党的建设质量建设让党中央放心让人民群众满意的模范机关[EB/OL].(2019-07-09)[2019-10-22]. http://www.xinhuanet.com/politics/leaders/2019-07/09/c_1124730955.htm

[112]夏纪梅.现代外语课程设计理论与实践[M].上海:

上海外语教育出版社,2003.

[113]向荣.基于认知心理学的翻译教学新模式[J].湖北成人教育学院学报,2006,(3):63-65.

[114]向荣.论翻译认知结构在翻译教学中的应用[J].长江大学学报(社会科学版),2006,(2):235-236.

[115]熊兵.翻译研究中的概念混淆—以"翻译策略""翻译方法"和"翻译技巧"为例[J].中国翻译,2014,(3):82-88.

[116]学习环境[EB-OL].[2021-07-26].https://baike.so.com/doc/6217899-6431180.html.

[117]学习迁移的影响因素有哪些?[EB-OL].[2021-07-26].http://www.kuailesh.com/aijia/14942.html?query=%E5%AD%A6%E4%B9%A0%E8%BF%81%E7%A7%BB%E7%9A%84%E5%BD%B1%E5%93%8D%E5%9B%A0%E7%B4%A0&guid=15484592.3215072287753734700.1616486377606.0266&mid=3dca5a2381afa9f8b7dcf8901b030036.

[118]学习迁移的作用[EB-OL].(2016-01-16)[2021-03023].https://www.minshiedu.com/article/Item-6419.

[119]许建忠.翻译安全学[M].天津:天津大学出版社,2021.

[120]许建忠.翻译地理学[M].黑龙江人民出版社,2010.

[121]许建忠.翻译地理学应用性研究[M].天津社会科学院出版社,2015.

[122]许建忠.翻译经济学[M].国防工业出版社,2014.

[123]许建忠. 翻译生态学[M]. 北京:中国三峡出版社,2009.

[124]许建忠. 立于天地间,平衡亦自如[J]. 英语知识,2011,(8):封二 -1.

[125]许建忠.《联合国译员史》简介[J]. 中国翻译,2005,(1):48-50.（CSSCI）

[126]许旸. 近代中国第一所高校出版兼翻译机构,120年后再获"新生"[EB-OL].（2018-12-26）［2021-08-13].http://www.whb.cn/zhuzhan/xinwen/20181226/232696.html.

[127]颜林海,孙恺祥. 翻译心理学:亟待承认的一门新兴的交叉性学科[J]. 川北教育学院学报,2001,(4):24-28.

[128]颜诗文,么文浩. 儿童动画译制片翻译原则初探——以《小猪佩奇》之《才艺日》译制为例[J]. 文存阅刊,2018,(7):73.

[129]杨安良,李春荣,张秀丽. 军事院校外语教学科研浅论[J].海军工程大学学报(综合版),2013,(1):90-93.

[130]杨明星. 中国外交新词对外翻译的原则与策略[J]. 中国翻译,2014,(3):103-107.

[131]杨鹏鲲,赵洪霞. 外语教学主要方法研究综述[J].英语广场(学术研究). 2014,(9):60-62.

[132]杨巍. 案例教学法在商务英语翻译教学中的应用分析[J]. 亚太教育. 2015,(24):90.

[133]杨志红. 翻译测试与评估研究[M].北京:外语教学与研究出版社,2019.

[134]"一带一路"沿线国家官方语言全覆盖[EB-OL].

（2019－12－02）［2020－02－20］.

［135］http：//www.moe.gov.cn/jyb_xxgk/xxgk_jyta/jyta_jiaocaiju/201901/t20190122_367804.

［136］易蔚.任务导向－分组的教学方法创新探讨——基于商务英语翻译课程的案例［J］.新余学院学报,2018(3)：144－148.

［137］有关"学习风格"你需要知道的事［EB－OL］.（2018－01－17）［2021－07－24］.https：//www.sohu.com/a/217376003_665077.

［138］余金燕.从翻译操纵理论看重庆抗战时期文学翻译［J］.湖北科技学院学报,2015,(9)：97－99.

［139］余琳.基于学习风格理论的大学生英语网络自主学习策略研究［J］.太原城市职业技术学院学报,2014,(9)：111－112.

［140］于晓欢.基于网络的交互式翻译教学方法研究［J］.华北科技学院学报,2014,(7)：100－103.

［141］詹菊红,蒋跃.机器学习算法在翻译风格研究中的应用［J］.外语教学,2017,(5)：80－85.

［142］章方.论翻译行为与综合国力的关联性［J］.河北师范大学学报(哲学社会科学版),2004,(4)：145－150.

［143］张德禄.多模态话语分析综合理论框架探索［J］.中国外语,2009,6(1)：24－30.

［144］张法科,赵婷.合作学习理论在大学英语阅读教学中的应用［J］.外语界,2004,(6)：46－51.

［145］张佳玮.翻译伦理模式视角下的小说翻译研

究——以《生死疲劳》英译为例[J].北华航天工业学院学报,2019,(2):60-62.

[146]张铭涧,车晓军.人文社会科学研究中定性分析与定量分析的结合——兼论其对外语教学科研的启示[J].青岛大学师范学院学报,2006,(4):100-103.

[147]张老师的博客.教学课件制作的一般流程[EB-OL].(2016-08-22)[2021-08-7].http://blog.sina.com.cn/s/blog_c583372f0102wfl0.html

[148]张艋.浅议译者跨文化修养在翻译中的重要性[A].外语教育与翻译发展创新研究:第4卷[C].2015:163-165.

[149]张若兰.教学行动研究与教师专业能力培养——以"综合英语"教学为例[J].教育观察,2017(19):47-48.

[150]张生祥,张春丽.翻译人才素养的社会需求分析与培养模式探索[J].上海翻译,2017,(6):53-62.

[151]张晓东.高校教材选用的常见问题与对策分析[J].吉林广播电视大学学报,2021,(1):144-146.

[152]赵国皓.英语翻译在翻译教育学中的发展[J].海外英语,2018,(14):156-157,166.

[153]赵继荣.试论引导文教学法在商务英语翻译教学中的应用[J].广东职业技术教育与研究,2015,(3):50-52.

[154]郑骏.常模参照性测试与标准参照性测试在成人英语测试中的互补[J].科技信息,2010,(4):165-166.

[155]赵践.语言学视角下的中国翻译理论透视[J].辽宁医学院学报(社会科学版),2011,(4):116-118.

［156］赵俊. 以发展翻译能力为取向的翻译教学研究 ［J］. 周口师范学院学报,2019,(4):142-145.

［157］赵蓉晖. 国家安全视域的中国外语规划［J］. 云南师范大学学报(哲学社会科学版),2010,(2):12-16.

［158］赵振才. 大学英语典型误译分析［M］. 西安:世界图书出版公司,2006.

［159］整本书阅读指导策略研究开题报告［EB-OL］. ［2021-06-23］. https://www. docin. com/p-2008195611. html

［160］郑兴茂. 论英汉翻译中译文的可读性—以新闻报刊翻译为例［J］. 英语广场,2015,(5):120-121.

［161］仲伟合. 英汉同声传译技巧与训练［J］. 中国翻译,2001,(5):39-43.

［162］仲伟合,穆雷. 翻译专业人才培养模式探索与实践 ［J］. 中国外语,2008,(6):4-8+14.

［163］仲伟合,赵田园. 中国翻译学科与翻译专业发展研究(1949-2019)［J］. 中国翻译,2020,(1):79-86.

［164］周玉红. 对英译汉中常见错误的分析［J］. 太原城市职业技术学院学报,2004,(3):31-32.

［165］周玉霞. 基于网络的协作式学习及其模式设计原则［J］. 现代远程教育研究,2001,(2):46-49.

［166］朱文彬,赵淑文. 高等教育心理学［M］. 北京:首都师范大学出版社,2007.

［167］朱晓华. 交际教学法评价及其教学建议［J］. 教学与管理,2012,(9):103-104.

［168］朱亚夫. 徐寿为何被誉为晚清"第一巧匠"［N］.

解放日报,2018-03-13.

[169] Colina, S. *Translation Teaching: From Research to Classroom* [M]. Shanghai: Shaihai Freign Language Educattion Press, 2009.

[170] Lefevere, A. *Translating Literature Practice and Theory in a Comparative Literature Context* [M]. Beijing: Beijing Foreign Language Teaching and Research Press, 2006.

[171] Lefevere, A. *Translation, Rewriting and the Manipulation of Literary Fame* [M]. Shanghai: Shanghai Foreign Language Education Press, 2004.

[172] Schaffner, C. & B. Adab. *Developing Translating Competence* [M]. Shanghai: Shanghai Foreign Language Education Press, 2012.

[173] Munday, J. *Introducing Translation Studies* [M]. London and New York: Routledge, 2001.

[174] Nida, E. A. *Toward a Science of Translating* [M]. Leiden: E. J. Brill, 1964.

[175] Nida E. A. *Language, Culture, and Translating* [M]. Shanghai: Shanghai Foreign Language Education Press, 1993.

[176] Venuti, L. *The Translator's Invisibility: A History of Translation* [C]. London & New York: Routledge, 1995.

[177] Xi highlights Party building in central Party, state institutions [EB/OL]. (2019-07-09) [2019-10-22]. http://www.xinhuanet.com/english/2019-07/09/c_138212488.htm

［178］Xu, Jianzhong. Brief History of Science Translation in China［J］. *Meta*, 2005,（3）:1010-1021.（A&HCI: 970QV）

［179］Xu, Jianzhong. Drama Language Translation［J］. *Perspectives: Studies in Translatology*, 2011,（1）: 45 - 57.（A&HC:738WT）

［180］Xu, Jianzhong. Review of Translation as Manipulated by Power Relations［J］. *Journal of Language and Politics*,2008,（1）:171-174.（*AHCI*:353*FN*）

［181］*Xu, Jianzhong. Review of The Liaison Interpreter's Subjectivity Consciousness*［*J*］. Interpreter and Translator Trainer, 2014,（3）: 488-491.（*SSCI, A&HCI: AW5BP*）

［182］*Xu, Jianzhong. Review of Translation and Globalization*［*J*］. Perspectives: Studies in Translatology, 2004,（2）: 148 -150.（*A&HCI: 863IF*）

［183］*Xu, Jianzhong. Training Translators in China*［*J*］. Meta, 2005,（1）: 231-249.（*A&HCI*:918*ZT*）

后　记

　　《翻译生态学》《翻译地理学》《翻译经济学》相继出版后，笔者将兴趣转到"翻译安全学"和"翻译教育学"上，总想做点突破。其中《翻译安全学》已于去年年底交付天津大学出版社出版。现在《翻译教育学》交由天津社会科学院出版社出版。

　　通过在知网上查询关键词"翻译教育学"，搜寻到两篇论文，一篇是刘亚芬、张岳州在《现代大学教育》2006 年第 5 期发表的"翻译教育学七论"，另一篇是赵国皓在《海外英语》2018 年第 14 期发表的"英语翻译在翻译教育学中的发展"。在 *IEEE Xplore* 上查询关键词"*Translation Pedagogy*"，搜寻到两篇论文，一篇是 *Yasser A. Gomaa*、*Rania AbuRaya*、*Abdulfattah Omar* 在 2019 *International Conference on Innovation and Intelligence for Informatics*，*Computing*，*and Technologies*（3*ICT*）上发表的"*The Effects of Information Technology and E - Learning Systems on Translation Pedagogy and Productivity of EFL Learners*"，另一篇是 *Abdulfattah Omar*、*Hamza Ethleb*、*Yasser A. Gomaa* 在 2020 *Sixth International Conference one - Learning*（*econf*）发表的"*The Impact of Online Social Media on Translation Peda-*

gogy and Industry"。在 *Wiley Online Library* 上查询关键词
"*Translation Pedagogy*",查到两篇与其近似的两篇论文:一篇
是 *Israel Hephzibah* 在 *Translation Studies*2021 年第 2 期发表的
论文"*Translation as pedagogy in colonial south India*"里的关键
词中有"*Translation pedagogy*"一词;另一篇是 *Peter Lamb*、
Anders Örtenblad、*Shih-wei Hsu* 在 *International Journal of Man-
agement Reviews*2016 年第 3 期发表的"*Pedagogy as Transla-
tion*:*Extending the Horizons of Translation Theory*"。也就是说,
长期以来,尽管翻译教学研究在轰轰烈烈地进行着,而且也确
实有人提出过术语"翻译教育学"(*Translation Pedagogy*),但
是却没见有"翻译教育学"(*Translation Pedagogy*)专著出版
(也许笔者资料搜集不全)。

　　翻译教学是一门艺术,教学艺术的基础是科学性,其主要
体现在教学活动的规律性和教学内容的科学性。教学活动的
规律性是指教学程序、组织形式、方法、手段等符合学生的认
识规律,有利于学生学习的学习和身心发展;而教学内容的科
学性是指知识、观点都不能有科学错误。教学艺术的灵魂是
教学的艺术性,即合乎个性,展现教师个人才华。其艺术效果
则是主要体现在学生的各方面素质在不断提高,促进了学生
的发展。因此,教学艺术的实质就是上述基础和灵魂的结合。
翻译教学艺术的特征又有其科学性、实践性、创造性和审美
性。总之,探索"翻译教育学"是一个很有意义且极具挑战性
的工作。

　　经过几年艰苦的努力,《翻译教育学》终于要与读者见面
了。此时笔者心里既激动又惶恐:激动的是这项工作终于完

成了,惶恐的是没有真正达到目标,有负读者期望。由于笔者水平所限,错误不妥之处难免,还望广大读者不吝赐教!

在本书付印之际,必须对在本书编撰过程中给予帮助的专家学者们表示衷心感谢。他们是上海大学方梦之教授,中国科学院的李亚舒教授,南开大学刘士聪教授、崔永禄教授、王宏印教授和苗菊教授,天津师范大学李运兴教授,天津外国语大学王铭玉教授和林克难教授,天津社会科学院出版社高潮女士和吴琼女士。感谢他们的鼎力相助,感谢他们的倾囊相助,感谢他们的大度包容,感谢他们的一路陪伴!

本书是在前人的研究成果基础上,进一步发展、补充和深化的产物。在本书撰写过程中,参考了大量资料,有些还直接加以引用,这些都在书后的参考文献中说明。正是有了这些先期而至的成果,笔者的研究才得以顺利进行。

特在此对这些方面做出贡献的先行者们致敬!

许建忠

2021 年盛夏